JN223562

柳田國男の民俗学と沖縄

赤嶺政信 著

榕樹書林

RYUKYUKO LIBRARY 38

序論

序論としてはいささか変則的になるが、私の学歴と職歴について述べることが、本書のタイトルにこめた筆者の意図を理解していただく糸口になると思うので、それを試みることにしたい。

私が琉球大学（以下では「琉大」）の理工学部電気工学科へ入学したのは、沖縄が日本に復帰する一ヵ月前の一九七二年四月のことであった。入学後の、理工系の勉強にさっぱり意欲がわかずダラダラとした学生生活を過ごしている時に、法文学部に「人類学」という学問を学べる学科があることを知り、途中で転学部転学科の申請をすることにした。法文学部の社会学科には、一九七二年に教授・馬淵東一、助教授・饒平名健爾の体制で社会人類学講座が設立されており、幸いにも社会学科への転学科が認められ社会人類学を専攻することになった。当時の琉大には、学生のサークルとしての「民俗研究クラブ」があってクラブ活動は盛んに行われていたが、民俗学を専攻できる教育組織は存在していなかった。

一九七八年に琉大を卒業した私は、同年に、筑波大学大学院修士課程地域研究科に進学した。筑波大学の大学院は、人類学と民俗学の両方が学べる環境になっていたが、地域研究科で指導教員になっていただいたのは民俗学の宮田登先生で、「門中と村落—沖縄南部離島久高島における事例研究—」というタイトルの修士論文を提出して、一九八一年三月に地域研究科を修了した。

筑波大学でさらに一年間の研究生生活を終えた一九八二年に沖縄に戻り、沖縄大学等での非常勤講師を五年間ほどした後の一九八七年四月に、琉大の法文学部社会学科社会人類学コースの講師に採用された。ただし、社会学科にいたのはわずか一年間で、翌年の一九八八年には、比嘉政夫先生とのトレードというかたちで、当時の短期大学部に転任となった。さらに五年後の一九九三年には、短期大学部の廃部に伴い教養部へ転任となるが、短期大学部と教養部時代の私の担当科目は、共通教育科目の「文化人類学」が主で、社会人類学の専門科目の教育に関わることはなかった。

国立大学の教養部廃止という全国的な流れの中で、琉大においても一九九七年に教養部が廃止されることになるが、教養部廃止と連動するかたちで法文学部でも組織改編がなされることになり、私も法文学部への配置換えになった。この改組は、琉大においてはじめて民俗学の講座が設置されたという意味で大きな画期をなすものであった。すなわち、法文学部のなかに人間科学科という新学科が設置され、人間科学科の地理・人類学専攻課程の一履修コースとして民俗学が位置づけられたのである。結局私は、新設された民俗学講座に配属され、民俗学講座の初代の教授をつとめることになる。

さらに法文学部では、二〇〇八年にも改組が行われた結果、国際言語文化学科に琉球アジア文化専攻課程が設置され、そこに配置換えとなった私は、新設の琉球民俗学履修コースを担当することになる。人間科学科の地理・人類学専攻課程は地理・歴史・人類学専攻課程に名称を改め、民俗学コースはそのなかに位置づけられことになる。結局のところ、法文学部内に琉球民俗学コースと民俗学コースという二つの民俗学コースが存在する状況となるが、琉球民俗学は同じ専攻内にある琉球史や琉球語学、琉球文学研究などとの連繫が可能で、一方の民俗学コースの場合は、同じ専攻内にある社会人類学、考古学との連繫が可能である、ということで理念上の差別化が図られている。

法文学部の改組はさらに続き、二〇一八年四月には、旧来の法文学部と観光産業科学部が解体となり、人文社会学部と国際地域創造学部が新設された。私が担当してきた琉球民俗学は、人文社会学部の琉球アジア学科のなかの歴史・民俗学プログラムのなかに位置づけられ、地理・歴史・人類学専攻課程の民俗学は、国際地域創造学部国際地域創造学科の地域文化科学プログラムのなかに位置づけられることになった。

さて、学部時代に専攻したのが社会人類学、大学院での指導教授は民俗学の宮田登先生、琉大に採用されたのは社会人類学講座ということで、私の学歴・職歴いずれにおいても民俗学と人類学の二つの学問分野が絡んでいることになる。研究職に採用されるまで、あるいはそれ以降も、人類学（社会人類学・文化人類学）と民俗学をあえて区別する必要はさほど感じることなく沖縄に関する自分の研究を進めてきたが、一九九七年以降、民俗学講座の担当教員ともなれば、そうは言ってもいられない状況になったことを自覚せざるを得なくなった。

日本民俗学の創始者である柳田國男が没したのは一九六二年であるので、私が民俗学を担当することになった時点で、柳田の没後三五年ほどが経過していたことになる。福田アジオは、柳田から直接の指導を受けていないという意味で民俗学界における第二世代の民俗学者といえる。その福田が『日本民俗学方法序説―柳田国男と民俗学―』を刊行したのが一九八四年で（収録論文の大半は一九七〇年代に執筆されている）、柳田民俗学の方法（主として「周圏論」と「重出立証法」）に対するラディカルな批判の書として肯定的に学界に迎えられたと記憶している。福田は、ある特定の民俗要素について全国規模での比較研究を行う重出立証法を批判し、「民俗を伝承母胎における歴史的展開を蓄積しているものとして理解し、その諸民俗の相互関連を構造・機能的に分析することを通じて、伝承母胎における歴史的展開過程を明らかにすべきである」とし、その方法のことを「個別分析法」と命名している〔福田　一九八四　九二〜一〇九〕。

一九六〇年代以降の沖縄研究において、欧米で発達した機能・構造論（構造・機能論）的人類学の影響を受けた社会人類学的研究が、村落単位の家や門中、祭祀組織の分析にめざましい成果をあげているという評価が定着していた〔渡邉 一九八五 五七〜六七〕こともあって、福田の柳田批判と個別分析法の提唱は、私にとって非常に受け入れやすいものとして目の前にあった。結局のところ、福田の柳田批判を真に受けた私は、柳田の著作に真剣に取り組むことなく、福田を通して柳田民俗学を理解したつもりになっていたということになる。福田は、一九九二年に柳田民俗学への入門書として『柳田国男の民俗学』を出版しており、福田の柳田民俗学批判は広く人口に膾炙することになる。さらに、柳田民俗学にナショナリズムと植民地主義を見出して批判した村井紀『南島イデオロギーの発生―柳田国男と植民地主義―』〔一九九二〕と川村湊『「大東亜民俗学」の虚実』〔一九九六〕という二冊の著書の刊行もあった。

このような柳田批判の流れのなかにあって、二〇〇〇年代に入ってから柳田民俗学の再評価の動きが目立つようになってきた。代表的なものとして、新谷尚紀の『柳田民俗学の継承と発展―その視点と方法―』〔新谷 二〇〇五〕と、岩本通弥の「戦後民俗学の認識論的変質と基層文化論―柳田葬制論の解釈を事例にして―」〔岩本、二〇〇六〕の二点に注目したい。新谷の著書はタイトルに「柳田民俗学の継承」と謳った点で画期的であり、岩本論文は、一九七〇年代から柳田批判を展開してきた福田アジオとの柳田の葬制論をめぐっての論争を踏まえたもので、福田の柳田民俗学についての理解に対する岩本の徹底した批判が大きな論点の一つになっている。

これらの柳田民俗学の再評価の動きの影響を受け、特に岩本論文における、柳田の沖縄認識についての福田の見解が、柳田テキストの誤読によるものだという指摘が大きな刺激となり、私自身、柳田民俗学の方法論や沖縄に関連する著作の熟読と、さらには柳田の沖縄認識に関する従来の研究史を整理する必要を強く感じるようになった。その成果として二〇〇八年にまとめたのが本書所収の論考「柳田国男の民俗学と沖縄」

である。本書の第一部は、この論考を柱として、柳田と関わりの深い沖縄の民俗研究史、さらには柳田に関連のある拙稿二点を加えて構成することにした。

つぎに、第二部「比較研究法の実践」についての説明に移ることにしたい。柳田の方法論を議論する際、多くの研究者が「重出立証法」という用語を用いてきたが、その一方で、岩本通弥が指摘するように、重出立証法という語が使用されるのは『民間伝承論』においてのみで、「かつその中でも五度登場するに過ぎず、いずれも簡単な記述でしかなく、必ずしも資料操作法という方法を明示したものではない。」〔岩本一九九八　四一六〕という見方も可能である。そこで本書では、重出立証法という用語を用いることは避けて、柳田の方法を「比較研究法」という用語で捉えることにしたい。柳田は『民間伝承論』において、「比較」という用語を以下の文脈で用いている。

社会事象の変遷して来た事実は、そうして集めた資料の分類によらなくては明らめられない。甲から乙への変化事実は、実際そう手軽にはわからないからである。社会事象を幾つか集めて、それを比較するとその事象の変化過程は割合によくわかる。比較は万遍なくどこの隅にも観察の目が届くようにすることが肝要である。この比較に便せんために、自分は分類の必要を叫んだのであつた。〔『文庫全集』二八　三七〇～三七一〕

この文章に依拠すると、比較を行うことの目的は「その事象の変化過程」を明らかにすることにある、ということになる。比較研究の目的が民俗の変遷過程を明らかにすることにあるという認識は多くの研究者に共有されおり、たとえば関沢まゆみも、柳田の比較研究法をつぎのように説明している。

民俗学の比較研究法は、民俗伝承の古態を見いだすことが目的ではない。比較研究法の活用においては、古代、中世、近世そして近代へ現代へと一定の歴史時間を共有してきた日本列島各地で一般の人びとの間に伝えられてきている民俗伝承の多様性のなかから、どのような生活文化の変遷過程が追跡できるのか、各地の民俗伝承を歴史情報として読み解き、それぞれの事例が発信している伝承過程の段階差について注目することにより、立体的な生活文化の歴史的変遷の動態世界を描くことが、民俗学にとっては重要なのである。〔関沢まゆみ編　二〇一七　七〜八〕

一方で筆者は、柳田の比較研究には別の側面もあると考えており、その点を示唆していると思われる柳田の文章を「民間伝承論」から以下に引用したい。

子供の口のわきに白くただれるのは、鳥の鳴き声をまねたからだとどこでもいうが、この病気の方言がいたって多い。これを東京附近では「鳥のお灸」、仙台あたりでは「鳥の口真似」、信州甲州では「御器ずれ」という。こういう言葉の下に俗信がかくれているのである。俗信の意義を明らかにするにはやはり言葉を多く採集するとよい。言葉を集めることは知識の内容を示す便宜がある。それも三つや四つだけ集めたのでは不可であるが、多くを集めて重ね撮り写真を拵えるように、自分のいう重出立証法によるならば、馬鹿にすることのできぬ結果が得られるだろうと思う。〔『文庫全集』二八　五〇〇〕

この文章から、子供の病気に関する民俗語彙に潜んでいるはずの俗信の意義は、一ヵ所の民俗語彙の事例だけでは不明であっても、複数地域の多くの事例を比較すれば明らかにすることができるはずだという柳田の考えを抽出することができる。この文章に続いて記される以下の文章にも注意を向けたい。

自分が「後狩詞記」に日向の猪狩の用語を誌した際に、狩くらすなわち共同狩猟の獲物をセコに分つ時、一人一人の取分をタマスと謂ふのを不審に思って脳裡に残していたが、この語がまた沖縄にも保存せられていた。国頭地方では子供等に果物を分け与へるのに、おのおの一人分の分前をタマシといって

いる。これはあるいは霊魂の意味のタマシヒと同語原の言葉ではないかと思う。タマという語は饂飩な
どの一食分の名として内地で現在普通に使われているが、山の樹木を伐る場合、一丈ずつの長さに区切ってそれを三タマ四タマという風に数え、根本の方を特に一のタマという。材木の割らぬものを丸太というのも、このタマから来たのであろう。タマスは切つた一つ一つすなわちインジビジュアルな「箇」をいうのだが、それが霊魂と同じであるというのは面白いことである。かく多くの実例を並べると、自ら帰結が示され、誰が見ても反対のできぬような結論が出て来る。フォクロアの方法はすべからくかくあるべきだと思う。〔『文庫全集』二八　五〇〇〜五〇一〕

ここで柳田が議論していることは、広い地域から収集された類似の民俗事例の比較というよりは、多種多様な文脈で使われるタマシ、タマといった民俗語彙に着目し、それらの用法等を比較検討することによって、その語彙にまつわる心意の解明に迫ろうとする方法だと理解したい。その意味での比較研究法を柳田は多くの論考で用いていると推測されるが、一九四〇年に書かれた「米の力」という論文〔柳田　一九九八〔一九四〇〕〕などはおそらくその一つであり、この論文は、葬儀をはじめとして様々な文脈に登場する米〔枕飯、力飯、力餅など〕に着目し、それらを比較検討することによって「米」あるいは「米の力」にまつわる心意の解明を目指したものだと言えるだろう。

いずれにしろ、柳田の比較研究法には民俗の変遷過程の解明以外の側面もあるということを確認したうえで先に進むことにする。本書第二部のタイトルを「比較研究法の実践」としたが、これは、これまで述べてきた柳田民俗学の方法論としての比較研究法の実践という意味で用いたものである。じつは筆者は、学究としての歩みを始めたばかりの一九八五年に本書所収の「トゥハシリ考―沖縄の家の神についての一試論―」〔赤嶺　一九八五〕という論文を書いたが、執筆当時はまったく自覚していなかったものの、この論文は、沖

縄全域を対象にしたトゥハシリをめぐる習俗の比較研究法によるものだったことに後になって気づくことができた。本書第二部は、この論考を含め筆者のこれまでの論考の中から、柳田民俗学の比較研究法を実践していると判断できるものを集めて構成したものである。

最後に、関沢まゆみの論考「「戦後民俗学の認識論批判」と比較研究法の可能性」に依拠しつつ、比較研究法の実践ということの学史上の位置づけをめぐる問題に触れておきたい。関沢は、この序論でも先に触れた岩本通弥の論考〔岩本　二〇〇六〕における、「柳田の議論は変化こそ「文化」の常態、とみる認識であった」という指摘を評価したうえで、戦後民俗学の状況についてつぎのように述べ、課題を提起している。

戦後民俗学の世界では、柳田の変遷論の視点の継承や比較研究法の活用の可能性を検証することは重視されず、むしろそれを否定し放棄して、個別村落の歴史世界の再構成を目的とした地域研究法、個別分析法の活用の主張が主流となっていった。先の岩本論文はその問題点を鋭く突いたものであり、その克服のための具体的な研究作業例として、民俗の変遷について論じる岩本の論考〔〔岩本　二〇〇八〕など〕にはは評価されるべきものがある。ただしその一方、柳田がその学問提唱の根幹としていた比較研究法とその活用による民俗の変遷論へ、というその実践例は必ずしも示されてはいない。岩本や新谷〔尚紀〕から発せられている戦後民俗学に対する批判を正面から受け止めるためには、民俗の変遷論に再注目するとともに、柳田が力説していた比較研究法の有効性を、具体的な実践例によって検証することがいまこそ求められているといってよい。なぜなら、柳田の提唱した民俗の変遷論というのは、その独自の比較研究法の提唱と密接不可分の関係にあるものであったからである。〔関沢　二〇一三　二〇五〕

本書第二部は、比較研究法の有効性を具体的な実践例によって検証することが必要だとする関沢の提言に対しての、沖縄研究の側からの応答として位置づけることにしたい。

なお、本書での柳田國男のテキストの出典表記は、文庫版は『文庫全集』、定本版は『定本』、最新の全集版は『全集』とする。

柳田國男の民俗学と沖縄／目　次

第一部　柳田國男の民俗学と沖縄

1　沖縄における民俗研究の歩み

はじめに

柳田国男が「我々の学問にとって、沖縄の発見ということは画期的の大事件であった。」と述べたのは、一九三五年の『郷土生活の研究法』においてであった〔『文庫全集』二八　八〇〕。柳田との関わりも含めて、明治以前は琉球国という独立国家であった沖縄県における民俗研究の歩みには、他県と比べて独特のものであることが予想される。本章では、戦前の沖縄における民俗研究の開始とその後の状況についてみたうえで、戦後については、研究団体の動向を中心に叙述していくことにする。

一　戦前の状況

明治期に来沖する田代安定や加藤三吾らの調査報告に民俗学的情報が含まれていることは確かであるが、沖縄における本格的な民俗研究の発端となるのは、一九二一年の柳田国男の海南小記の旅と、その際の那覇での伊波普猷との出会いであることに異論はないものと思われる。柳田は、一九六一年に『伊波普猷選集』三巻が沖縄タイムス社から刊行されたときに、中巻に序文を寄せ、沖縄訪問について次のように回想している。

私は大正八年役人をやめてさて自由の身となった時、思いきり旅をしたいと思った。そして脳裡をかすめたのは伊波君のことであった。その頃伊波君は、「古琉球」が島の人に充分理解してもらえず、又図書館長として社会教育の講演その他に忙殺され、研究から遠去かっていた。その噂は東京にまできこえていたので、伊波君に逢い、学問をするよう、すすめて来ようと思い立ち、沖縄に渡ったのは一九二一年一月のことであった。国頭は勿論、宮古・八重山の先島諸島にも行ったが、那覇滞在中は殆ど毎日のように図書館を訪ね、伊波君と話をしてすごしていた。〔柳田　一九六二〕

柳田との出会いが伊波に大きな刺戟を与えたことは、以下に引用する一九二六年の『琉球古今記』の序文によって知ることができる。

〔明治〕四十三年に県立沖縄図書館が創設されて、その館長を嘱託されて以来は、専心郷土史料の蒐集に没頭して、僅々数年間に四五千冊の古記録を得て、渉猟しましたが、大正二年の冬頃、不治の病に罹つて、四五年病床に呻吟しましたので、その間に研究に対する興味を殆ど失はうとしてゐました。そして、全快しかけた頃には、私は最早一個の啓蒙運動者と化し去り、沖縄諸島の津々浦々を経廻つて、民族衛生の講演を試みたりなどして、ひまつぶしをしてゐました。／恰度其の頃、柳田国男先生が沖縄にやつて来られて、学界に対する義務として、多年研究した『おもろさうし』の校訂をするやうに慫慂されたのは、私の一生に取つて忘れることの出来ない大事件だと思ひます。この刺戟によって私はもとの学究に立ち帰る決心をしました。〔伊波　一九七五（一九二六）六七〕

伊波は、柳田との出会いから四年後の一九二五年に東京に移り、本格的な研究活動を再開することになる。

柳田は、伊波以外にも比嘉春潮や八重山では喜舎場永珣などとも面談して学問的刺激を与えている。喜舎場は、石垣における柳田との出会いをつぎのように記している。

私に向って「君の研究した八重山民謡誌の原稿を見せてくれ」といわれたので、私は「この原稿は未完成です」といったら、翁は「世の中に完成という本があるか、未完成のまま発表して、その後読者の批評を仰ぎ、さらに補訂して再版し、学界に望むべきである」「この原稿は炉辺叢書の一部として出版するから」と言われ、帰京後さっそく原稿用紙を送られた。〔喜舎場　一九七七　三六八〕

事実、東京に戻ってからの柳田の尽力により、柳田自身の刊行企画による「炉辺叢書」の一冊として一九二四年に喜舎場の『八重山民謡誌』が刊行されている。「炉辺叢書」のシリーズとしては、その他に、伊波普猷『古琉球の政治』、佐喜真興英『南島説話』・『シマの話』、宮良当壮『沖縄の人形芝居』、東恩納寛惇『琉球人名考』、本山桂川『与那国島図誌』、島袋源七『山原の土俗』も出版されている。沖縄人による沖縄の民俗研究の出発において、柳田の果たした役割が甚大だったことがわかる。

折口信夫の沖縄研究も重要な意味をもつ。海南小記の旅から帰京した柳田を自宅に招いて南島の話を聞いた折口は、早速その年に沖縄に渡っている。さらに二年後の一九二三年にも沖縄調査を実施して折口独自の沖縄研究を深めていくことになるが、その過程で、島袋源七や宮城真治といった沖縄の研究者に強い影響を与えていくことになる。

柳田の海南小記の旅は、一九二二年の「南島談話会」の設立に結びついていく。拙稿〔赤嶺　二〇一三〕で指摘したように、談話会設立当初は、沖縄のみならず台湾や当時日本の委任統治下にあった南洋諸島の研究者も含まれていたが、一九二七年には、在京沖縄人を中心とした新しい機関として生まれ代わり、同年七月に第一回の例会が開かれている。談話会に参加した沖縄出身者には、伊波普猷、比嘉春潮、仲原善忠、金城朝永、島袋源七、宮良当壮、仲宗根政善らがおり、一九三一年には、会誌として『南島談話』が刊行される。金城朝永によれば、南島談話会は、一九三三年頃には「南島文化協会」と改称されて柳田の手を離れることとなるが、金城が、南島文化協会は「終戦後沖縄文化協会として再組織、目下、東京における唯一の南島研究の会として活動している。」（金城　一九七四　四一六）と述べているように、南島談話会の流れを汲む南島文化協会が、戦後の沖縄文化協会の実質的な母体となった。

　地元の沖縄においても、真境名安興や島袋全発らの学校教員によって一九二七年に「南島研究会」が組織され、一九二八年の二月には機関誌『南島研究』が発刊されている。『南島研究』は、財政的問題のために五号をもって休刊となるが、屋嘉比収は、南島研究会と『南島研究』について、柳田の来県を契機に興った中央の南島研究の隆盛から大きな影響を受けて、地元沖縄で資料の蒐集や調査研究を目的として設立されたこと、二号に柳田が「雀をクラということ」を寄稿していることも含めて、東京の柳田や南島談話会との情報の交換や交流が積極的になされている点などを明らかにしている（屋嘉比　一九九九　一一九〜一二五）。

二　戦後の状況

（1）沖縄文化協会

沖縄文化協会の発足の地は一九四七年八月の東京で、先に設立されていた沖縄人連盟（会長、伊波普猷）のなかに「沖縄文化協会」という部局が設置されたのがその端緒であった。先述したように、柳田が設立した南島談話会の流れを汲む南島文化協会が、戦後の沖縄文化協会の実質的な母体となった。歴史、文学、言語、民俗、芸能など、沖縄に関わる多様な研究領域を包摂している点に沖縄文化協会の特徴があり、戦後の沖縄研究において沖縄文化協会が果たしてきた役割については拙稿（赤嶺　二〇一三）を参照願いたい。

現在の沖縄文化協会は、約三六〇人の会員を有し、事務局を沖縄県立芸術大学附属研究所に置いている。協会の機関誌として『沖縄文化』の刊行を行っており、二〇二四年時点で一二五号まで数えている。機関誌の刊行以外にも、毎年一回の公開研究発表会と、週一回のおもろ研究会を開催している。

（2）琉球大学民俗研究クラブ

琉球大学は、沖縄戦の終結から五年が経過した一九五〇年にアメリカ軍政府によって設立された沖縄で初の高等教育機関である。その琉球大学に民俗研究クラブが設立されたのは一九六〇年の一月で、発起人となったのは、当時国文科の学生であった上江洲均（名桜大学名誉教授・久米島博物館名誉館長、二〇一七年死去）で、顧問には国文科の教員であった中今信が就いている。発起人の上江洲が国文科の学生だったことに関連して、琉球大学の教育組織に注意を向けておきたい。現在の琉球大学には、社会人類学と民俗学の両方の講座があるが、教授・馬淵東一、助教授・饒平名健爾の陣容で社会人類学講座が設立されたのは一九七二年のことであり、民俗学講座の設置はさらに遅れて一九九七年である。上江洲が在籍した一九六〇年代の琉球大学には、民俗学や人類学を専門に学べる学科・専攻はなく、そういう状況のなかでの学生による民俗研究クラブの創設であった。

民俗研究クラブの主たる活動は、機関誌（一～六号までは『民俗』、七号以降は『沖縄民俗』）の刊行である。創刊号の発刊は一九六〇年で、最終号の二四号は一九八六年に刊行されている。クラブ員の合同調査による村落単位の調査報告が主であるが、二号が個人の小論および調査報告、二〇号以降は個人の小論文やテーマ研究を増やしている。五号（一九六二年）が「柳田国男先生追悼号」、七号（一九六三年）が「直江広治先生民俗学開講記念号」と銘打たれている。追悼号の巻頭には、顧問の中今信の「柳田先生の御霊に捧げて」、大藤時彦「柳田先生と沖縄研究」、喜舎場永珣「柳田翁と南島」、海南小記の旅で柳田を斎場御嶽に案内した新垣孫一の「柳田国男先生と私」が掲載されている。七号は、当時東京教育大学で民俗学を講じていた直江広治が琉球大学に招聘され、日本民俗学の講義を開講したことにちなむ記念号である。

機関誌に調査報告として掲載されている対象地域は、沖縄本島が二二村落、沖縄本島周辺離島が一三村落、久米島が二村落、宮古が五村落、八重山が三村落、合計すると四五村落となっている。学生たちの努力によってこれだけ多くの地域の民俗調査報告書が蓄積されたことは、特筆すべきことである。一九六〇年代当時は、今日と比べて交通の便が極度に悪かったという事情を考慮する必要があるし、また、機関誌にかなりの数の協賛広告が掲載されているのは、『沖縄民俗』の刊行に対して、学外の事業者や個人からの理解と協力が得られていたことを示すものである。これらの報告書に記された民俗事象には、今日ではすでに失われてしまったものも数多く含まれており、その意味で『沖縄民俗』が有する資料的価値は計り知れないものがある。馬淵東一が一九七一年刊行の『沖縄文化論叢』の「解説」において、「最近十年ばかりの間に、沖縄の民俗文化研究に関心をもつ若い世代の人びと、とくに教師や学生たちが著しく増えている。この十八年ばかりの間に幾たびか沖縄を訪れている筆者にとっては、私事ながら感無量である。」（馬淵　一九七一　一七）と述べているのは、民俗研究クラブの活動と同クラブの卒業生たちの活躍をみてのことだったと思われる。二四号が刊行された一九八六年以降は、クラブの活動が停滞し、今日では廃部状況になっているのが現状である。

（3）沖縄民俗学会

沖縄民俗学会の設立の前史として、沖縄民俗同好会（以下では「同好会」）について触れる必要がある。上江洲均〔二〇〇五〕に依って、同好会の発足から沖縄民俗学会へと至るその歩みについてみていくことにする。同好会の発足には、先述した民俗研究クラブの発起人であった上江洲均が関わっている。一九六四年に、沖縄本島中部で高校の教諭をしていた上江洲と民俗研究クラブの卒業生が中心となり、上江洲宅で月一回の勉強会を始めたのが同好会の発足にあたる。

一九六七年には、上江洲が高校から琉球政府立博物館へ民俗担当というかたちで異動になったのに伴い、事務局を博物館に移し、博物館を会場にして月一回の研究発表会や不定期の講演会が開催されるようになる。講演会の講師として、馬淵東一、直江広治、竹田亘などの名前が挙げられている。初代の会長には琉球政府文化財保護審議委員会委員長であった源武雄、副会長には湧上元雄・仲松弥秀が就任するが、会長の源は、一九三五年に柳田の還暦を祝って東京で開催された「日本民俗学講習会」に沖縄からただ一人参加するなど、柳田から直接指導を受けた経験のある民俗学者である。同好会の機関誌として『沖縄民俗同好会会報』が二二号まで刊行されている。

一九七八年三月には、同好会は沖縄民俗研究会に改称され、会長に湧上元雄、副会長に上江洲均が就任し、同好会以来の月例研究会が継続されるとともに、機関誌『沖縄民俗研究』の刊行が始まる。一九八五年には、湧上に代って上江洲が会長に就任している。さらに一九八八年三月には、同研究会は「沖縄民俗学会」と改称され、初代会長に上江洲が就任し、機関誌『沖縄民俗研究』の刊行と月例研究会の開催事業が継続される。『沖縄民俗研究』は二〇二三年時点で三七号まで数えている。学会に移行してからの新たな取り組みとして、琉球大学や沖縄国際大学の学生を中心とした、卒業論文と修士論文の発表会も行なわれるようになり、発表要旨は機関誌に掲載されている。二〇二四年七月時点で、会員数二二八人、その内学生会員一六人、県外在住会員八〇人、国外在住会員八人となっている。県単位の学会で、会員数が二二八人というは群を抜いていると思うがいかがだろうか。

（4）民族学の沖縄研究

沖縄の民俗研究には、民俗学と民族学（社会人類学・文化人類学）という二つ流れがみられるのも他県とは異なる大きな特徴だと言える。一九五〇年刊行の日本民族学協会の機関誌『民族学研究』（十五―二）は、「最近における沖縄研究概観―沖縄の人と文化に関する人類学・民族学・民俗学・社会学・言語学的研究の成果―」と銘打たれている。「巻頭のことば」として石田英一郎の「沖縄研究の成果と問題」をのせ、柳田国男と折口信夫も寄稿し、さらに沖縄出身者としては、金城朝永、東恩納寛淳、宮良當壮、島袋源七、比嘉春潮、仲原善忠の論考が掲載されており、戦後の沖縄研究の動向を知るのに興味深い特集号となっている。それから十二年後の一九六二年の『民族学研究』（二七―一）の沖縄特集号も、民族学側の沖縄研究の成果として特筆される。以下では、紙幅の都合により、馬淵東一（一九〇九〜一九八八年）に焦点を当てて、民族学による沖縄研究の動向の一端をみていくことにする。

馬淵の沖縄研究開始の契機が、柳田国男との出会いであるのは興味深い事実である。一九四九年頃に、岡正雄・石田英一郎・泉靖一らとともに柳田邸内にあった民俗学研究所に招かれた馬淵は、柳田から沖縄研究を奨められている。柳田の『妹の力』を呼んで感銘を受けていた馬淵は、それ以後民俗学研究所の研究会に参加するようになり、一九五四年には、研究所の沖縄調査企画にのって、はじめての沖縄での調査を宮古と八重山で実施している（馬淵　一九七四（一九六九）五三九〜五四〇）。馬淵の沖縄調査の機会はその後増え続け、一九七二年に東京都立大学を停年退職したのを機に、琉球大学の社会人類学講座の初代教授として赴任し、一九七五年三月に退職している。

東京都立大学在任中（一九五三～一九七二年）には、沖縄の社会人類学的研究のパイオニアとして、多くの沖縄研究者を育成した点は特筆に値する。一九六五年の東京都立大学南西諸島研究会編『沖縄の社会と宗教』の刊行は、村落単位の集約的調査に基づく、社会人類学の機能・構造論的方法による研究成果の先駆けとして戦後の沖縄研究において画期をなすものであり、執筆者の大藤時彦、常見純一、竹村卓二、小川徹、大胡欽一、比嘉政夫、鎌田久子、野口武徳、伊藤幹治、植松明石、村武精一らは、その後の沖縄研究を牽引していく人々である。馬淵は、『沖縄の社会と宗教』について、「この調査研究の企画には都立大学大学院社会人類学コースの職員、卒業生、学生ばかりでなく、他大学のスタフも若干参加し、筆者も論文作成に関する研究会にはたびたび参加した。そして編集委員会（鈴木二郎および村武精一）の村武からの求めに応じて筆者が「あとがき」を引受けることになり、出版元である平凡社にも通知ずみであったが、筆者には理解しがたい編集委員会の事情により、この件はやがて取止めとなった。」〔馬淵　一九七一　五四～五五〕と述べており、このプロジェクトの推進に馬淵が深く関わっていたことがわかる。

沖縄の民俗研究の発端に柳田国男と伊波普猷の出会いがあったことは先にみたが、馬淵の沖縄研究の発端が柳田との邂逅にあったこと、また、馬淵の沖縄研究の主要な功績のひとつが、伊波が先鞭をつけたオナリ神の問題を社会人類学的視点から深化させたものであったという事実に思いをはせると、感慨深いものを感じる。

（5）郷土研究の動向の特徴

ここでいう「郷土研究」とは、特定の地域（郷土、ここでは沖縄）において、その地域出身者及びその地域に居住する人々によってなされる、その地域に関する研究という意味で用いることにする。

沖縄における郷土研究の動向をみるにあたり、終戦直後の沖縄文化協会の発足とその後の協会の活動に尽力した比嘉春潮に焦点をあてることにする。比嘉は海南小記の旅の柳田国男と沖縄で出会い、その後も南島談話会への参加などを通して柳田との親しい学問的交流を継続し、柳田の最も近くにいた沖縄出身者の一人といえるが、柳田との学問的交流について比嘉は以下のように回顧している。

私は東京に出てから、沖縄の言語や民俗を対象とする学者にしばしば接触するようになったが、そういう場合、私はいつでも単なるインホーマント（資料提供者・報告者）であった。柳田先生に対しては、とくにその限界を守ってきたつもりである。〔比嘉　一九六九　一八八〕。

柳田に対しては情報提供者という立場であったという比嘉が、戦後の沖縄文化協会の設立に関して、「この会の設立により、従来資料提供者の立場にあった民間の沖縄研究者が独自でより積極的に研究発表を始めたといってもいい。」〔比嘉　一九六九　二二〇〕と述べていることは注目に値する。沖縄出身の研究者すべてが「資料提供者の立場」にあったということには、多分に誇張が含まれていると思われるが、少なくても、戦後の協会設立にあたり、沖縄出身者による沖縄研究、あるいは沖縄人のアイデンティティの追究と結びついた沖縄研究の進展、ということを強く意識しての発言だったと思われる。

そのことは、比嘉が、一九五二年の『文化沖縄』二五号に掲載された東恩納寛淳の以下の文章を引いて、それがその当時の『文化沖縄』同人に共通した心境だったと述懐している〔比嘉　一九六九　二二四〜二二五〕ことからも明らかである。

ガリ版刷りの小冊子ではあるが、内容の真摯、学問的良心に至っては、いかなる学術誌に対してもはじるところがない。われわれはむしろこのままの素朴な体裁に、厳粛な満足をすら感じている。本誌は郷土文化の学問的究明を目標とする同人の発表機関であるゆえに、その内容は各種部門にわたっている。このことに対して一部専門家のなかには、雑学とけなす者もあると聞いているが、それも承知の上で、歴史上絶えず苦境におかれ、その文化運動の大部分をすらせん滅されたわれわれの郷土を世間の誤解や不認識から救解し、その真価を闡明せんとするのは、われわれの不断の念願で、それは決して高閣にあんじょとして筆を嘗めている人びとの察しもつかない郷愁である。本誌の同人がこの種の雑音に耳を藉するなく各自の目標に向かって一路邁進されんことを希うとともに、またこのことを私自身新年の箴言ともする。

さらに、琉球大学で民俗研究クラブを創設し、その後も沖縄における民俗研究を牽引することになる上江洲均が、一九八七年に第一書房から刊行された『沖縄民俗』の復刻版に寄せた「復刻版を刊行するにあたって」において、以下のように述べていることにも注意を向けたい。

ガリ版刷りの創刊号のあと、二号で初めて活版にしたときは、当時の米国民政府（USCAR）に対し、出版申請をしなければならなかった。この機関誌が、思想や言論に対する検閲や取り締まりの厳しい時代の生き証人と言えば大袈裟だろうか。ただ沖縄の異民族支配の二七年間が、もし仮に欧米的な制度を学び、初めて自治を行なううえで収穫があったとすれば、私どものサークル活動は、「沖縄」をみつめなおし、みずからの基層文化を学び、島々や村落のくらしを実感してみるよい機会であったといえるのではないだろうか。〔琉球大学民俗研究クラブ編　一九八八　二〕

上江洲が指摘するように、学生たちによる郷土研究においても、その活動を根幹で支えていたのは、戦後の特異な政治状況のなかで、沖縄人としてのアイデンティティの追究に対する彼等の熱意であったと考えていいだろう。そしてそのことは、沖縄での郷土研究全体においても多かれ少なかれ当てはまるはずであり、それが戦後沖縄における郷土研究の動向の大きな特徴だと思われる。

おわりに

沖縄における民俗研究の歩みを大雑把に辿ってみた。外国人による研究が多数存在するのも沖縄の特徴であるが、紙幅の関係で触れることができなかった。沖縄の民俗研究史としては、すでに平敷令治〔一九八九〕と宮良高弘〔一九七九〕があり、本論考での不足分は両論考によって補っていただきたいと思う。研究の現状と課題についても触れることができなかったが、日本民俗学が現在抱えている多くの課題―柳田民俗学の方法論の評価、民俗学的実践をめぐる問題、公共民俗学の可能性、民俗学にとっての近現代、等々は、当然のこととして沖縄民俗学においても共有され、議論を進展させる必要があると考えている。

2　柳田國男の民俗学と沖縄

はじめに

柳田國男の民俗学における沖縄の占める位置に関しては、従来の研究史の中で多くの研究者が言及してきた。本論考の課題は、その研究史の検討を通してこの問題について再考することにある。最初に、柳田民俗学への入門書として広く普及している福田アジオの『柳田国男の民俗学』の該当部分に指目することによって、本稿の課題をより鮮明にしておきたい。

『柳田国男の民俗学』では、第Ⅱ章「方法と歴史認識」の第二節「比較研究法」の中に、「沖縄の『発見』」という小見出しを付けた一節が設けられている。そこで福田は、柳田の沖縄認識について、「海南小記」の旅以降「沖縄の民俗を日本「本土」の各地の民俗と合わせて検討することが多くなり、その場合には沖縄の事例に決定的な意味をあたえ、日本のもっとも古い姿として位置づけることが基本的な作法となった。」（福田　一九九二　七四）と述べる。さらに、『郷土生活の研究法』の「沖縄の発見」という小見出しのある「我々の学問にとって、沖縄の発見というのは画期的の大事件だった」という一節から始まる柳田の文章の一部を、以下のように引いている。

それから信仰の方面においても、神社というものの起りや女性の地位、中古神輿(みこし)というものの普及に

> よって、自然変ってきた祭祀の式、その他神と人間の祖先との関係のごとき、以前はただの空想であった我々の仮定説に、かなりの支援を与える事実が当然としてかの地には行われていた。手が届かぬために今まではそっとしてあるが、これ以外にも家族組織や土地制度、それから技芸流伝の様式などにも、現在の状において比べてみれば大きな相違、以前に遡って考えるとよほど接近して来るように思うことが色々あって、いずれもみな沖縄を日本の古い分家と心づくまでは、全然参照し得なかった新資料のみである。〔福田　一九九二　七五〜七六、『文庫全集』二八　八〇〜八一〕

福田は、この文章に依拠しつつ、柳田の沖縄認識について、さらにつぎのように述べている。

> ここでのべているのは、沖縄の村落には氏神とか鎮守という神社はなく、村落祭祀の場はウタキ〔御嶽〕という聖なる森であり、また村落祭祀の担い手が男性ではなく、ヌル〔祝女〕以下のカミンチュ〔神人〕と呼ばれる女性たちであることなどであり、それらを「本土」の古い姿としているのである。はたしてそのようにいえるかどうかは今日では充分に検討しなさなければならないことであるが、柳田以降民俗学の世界では「沖縄は日本の古い分家」であり、日本全体の最も古い姿を今に残しているという理解が一つの前提、あるいは一つの常識として通用することとなった。〔福田一九九二　七六〕

柳田民俗学における沖縄の占める位置は、「日本全体の最も古い姿を今に残している」場所だという指摘である。はたして、そう言えるのであろうか。

岩本通弥は、福田による柳田の沖縄認識についてのこの見解に関して、福田が柳田の文章の一部を省略して引用している点に重大な問題点があることを指摘している。すなわち、福田引用文の直前には、沖縄には仏教の影響が弱いこと、「支那」からの移住者もあったがすでに沖縄に同化してしまっていることに言及したうえで、次のように述べられていた。

もちろんそういう外部からの影響は薄くても島人自身も独自の変化はあり、また忘却はあったはずで、単にある別種の道程を経て発達し来たった一例が見られると言うのみであるが、我々が新たにこの方面の観察から、受け得たる暗示は無限なものであった。まず言語の方では記録の上だけに見えて、内地ではまったく使用を廃していた単語や語法が活きて行われていた。音韻の上でも稀に地方の訛語（かご）に伝わって、近世の堕落かとも考えられていたものが、偶然にかの島には存していた。もちろんただこれだけの偶合をもって、古くからのものとは断定し得ないが、少なくとも従来いと粗略に看過していた地方の事実を、もう一度注意して見直すだけの必要は、何人も深く感ずるようになったのである。〔『文庫全集』二八　八〇〕

岩本が指摘するように、この文章の中の「島人自身も独自の変化はあり、また忘却はあったはずで、単にある別種の道程を経て発達し来たった一例が見られると言うのみであるが」という箇所に留意すれば、沖縄の独自の変化についても柳田が注意を向けていることは明らかであり、柳田の沖縄認識は、「日本全体の最も古い姿を今に残している」と断言できるほど単純なものであったのか疑問が生じる所以である。柳田の文章の中には、「日本のもっとも古い姿」「「本土」の古い姿」「日本全体の最も古い姿を今に残している」という言葉がないことも岩本は指摘している〔岩本 二〇〇六　七七～八〇〕。「受け得たる暗示」とか「これだけの偶合をもって、古くからのものとは断定し得ないが」という微妙な言い回しにも、この文脈で注意する必要があるだろう。

「柳田以降民俗学の世界では「沖縄は日本の古い分家」であり、日本全体の最も古い姿を今に残しているという理解が一つの前提、あるいは一つの常識として通用することとなった」という福田の指摘は、次章において確認するように、柳田の後続に限っていえば誤っていないと筆者も考えるが、柳田本人の沖縄認識に関しては、そのテキストに即して再検討する必要があるだろう。本論考の課題設定の理由はそこにある。

一　「柳田國男の沖縄認識」の理解

柳田の沖縄認識について、柳田の書き残したテキストに即して検討する前に、本節では柳田の沖縄認識が研究者にどのように理解されてきたのか、という問題に触れておきたい。年代の古いものから取り上げることにする。

最初に、伊波普猷の「田島先生の旧稿『琉球語研究資料』を出版するにあたつて」という文章から関連する箇所を以下に揚げる。

> （1）（略）二、三年この方学者や芸術家の琉球を訪問するのが頻繁になったね。ことに柳田國男氏が琉球諸島を探験して帰って、南島を研究しなければ日本の古い事が解けないと吹聴されて以来、琉球研究熱は一層高まったやうな気がするよ。ロシアの若い言語学者のネフスキー君も宮古島へ渡って日本の古語を沢山さがして来た。音楽研究家の田辺（尚雄）理学士も遥々八重山まで出かけて、日本古楽の疑義を其処で解いたといはれている。昨今中央の新聞、雑誌は競うて琉球に関する記事を掲載するといふ有様だ。（傍線は引用者、以下同じ）（伊波　一九七六〔一九二二〕二九八）

この文章は、柳田の「海南小記」の旅の翌年に書かれたもので、柳田と直接会って研究情報の交換をした当時の伊波による、柳田の沖縄認識に対する理解ということになる。

つぎは、『南島談話』第一号（一九三二年）に載る金城朝英による「創刊の挨拶」の一節である。

> （2）南島が日本古代文化研究に幾多の光明を投げ与へていることは今更こゝに述べるまでもありませ

ん。現に先輩諸学者の業績によって明らかなる所であります。この方面に於きましては、特に柳田國男先生に感謝せねばならぬ多くのものを持っています。先生により、そして又先生の学風を汲む諸学者の力で、南島は新しく学界に誕生したと称しても過言ではありますまい。永い間、不幸に喘いで来た孤島―南の海の島々―に生れた不運を悲しんでいた島人達に新たなる眼で自らの島々を見ることを教へ、喜びと力を興へて下さつたのも又先生でありました。私達はこの「新たなる眼」をもつて、一つには自らの郷土に対する愛情から、今一つは広い意味の日本文化の研究と云ふ立場から南島を見て行きたいと思つています。それで私達の雑誌も単に南島人のみに限らず南島に興味と関心を持たるゝ本土の方々との協同研究の機関でありたいと望んでいます。〔南島談話会編　一九三一　六八〕

『南島談話』は、柳田の主宰する「南島談話会」の機関誌であり、南島研究に対する柳田のスタンスが「南島が日本古代文化研究に幾多の光明を投げ与へている」と理解されていることを読みとることができる。つぎの引用は、比嘉春潮と角川源義による『古琉球』一九四二年改訂版の「後記」の一節である。

（3）『古琉球』の学界に紹介されるに及び、琉球研究を誘起する機縁となり、柳田國男先生其の他の人々によつて、日本文化の研究には、日本のクラシックな生活の型を純粋に保存して来た琉球を研究する必要が高唱されるに至った。〔赤坂　一九九八〕

一九四七年に柳田國男編『沖縄文化叢説』が刊行されるが、島袋源七によって書かれた「あとがき」の中に、つぎの一節が見えることにも指目しておきたい。

（4）本書は（略）これから沖縄の研究を試みようとする人々にとつては、最もふさはしい入門書であり、日本古代史の研究者にとつても、大きな示唆を與へて呉れる必読書とでも申さうか（略）〔柳田國男編　一九四七　三四一〕

沖縄県出身者の源武雄は、柳田の還暦を祝って一九三五年に東京で開催された「日本民俗学講習会」へ沖縄県から唯一人参加するなど、柳田から直接指導を受けた経験のある民俗学者であるが、昭和四七年刊行の『日本の民俗47沖縄』の「はしがき」でつぎのように述べている。

（5）大正十年の柳田國男の「海南小記の旅」、つづいて翌年の折口信夫の「沖縄および先島への探訪の旅」と、日本民俗学の両開拓者の来沖によって、琉球列島の島々に生き生きと伝承されていた民俗が、日本の基層文化を闡明するうえに大きな学問的貢献をもたらしたとして高く評価されてきた。〔源一九七二　一〕

つぎに掲げるのは、谷正人の「『海南小記』の旅」からの引用である。

（6）柳田によるこのような研究上の位置づけは、その後の研究の動向に多大な影響をもたらした。もちろん、今日の沖縄研究の隆盛はその影響中、最大のものであろう。しかし、その反面、研究全般の傾向を柳田の影響が微妙に拘束しているのも、また事実である。つまり、柳田以来、沖縄文化のアルカイックなイメージが定着し、それに疑いをさしはさむことは困難になっているのである。このことは、極論すれば、沖縄の文化を具体的な歴史過程から切り離し、一種の標本として取り扱ってしまいかねない危険性に通じている。とりわけ、民俗学の領域において、この危険性は大きいといえよう。また、柳田自身においても、「古形の保存」は、半ば先験的な命題であった。（略）／柳田が、これら〔沖縄文化を歴史的過程との関連で解明すること―引用者〕を退けたところに沖縄研究の出発点を見だそうとしたのは、一つには、日本の固有信仰の解明という彼自身のテーマからの要請によったからである。沖縄研究は、固有信仰解明のための生きたサンプルを提供するものとして、柳田の研究に不可欠の要素とされたのである。／学術的レベルにおいていえば、柳田の祖型としての沖縄という図式には検討すべき点が多々ある

といえよう。〔柳田國男研究会編　一九九八　五八八〕

最後に、近年の村井紀の文章からも、以下の一節を引いておこう。

（7）しかも驚くべきことには「大学」という、どちらかというと進歩的だとみなされている組織が行なう調査・研究においても、その対象はアルカイックなものばかりである。沖縄の人々は現代人ではないと言わんばかりである。つまり柳田同様に近代の政治や歴史はほとんど問題にされず、類型的で不変の要素だけが、この島を「古代日本」のひながたとして、遠く日本の「古代」と結びついている点だけが——「文学」または「学問」として——絶えずとりだされ強調され、比較されて、その「文化」が珍重されるのである。〔村井　二〇〇四　一二～一三〕

以上、柳田の沖縄認識について言及したものを揚げたが、福田アジオと同様の理解が実に多いことがわかる。この種の理解の仕方が、じつは柳田のテキストの単純な誤解ではないことを、次節でみていくことにする。

二　テキストから読む柳田國男の沖縄認識（1）

まず、伊波普猷から「古琉球の政教一致を論じて経世家の宗教に対する態度に及ぶ」という論文を送付されたことへの返書の以下の一節に注目したい。

（1）内地の神道は〔御〕承知の如く平田派の学説一代を風靡し之に反して説を為す者を仮容せず候も其原形に於ては御島の風習と相似たる者一二にして止まらず半月来古き人類学会雑誌を集め南島の信仰生活をより〳〵窺見候て後愈驚くべき共通を発見致候〔略〕南島の研究者が古宗教の原形を伺ひ得らる〳〵

は此等の高僧碩徳の少なかりし為と考へ候へばかつは羨しく存申候又本居平田などの大学者の無かりし為と存候〔伊波一九七六（一九一三）三四九〕

一九一二年に書かれたもので、当時の柳田が、日本と沖縄の神道は「其原形」において共通し、沖縄の神道には「古宗教の原形」が窺われると認識していたことを読みとることができる。柳田からこの手紙をもらった伊波普猷が、前節の（1）で示したような文章を書いたのも無理からぬことと言えようか。

これと同様の沖縄認識が窺われる柳田の文章を、以下で年代順に列挙していきたい。

（2）「神道私見」（一九一八）

チェンバレン翁などはほとんと言語ばかりの比較から見て、日本と沖縄とは従兄弟（いとこ）の関係かと申されましたが、これとても果して南部日本の方言変化までを考え合わせての説でない上に、古代信仰上の共通点などのまだ研究せられていなかった時代の断定でありますから、自分はすこぶるこれを疑っております。琉球の文献はなるほど日本よりもはるかに乏しく、今日のところまだ明白にならぬ点も多々ありますが、とにかく神の定期の降臨、これに伴なう託女の重要なる地位及び任務、並びにこの信仰と民族始原の伝説との関係のごとき、いずれもある時代の日本の宗教をそっくり持って往ったものと見得るのであります。沖縄神（ママ）の降（くだ）りたまう霊山をタケまたはモリといい、村においてこれを祭る場所をヲガンすなわち拝み林と申しましたことは、すなわち内地の山宮・里宮の同型であります。〔『文庫全集』一三 六二一〕

（3）「阿遅摩佐の島」（一九二〇）

コバの木の分布と保存に、神が参与して御出でることを知るためには、どうしても沖縄の島々を見てあるかなければなりませぬ。もとは異国のごとく考えられたこの島の神道は、実は支那からの影響はいたって尠（すく）なく、仏法はなおもってこれに対して無勢力でありました。我々が大切に思う大和島根の今日の信仰から、中代の政治や文学の与えた感化と変動とを除き去ってみたならば、こうもあったろうかと思う節々が、いろいろあの島には保存せられてあります。必要なる片端だけを列挙しますならば、まず第一には女性ばかりが、御祭に仕えていたことであります。家の神が一族の神となり、次第に里の神・地方（じかた）の大神と、成長なされたらしきことであります。巫女（ふじょ）を通じての神託によって、神の御本意と時々の御心持とを理解し、これに基づいて信心をしたことであります。神の御名は神御自らが託宣をもってこれを顕したまい、従って割拠の時世においては御嶽ごとにおのおの異なる神が出現なされ、諏訪八幡のごとき勧請分霊の沙汰のなかったことであります。八百万（やおよろず）と申していながら、『古事記』『日本書記』の神代巻によって、神の御名を訂正しようとするがごとき、企てのなかったことであります。神は御祭の折のみに降りたもうものと信じていたことであります。神を社殿の中に御住ませ申さず、大和の三輪の山と同じように、天然の霊威を御嶽（おたけ）として尊敬していたことであります。〔『文庫全集』一　五〇一～五〇二〕

（4）「啓明会と南島研究」（一九二五）

南方諸島の文化研究の為には、既に大正十年以来の南島談話会があった。異なる環境に長養せられた沖縄各島の社会生活を透して、我民族の原始信仰を窺はうとする切なる欲求が、此会創立の主たる一動機であって、固より流行好事の事業では無かったのであるが（略）。〔『全集』二六　四八八〕

（5）「南島研究の現状」（一九二五）

首里の王朝が近世式国家を打ち建てるために、多大の努力をもって全島にわたって信仰の統一を計画した時よりもずっと以前から、この南北端の遠く相隔てた離れ島の部落の間に、すでに驚くべき信仰の一致はあった。しかもその一致は（略）同時にヤマトの我々との間にも、何人（なんびと）にも気の付くほど顕著なるものがあった。たとえば神が一定の期日をもって、海と天との境から一定の土地に御降（おくだ）りなされたことである。（略）これらはいずれも皆、かねて我々が日本の固有宗教の元の様式として、それぞれ論証しておいたところのものと、要点においてはほとんど同一であった。／南方の諸島では、仏教・道教の影響はともに案外に微弱であった。すなわち古い信仰は大なる変更を受けずして、現に今日に伝わりかつ活きているのである。〔『文庫全集』二七　二三一〜二三二〕

これらのテキストを読む限りにおいては、福田アジオを含め、多くの研究者が「日本のもっとも古い姿を残す場所」という柳田の沖縄認識を導き出したとしても不思議ではないことになる。問題はしかし、次節で取り上げるところの、それとは異なる沖縄認識が表明されたテキスト群の存在である。

三　テキストから読む柳田國男の沖縄認識（2）

最初に掲げるのは、一九二八年の八重山芸能の東京での公演会において公演に先立って行われた柳田の講演記録の一節である。

（1）「島の歴史と芸術」（一九二八）

第三には島人が夙（つと）に袂（たもと）を分った我々の兄弟でありまするゆえに、誰しも必ず古風のものの多く保存せらるることを予期しますが、実際のところこれらの歌や舞は、つい近世の二百年か百年かの間に、非常に変化しかつ発達しているのです。少なくても多種多様の新分子を、加味しかつ融合させているのでありますす。それが望ましいことであったか否かは別の問題として、もし「純なるもの」を今晩の演奏からつ

かまえようとする人があるとしますれば、失望しなければならぬのであります。〔『文庫全集』一　六四七〕

八重山の芸能が「非常に変化し且つ発達している」という部分に、とくに指目しておきたい。

（2）「雀をクラということ」（一九二八）

沖縄にクラがあって、スズメがどうしてないか。（略）現在ないということは、必ずしも知らなかったまたは最初からなかったという証拠にはならぬと思う。（略）クラは発生の時代がスズメより古いか知らぬが、それを証明するにはまた別の方法が入用である。単に早く分立した南北の方言に、共通していたというのみをもって、そう推定するわけにも行くまいと思う。〔『文庫全集』二四　二四一〕

沖縄にクラという言葉があるからそれが古形である、といった単純な発想は柳田にはないことがわかる。

（3）「葬制の沿革について」（一九二九）

近世数百年の永きにわたって、社会を分立していた南方の島々が、偶然に保留しまたは別様に成育させていた一種の昔風なども、もし幸いにして両方の学徒が、偏見なくこれを考察し比較し得たならば、かりに直接の教訓とは行かぬまでも、少なくとも有力なる暗示は得られる。〔『文庫全集』十二　六三六〕

（4）「葬制の沿革について」（一九二九）

沖縄などの墓制は一つの参考であるが、かの地から遺骨を改葬するに当って、特に一つの棚一つの土の壺を用意すべきものと、多数を同じ容器に集合しておかるものと、明らかなる差別が立てられてある。だいたいからいうと家の開祖、系図に三つ屋を附けられる人のみが、その特別待遇を受けることになっていたらしいが、後には中興の祖などといって範囲がおいおい弘くなり、ついにはすべての主人夫婦のために、あたう限り別の地位を供するようになって来たらしい。それから祝女（のろ）・祭女の神に近かった人の骨も別にした。（略）しかもこの法則は結局は破ればければならぬもので（略）内地でも墓石の数は多くなる一方で、末には極貧の者でもない限り、一人残らずに何々院の戒名ある石塔の主に、ならなければ承知しなくなってしまったのである。〔『文庫全集』一二　六四七〕

（3）（4）は、（2）と同様に「沖縄の独自の変化」にも注意を向けていることがわかる文章であり、沖縄にあるからという理由で、それが日本のもっとも古い姿だという発想は全くないことは、「直接の教訓とはいかぬまでも、少なくとも有力なる暗示」あるいは「沖縄などの墓制は一つの参考であるが」といった言い回しからも判断できよう。沖縄の葬墓制に関しては、一九五五年の「日本人の来生観について」の中に「沖縄の方は、近世になつてから墓制が変つたから、骨を保存することに一生懸命になつて遺体を管理するといふことがおろそかになつた。」〔柳田國男（長浜功編集解説）一九八三　二五四〕という一文のあることも指摘しておきたい。

（5）「犬飼七夕譚」〔一九三六〕

最初にこれ〔羽衣天女〕をあるすぐれて旧い家の血筋と、結び付けようとした試みがあったのは自然である。沖縄では王家の外戚の特に有力なるものが、伝説として久しくこれを信じていた例もあるが、これも多分は斎宮の職分が、王妃の手に移った変遷と関係しているのであろう。その他の場合には羽衣天女の後胤は、必ず女系を主とする巫女の家であった。天人に男女の児が生まれたという形も、元はこの動機から強調せられたように思われる。とにかくここに一つの改定が行われたにしても、その改定は十分に敬虔なものであった。それがいつともなく奇を競い変化を愛するようになって、ついには今日のごとくただ大衆の笑いを博することを、目途としたかと思う話ばかり多くなったのである。これを歴史の次々の過程と見なかったら、説話の解釈は行き詰まるにきまっている。そうしてまた我等の親々が、激しい労働のひまひまにも、なお心を空想の世界に遊ばせていた、ゆかしい余裕が不明に帰することであ

ろう。〔『文庫全集』一六　一三五〕

男の兄弟はいくらもあるにかかわらず、必ず一人の女子を選定して、その配偶者に家督を譲る場合に、始めて母系相続ということは言われるのである。かつて大昔に我々の民族の間にも、母から娘へと家を伝えた習わしが、なかったというだけの証拠こそはないが、今ある特別の家の仕来り（しきたり）の中に、その痕跡があるというのは少なくても早計である。（略）／この研究のために何よりも大切になって来るのは、中世以後に社会事情を異にし、相互独自の展開を遂げたかと思う双方の家族制の比較、沖縄でいうならば祝女・神人の職分の継承法、ことにヲナリ神の信仰の衰えまた変って来た径路を明らかにすることである」〔『文庫全集』一一　五四〕

（6）「玉依彦の問題」（一九三七）

（7）「敬神と祈願」（一九四四）

（略）そこへは大陸の地続きの平地のように、新しい文化が平押しには浸潤して来ない。一の次に二が三が、まだ入りかねているうちに、四が来たり五が起り、後にはすべて中間を飛び越えて、最後の新しいものに移る場合もあれば、また反対になお久しく、早い頃の段階に止まり、あるいは独自の変化を遂げているものもある。一つの著名な例として沖縄の神道がある。（略）かの島には霊地があって宮はなく、祭を行う庁舎はあっても、神のましますす建築物はないのである。それから神を祭るのは常に一門の宗家であり、それに主として仕うるは女性であった。（略）せいぜい異を立てる人でも、あの島々の神の道は別系統で、ただそれがたまたま内地の上世に、似ているのに過ぎぬというくらいのものである。しかし少なくてもこの島に巫女（ふじょ）祭儀は、記録が備わってから以後でも、だいたいにこちらと同じ変遷を、ただよほど時を遅くして実現している。つまりは傾向はほぼ同じくただ歩調がやや緩であっただけである。奄美大島の祭には、グジと称する男の神職がやや力を得て、妻や姉妹などのノロを圧している。そうしてそのグジという名称なども、どうやら九州内陸のデグジ、すなわち大宮司という名の援用らしいのである。家を中心とした祭の方式は、旧日本の方でも、佐渡や八丈などの離島のみに止まらず

（略）この南北の一致は決して二三の偶然のもののみではないのである。〔『文庫全集』一四　五七八～五八〇〕

（8）「学者の後―伊波普猷君追悼会講演―」（一九四七）

殊に久しい以前に手を分つた同じ民族が、茫洋たる大海に隔離せられて、思ひ〻の割拠生活を、続けて居たといふ例も珍しいのであります。是はつまり人類全体の為の大きな経験でありまして、単なる一個の大和民族乃至はアマミコ種族といふもの〻、独占してしまつてよい知識では無いのであります。然るにも拘らず今日になるまで、まださういつた心持、廣い人類的関心を以て、この沖縄諸島の発達史を、回顧しようとした者は出現しなかつた」〔『定本』三〇　九八〕

（9）「尾類考」（一九四七）

文化史の興味としては、いはゆる売笑者の職業化以前、少なくとも是が世襲持続を有利とするに至るまでの状態を、明かにして見たいのであるが、その史料は一般に集め難いものとなつて居た。それが南の島々だけに於ては、土地が少しづつ引離され、時をや〻異にして原因が入つて来る為に、よほどこの変化の足取りが跡づけやすくなつて居るのである。たとへばズリといふ言葉は、三十六島のそれ〴〵に既に分布して居るが、その語の内容は島毎に、と言つてもよい程にちがつて居る。〔柳田編　一九四七　三一九〕

（10）「編纂者の言葉」（一九四七）

この［日琉］相互の暗示と啓発、古い概念からの共同の離脱といふことは、双方に一致した誠に楽しい経験であつた。たとえば民族固有の信仰の展開して今に至つた過程などは、あまりにも幽玄である為

に、まだ定説には達し得なかつたが、それでも年来の不審のやゝ明らかになつたことが幾つか有る。言語の問題に至つては既に著しく、世の常識といふものを改訂せしめて居る。同じ一つの国語でもとあつたものでも、時や環境のくさぐさの条件、稀には単なる偶然の刺衝によつてでも、なほ斯くの如き大きな変異を来すものだといふことを、彼我同時に学び知つて、是を将来の交通の上に、試み行ひ得るまでにもうなつて居る。〔柳田編　一九四七　三〕

これら（5）～（10）の文章からも、沖縄独自の変化に注意を向けるべきだという柳田の沖縄認識を読みとることは容易である。

つぎに、民俗学研究所による南島総合調査を実施するにあたって、一九五三年に柳田が示したとされる以下の「指針」にも注意を向けたい。

（1）先島は久しく無視され、忘れられていた。故にその中には多くの沖縄の古史料がある。但し、先島のインテリは考えもなく沖縄本島の文物を取入れている。またヤマトからもいわゆる倭寇時代に入っている。しかしこれは見分けることが不可能ではない。

（2）オモロの採集の最も古いものでも、すでに島津入りよりは一二～一三年後であることを忘れてはならない。

（3）沖縄の採集記録のできたのは、信仰がかなり複雑化し、また衰退してから後のことである。したがってこれを盛時の描写とは見なしがたい。これらの記録に対してもやはり民俗学的な見方をしなければならない。この点はしかし日本の古代史とて同じことである。最古の文献はこれより古いものが残らないというだけで、その一つ以前がなかったという証拠にはならない。たとえ天地開闢から書いてあっても、それが古い考え方とはいわない。

(4)離島の交通、往来、移住、これを内から考えてみる。また漂流者の記録、舟を失った者の努力など。
(5)公暦と作物暦、異なる緯度の上にあるので、よほど効果が得やすい。稲作の歴史の特色、これはこれからのよい課題である。気象記事に注意する必要がある。
(6)南の島だけで一旦の仮定を立てること。日本側の資料はいわば暗示であり、古書も亦これに近い。今まで縁なしと見られた近くの島々との比較、たとえば台湾東海岸の紅頭嶼などである。マヤの神のことなどにこれが大切である。
(7)民俗学検索は一つの準備、壱岐、対馬、甑島、八丈島などとの比較、単なる島なるが故の特徴や類似もあると思われる。あまりに民族の親近性に引きつけるのは用心しなければならない。〔大藤 一九六五 一四~一五〕

これらの指針からも、柳田の沖縄認識や沖縄に対する民俗学的アプローチの構想が単純ではなかったことがわかる。とくに(6)で、沖縄と日本との安易な比較を戒め、「南の島だけで一旦の仮定を立てること」を慫慂し、台湾などとの比較研究を展望していること、(7)で、安易な日琉同祖論的比較研究の方法を戒めていることが注目に値する。宮田登も、一九七一年という早い時期に柳田のこの指針に指目し、柳田が安易な日琉同祖論者ではなかったことを指摘している〔宮田 一九七一〕。さらに、一九五三年の「南島研究の目途」には、「日本の古代信仰と沖縄の現在の信仰の違いをみて、似ていないのは当り前で、中間の過程を考えねばならぬことになる。」〔『全集』三二 四二四〕という一節が見えることも指摘しておきたい。

以上のことから、前節でみた柳田の沖縄認識とは異なる、独自の変化に注意を向ける柳田の沖縄認識があったことがわかる。沖縄の民俗に日本の民俗の古形を見る柳田の視点は、おおむね柳田の沖縄研究の初期に限られ（前節で引用したテキストでは明治四五年から大正一四年まで）、沖縄の独自の変化に着目する文章は筆者の確認できたところでは昭和三年からであることからすると、その間に柳田の沖縄認識に変化があったことを推測せしめる。そのことに関して柳田が明言した文章は確認できていないが、つぎに揚げる『郷土生活の研究法』の一節は、その推測を裏付けるものと思われる。

その［ヨーロッパの学問の影響］結果がフォクロアはすなわち古代信仰の闡明であるように速断する者を一方に生じ、その目ざましい成績に心酔した我々は、日本でもやはりこれをもって、郷土研究随一の目的としなければ、相済まぬもののごとく解するに至ったのである。その発頭人は何を隠そう、私などもまたその一人であった。もちろん我々の中でもこれは決して無用の僉議ではなかった。（略）ただしそのためにあまりにも過分の注意を取られて、他のこれと同等以上に大切なる問題を、省みないようなことがあったら、申し訳がないというまでである。〔『文庫全集』二八　八八〜八九〕

柳田自身も、ある時期まで「古代信仰の闡明」を研究の主目的にしていたことの明言であり、また、それ自体が必ずしも無意味なことではないという見解であるが、前者に関しては、彼の沖縄認識およびその変化にもあてはまると理解していいだろう。なお、この文章が「目標は現実疑問の解答に」という見出しのある文章の中に入っていることは示唆的あり、「これと同等以上に大いなる問題」とは、「我々のごとく正確なる過去の沿革を知って後、始めて新らしい判断を下すべしというものは一つの主義である」『文庫全集』二八　九二〕や「私たちは学問が実用の僕となることを恥としていない」〔『文庫全集』二八　九三〕という問題意識に直接的につながるものであることが理解される。

以上の検討結果から、柳田の沖縄認識は、柳田の書いたテキストを読み込んでそのテキストに即しての慎重な検討がされることがないまま、柳田以後の研究者によって「日本文化の最も古い姿を保存する場所」として安易に理解され受容されてきたと判断していいだろう。

四　柳田テキストの誤読とその周辺

ここでは、柳田テキストの誤読に関わる具体的事例とその周辺事情について検討してみたい。

『郷土生活の研究法』で、「沖縄の発見」に続く小見出しは「古風保存の場所」となっている。柳田の沖縄認識に関して『柳田國男伝』所収論考における谷正人の見解は先に引用したが、その中でカッコ付の「古形の保存」という用語が「アルカイックなイメージ」や「祖型」という言葉と同じ意味で使用されていた。この「古形の保存」は、『郷土生活の研究法』の小見出し「古風保存の場所」の言い換えであることは間違いなかろう。しかし、柳田のいう「古風保存の場所」の「古風」は注意を要する言葉で、一九二五年の「妹の力」には「古風」に関して以下のような言及がみられる。

> そういう心持をもって再び前代の家庭生活を眺めてみると、久しく埋もれていただけに、なつかしい民族心理の痕が際限もなく人の心を引く。ただしなつかしいということは、必ずしもその昔に戻れということを意味しない。そんな面倒な拘束に今さら従わねばならぬ必要はないのみか、我々の名づけて古風というものにも、上古以来何度か時勢の影響の著しいものがあって、結局はどれが信仰の原の型と名づくべきものかを、指示することもできなくなるのに、いたずらにこれに追随する理由はないからである。〔『文庫全集』一一　三三〕

柳田のいう「古風」は、アルカイックとか祖型といった言葉とは無縁のものであることが明言されている。したがって、柳田が沖縄を「古風保存の場所」と位置づけたとしても、「日本全体の最も古い姿を今に残している」という理解は導かれないことがわかる。

なお、小見出し「古風保存の場所」の中には、沖縄研究が「比較によって民族全体の古代を映発するために、一日も早く各自の郷土研究を進める必要があるということを、新しい歴史学に教えてくれた。」（『文庫全集』二八　八二）という文章も見えるが、「民族全体の古代」という表現は、文脈からして歴史区分としての「古代」ではなく、相対的に「古い時代」という意味に解すべきであろう。

一九二八年の東京での八重山芸能の公演については先にも触れたが、柳田とともにその公演に関わり舞台監督をつとめた小寺融吉という芸能研究者がいる。その小寺が、八重山芸能の印象について以下の記述を残している。

私は此の舞踊を見て、殆んど予期出来なかった幸福を図らずもつかんだといふ気がした。それは何かと云ふと、日本の内地でも既に亡びてしまつた、日本の古代の舞踊の種々相である。時は新しい多くの物を作ると共に、古い多くの物を埋没した。埋没せしめられたなかには、埋没すべからざるものも、たくさんあつたのである。私は今度その多くのものが、石垣島に今に残つてゐたのを見て、なんとも云へぬ懐かしさに打たれたのである。（小寺　一九二八　五八～五九）

久万田晋は、小寺のこの文章を引用したうえで、以下のコメントを付している。

ここには、八重山芸能の舞台芸能としての華やかさとは別に、「郷土舞踊と民謡の会」を柳田國男と共に最初から支えてきた小寺融吉が「郷土舞踊」に見いだそうとした一種の理念が端的に表現されている。彼のまなざしは、八重山芸能団の舞踊の背後に、歴史の彼方へ「埋没」してしまった日本古代の舞踊の影を探し求めているのだ。それが彼にとっての「郷土舞踊」の理想的な姿であり、それを見いだすことが彼にとっての「郷土舞踊と民謡の会」を開催する意義だったのである。そしてこの小寺の態度に

> は、柳田國男や折口信夫が主導する日本民俗学が沖縄の文化に古代の相を見いだそうとする方法の深い影響を考えざるをえないのである。〔久万田 二〇〇七 五八〕

柳田の八重山芸能についての見解は、三節の（1）で引用して示したように、「近世の二百年か百年かの間に、非常に変化し且つ発達して居る」というものであった。久万田は、論文中で柳田の「島の歴史と芸術」への言及を行っているにも拘わらず、先入観のためであろう、筆者が引用した箇所を完全に読み過ごしてしまっている。

この講演で柳田が主張したかったのは、以下に引用する部分であろうと筆者は考えている。

> この舞衣裳に限らず、歌や楽器をおいおいにかくのごとく変化せしめた、明白なる原因はあったのであります。それを手短かに申しますれば、島のこのような社会状態を持ち来たしたのは、先島特有の在番制度でありました。（略）石垣本村に住む島内の士族たちが、自身村々の賦役として、よく舞いよく歌う者を点定したらしいのであります。村々の役人は通例二人、大を与人といい小を目差といいました。与人は年功でたいてい老人が任ぜられますが、その下の目差というのは若い役人で、島限りで申せば花のごとき貴公子でありました。八重山歌謡の多くの作者と伝えられるのは、十中八九までこういう境遇の村役人であります。（略）／彼等が村の女たちの中から色白く髪長く声美しく、最もよく歌舞する者を選択して、さらにこれを教育して各自の文学と趣味とに同化させ、幾分か手前勝手な恋の歌を高唱せしめたことは、あたかも我々の浄瑠璃（じょうるり）などにおいていつも女の情の深さばかりを題材にしたのと、趣がよく似ております。〔『文庫全集』一 六五一〜六五二〕

小寺は別にして、柳田に限っては「古代の相」にではなく、芸能を変化せしめた原因に関心を集中させていると理解すべきであろう。そもそも講演記録のタイトルに「歴史」という文字が入っていることに、もっと素直に注意を向けるべきである。

柳田の文章自体にも、誤読の誘因が潜んでいる場合も考えられる。たとえば、一九五三年の「南島研究の目途」の「日本書記に書いてあるもので、神道の基礎になるものは神代の巻だけであり、沖縄は神代に当るものがもっと下って来ている」〔『全集』三二　四二三〕という記述などがその一例になるかと思う。この「談話筆記」に先立つ一九四七年の「学者の後」には、「沖縄の神代は西暦十五世紀まで下つて来て居るなどと、私なども戯れに言つたことでありますが、それは飽くまでも誇張であつて、やはり是は文字の技術だけをもたぬ中世といふものであります。広い区域の日本の田舎も、実際は皆それでありました。さうして其様な社会には屡〻原始以来の人の感覚が、あまり改定せられずに伝はることが、有り得たといふに過ぎないのであります。」〔『定本』三〇　九九～一〇〇〕と併せ読まないと誤読を生じる危険性のある文章である。

一九四〇年の東京高等商船学校での講演記録である「海上文化」には、沖縄に関して以下のような言及が見られる。

沖縄の南部のまだ数十哩（マイル）の先に先島（さきしま）という幾つかの群島、宮古や八重山のあることは御承知でしょう。八重山群島のまだ先の台湾海峡に偏った所に与那国（よなくに）の島がある。こういう島にも古くから住んでいるのは日本人であって、現在でもまだ古風な生活をしている。古風な生活と言っても簡単にお判りにはなるまいが、言語でいうならば日本人の古く使った言葉を使い、信仰で申せば日本人が古く行うておった様式で神様を拝んでいるのである。たとえば女を中心に女に祭の役をさせ、男がそれを仲介者として外側で合同して祭る。日本のいちばん古い信仰形式、言語様式をそのまま保存している。それゆえに私は今日の大和民族はもと南の方から来たということ、その南から来た仲間を少しずつ、途中の島に残しながらこっちへ上って来たように思っている。〔『文庫全集』二　六二三〕

傍線を引いた「日本のいちばん古い信仰形式、言語様式をそのまま保存している」という箇所が問題になるが、この講演のメインテーマは沖縄ではなく「海上文化」であったこと、また、講演の聴衆が沖縄の事情に疎い商船学校の学生であったことが影響したものと推測すべきであろう。

五　『海上の道』をめぐって

先にも触れたように、一九四七年に柳田國男編による『沖縄文化叢説』が刊行されるが、「編纂者の言葉」の中に柳田による以下の一節が見える。

所謂三十六島の古来の住民が、大和島根に家居した人々と、根原に於て一つだといふことが決定しないと、種々たる推論は前提を欠くことになるのだが、この点は久しく心付かれ、又八九分通りまでは、もはや立証せられても居る。我々はこの大よそ確かなる仮定に基づいて、未だ正史に書き尽されざりしさまざまの人生変化と、そのあらゆる可能性とを見出して行かうとして居た。〔柳田國男編　一九四七　二〕

伊藤幹治は、「非凡な政治感覚をもった柳田が、明治国家が琉球処分のために創出した、操作的イデオロギーとしての日琉同祖論の立証に踏み切ったのは、彼にとって一つの大きな決断であったにちがいない。そしてこの決断は、彼の一国民俗学に底流する文化ナショナリズムとも深くかかわっていた」〔伊藤　二〇〇二　一五五〕と述べたうえで、先に引用した柳田の文章について以下のようにコメントしている。「ここで柳田は、日琉同祖論が「八、九分通りまで」立証されているが、まだ仮定の段階にとどまっていることを謙虚に認めている。戦後、柳田が意欲的に取り組んだ琉球研究は、残りの「一、二分」の部分を埋めるための試みであった。その結晶が、彼の晩年の雄篇『海上の道』（一九六一）であった。」〔伊藤　二〇〇二　一五七〕。

ここでの問題は、柳田の最晩年の著作となった『海上の道』は、はたして伊藤の指摘通りに理解すべきであろうか、という点にある。まずは、『海上の道』が刊行されるに至る経緯について、鎌田久子の以下の証言に注意を向けたい。

昭和三四年に私が沖縄に行った際、柳田先生から当時琉大の副学長をされていた仲宗根〔政善〕先生を紹介され、お世話いただいたことがあった。帰り際に仲宗根先生のもとへ挨拶に伺った時、柳田先生がこれほど沖縄のことを言ってくださっているのに、沖縄に関するものは『海南小記』以外ない、だから先生に書いてもらって欲しいと言われた。／そこで東京へ帰ってから柳田先生にその旨を申し上げたら、先生から「それならつくってごらん」と言われた。それから私は、『海南小記』以後の沖縄について書かれたものを一生懸命集めた。後で先生からこんなものはいらないと言われたものもあったが、とにかく、先生の沖縄に関するものは、全部集めた。先生は、実は雑誌の『心』に、三回連載したものがあって、いつかはそういう本を出したいと考えてはおられたと思う。〔鎌田久子・他　二〇〇二　一四六〕

この鎌田発言は、新谷尚紀の質問に答えたものであるが、新谷が述べているように「柳田は戦後、『海上の道』という、雄大な構想のもとに日本文化の流れを古代から現代へ至る射程で論じた大著を刊行したといわれ、その『海上の道』は、柳田國男の一生の作、柳田國男が満を持して発表したものというふうに聞き、そのように思っていた。」〔鎌田久子・他　二〇〇二、一四五〜一四六〕というのが、従来の大方の『海上の道』理解だろうと思われる。先の、伊藤幹治の理解もそうであったが、『海上の道』刊行の経緯についての鎌田発言は、そのような理解に対して、一定の留保を求めるものといえよう。

さらに、この問題に関連して、戦後の柳田國男のかなり近い位置にいた千葉徳爾のつぎの証言も、重要な意味をもつ。

〔一九五一年〕以後には先生も新しい意見を公表されるわけではなく、また、『海上の道』『故郷七十年』あるいは『稲の日本史』などのように、先生自身が「これは民俗学と思われては困る。僕は自分の好きな研究をしているのだ。」と言われたような著作をのぞくと、重要な民俗学の研究論文というものはないといってよいでしょう。〔千葉 一九七八 一七〕

『海上の道』とされるのは、刊行年との関係からして著書ではなく論文の「海上の道」（一九五二）およびそれに関連する「宝貝のこと」（一九五〇）や「人とズズダマ」（一九五三）などの研究のことと理解しておきたい。千葉の証言によって、日本人の起源論に関わる「海上の道」の研究は、柳田自身によっては民俗学の成果としては位置付けられていなかったことがわかる。

また、筑波大学在任中の千葉徳爾から親しく指導を受けた岩本通弥氏のご教示によれば、「稲の日本史」の座談会に出席を許されたのは自然地理学者としての千葉だけで、これは民俗学の領域外として他の弟子の出席を許さなかったと千葉本人が語っていたというのも、看過できない事実である。

さらに、「宝貝のこと」の中にある以下の一節も、この文脈で留意する必要がありそうである。

これは私たちのいう一国民俗学の問題ではないが、沖縄諸島のように頸飾りの習俗が久しく伝わり、これに宗教的関心を寄せ続けていた社会において、どうしてまたあのように手近に豊富に産出し、かつあれほどまで美しく、変化の奇を極めているといってよい宝の貝を、わざと避けたかと思うばかり、利用の外においていたのかということが説明せられねばならぬ。〔『文庫全集』一 二二五〕

「現代科学としての・経世済民の民俗学」が柳田民俗学の本筋であると理解する立場に立てば、「海上の道」における日本民族起源論がそれから著しく逸脱するものであることは容易に推測できることである。『海上の道』を柳田民俗学の到達点であると理解する前に、一九四〇年の「比較民俗学の問題」において

「元来我々の歴史科学というものが、実は今まで起源論に囚われ過ぎていた。中間の千年は百年の推移というものを無視して、元が一つだという証明ばかりを念掛けていたのである。（略）民俗語彙などは数多く集めてみると、その名を支持していた人々の心持までがよく現われて、古くとも室町時代からそういい出したろうと思うものが多く、鎌倉期以前に遡り得るものは珍重してよいほどしかない」〔『文庫全集』二七　五七一～五七二〕と述べていた柳田の姿を想起すべきであった。

『海南小記』所収の「与那国の女」の六節に見える以下の文章は、しばしば「海上の道」に直結する問題意識として引用されるものである（たとえば、〔福田　一九八九　六九二～六九三〕、〔赤坂　一九九四　一八三～一八四〕）。

少なくともこれらの沖の小島の生活を観ると、それはむしろ物の始めの形に近く、世の終りの姿とはどうしても思われぬ。すなわち大小数百の日本島の住民が、最初は一家一部落であったとする場合に、与那国人の今日の風習が、小島に窄んだからこうなったと見るよりも、やまとの我々が大きな島に渡った結果、今日の状態にまで発展したと見る方が、はるかに理由を説明しやすいように思われる。（略）かりにこの推測が当っていたとすれば、我々はまことに偶然の機会によって、遠い昔の世の人の苦悶を、わずかながらもこのあたりの島から、見出し得たことになるのである。〔『文庫全集』一　四一八〕

しかし、この文章に続く七節の冒頭に「民族去来の悠久の足跡は、とてももう分らぬ問題としておいて、自分はなお石垣の港の町を、五十里を隔てた与那国を知ろうとしてあるいてみた」〔『文庫全集』一　四一九〕という一節があることに関しては、ほとんど言及されることはない。おそらく、ほとんどの人が読み過ごしているものと思われる。なお、藤井隆至は、「与那国の女」は「清光館哀史」などと同じく「偉大なる人間苦」が主題であると述べている〔藤井　一九九五　二四一〕。その指摘に従って読み直してみると、「与那国の女たちは、ほんの無邪気な心持で、島の話をしたのであったが、静かに聴いているといくらでも悲しくなる。生きるということはまったく大事業だ。あらゆる物がこのためには犠牲に供せられる。しかも人には美しく生きようとする願いが常にある。苦悩せざるを得ないではないか」〔『全集』一　四一六〕という文章に指目せざるを得ないことは確かで、藤井の指摘は極めて傾聴に値するものと言えよう。

民族起源論に関する柳田の柔軟な態度は、『故郷七〇年』の以下の文章からも窺い知ることができる。

私は日本人が南の方から来たということのみにきめるものではない。大正九年に青森県の大湊付近を歩いて、北海道熊の剥製を見たが、それはごく最近本州側で捕らえたものだということであった。あの青函海峡ですら渡れた時代のあったことがこれでも判るのである。まして北の端の宗谷海峡などでは、偶然でなく計画して来る方法もあったであろうから、日本民族が唯一つであるとする説はなりたたない。私が思うのに、南方から来ていないと裸の人形がないのと同様、北から来なければあのように肥った土偶が出来るわけはない。（略）北から来たか、南から来たか、いろいろの説があるが、仮定説を作ることは少しも悪いことではないので、ただ「かも知れない」ということを後につけ加えておかないのが悪いのである。〔柳田　一九八九　三九五～三九六〕

以上を踏まえたうえで、『海上の道』所収の「海上の道」以外の論考に目を向けてみたい。まずは、「海南小記」「海上の道」が収録される文庫版『柳田國男全集』一の「解説」に見える福田アジオの見解に指目してみよう。

『海上の道』の第二論文以下〔第一論文は「海上の道」〕では、（略）その論点はもちろん「海上の道」による日本人の日本列島への渡来に集約されるのであるが、その論証課程で注目すべきいくつかの新しい問題を提起していることにも注目すべきであろう。その第一は、他界観あるいは神観念についてである。

すなわち、沖縄で古くから信仰されてきたニライカナイもしくはニルヤを単に沖縄の世界観なのではなく、日本本土においても存在したことを論証しようとし、そのことからも沖縄から日本本土への移住を証明できると考えた。沖縄のニライカナイは東方海上にある聖地であり、（略）それと『日本書紀』や『古事記』に登場する根国（ねのくに）、常世郷（とこよのくに）は本来同じであったとする。〔『文庫全集』一　六九九〜七〇〇〕

『海上の道』の全体としての主題は、あくまで日本人の起源論あるいは日琉同祖論であるという理解である。さらに福田は、日琉の他界観についての柳田の「結論としての見通し」として、「根の国の話」の一節を以下のように引用している。

私は最初南島のニルヤ・カナヤが、神代巻のいわゆる根の国と、根本一つの言葉であり信仰であることを説くとともに、それが海上の故郷であるゆえに、単に現世において健闘した人々のために、安らかな休息の地を約束するばかりでなく、なおくさぐさの厚意と声援とを送り届けようとする精霊が止住し往来する拠点でもあると、昔の人たち信じていたらしいこと、その恩恵の永続を確かめんがために、毎年心を籠（こ）め身を浄（きよ）くして、稲という作物の栽培をくり返し、その成果をもって人生の幸福の目盛りとする、古来の習わしがあったかということを考えてみようとした。〔『文庫全集』一　一五二、七〇〇〕

福田が、この一節に後続する「この三つの仮定もまだ十分に説明し得たと思わぬうちに、もう多くの時と紙を費してしまって、最初の計画であった第四の点、かつて本誌に載せていただいた「弥勒（みろく）の船」の結論の部分を、ここに続けて行くことができなくなったのは、何とも不手際なことであった」という部分を省略して引用しているのは不可解である。この後続の部分を読むかぎり、福田の引用箇所が、柳田の議論の肝心な点であることには疑問が生じる。

実際、「根の国の話」の第一節「亡き人に逢える島」の文末は「そこで最初にはまず根の国の問題、これがいかなる変遷を累ねて今日に伝わっているかを考えてみようと思う。」〔『文庫全集』一 一二六〕で結ばれており、柳田が「変遷」に注意を向けていることが容易に確認できる。柳田の変遷についての関心の所在は、「国語の成長期」「古見の島の盛衰」などの見出し語にも窺え、さらには、以下に引用する一節にもそのことは明瞭に認められる。

祭祀女官の中心はことごとく王家の出であったのみか、分れて地方に住む古来の祝女たちまでが、いわゆる栄典をもって中央に統御せられていた結果、彼等の祭り歌も舞の曲も、いっさいのニルヤセヂを挙げて、按司のまたの按司、すなわち君主に奉献せしめよと、高唱せぬものはなかったのである。しかもわずか百年か二百年を遡ってみると、（略）太陽をもって比べられた微小なる世の主が、対立して睦びまたは闘っていたのであった。ニルヤが最初からこういった機関に向って、そのセヂの用途を集注していたものでないことは、これだけからでも推究することができる上に、さらに先島と呼ばるる二つの群島の実例が、むしろこの古今の変革を実証するために、取り残されていたかの姿さえあるのであった。
〔『文庫全集』一 一四一〜一四二〕

つぎに伊藤幹治による『海上の道』の個別論文の理解についても取り上げてみたい。以下は、伊藤による「海神宮考」の要旨である。

日本で神々を総称する「天神地祇」が、琉球では「天神海神」とよばれるように、日琉双方の神観念に歴史的な差異があることを認めたうえで、古代日本の他界の「根の国」と琉球の他界「ニライカナイ」「ニルヤカナヤ」の親近関係に注目する。そして彼は、両者を「同質の海上の楽土」と推論し、琉球語の「ニー」が本国もしくは故郷の島を意味していたと推定して、古代日本語の「根」が本来、本源もしくは基底を意味していたという独創的な仮説を提起している。〔伊藤 二〇〇二 一五八〕

「海神宮考」の要旨をこのように理解することに対して、筆者は大いに疑問を感じざるを得ない。まずは、「海神宮考」の主題についての柳田の以下の叙述に指目したい。

沖縄を中心とした南の群島と、旧日本の島々との間に、それがどの程度一致し、また特にどういう点がはっきり異なっているか。次にはその異同が、果して現在の学問をもって説明し得るものであるか。もしくはこれからなお大いに考えてみなければならぬものであるか否か。こういうことを主題として、今自分の心づいていることをざっと述べておきたい。〔『文庫全集』一　五九〜六〇〕

それに続けて柳田は、日琉の昔話の比較研究が「二つの島群の一致と類似に、心を引かれたのは自然であった」としたうえで、「第三にはわずかばかりの相違点が、これを存立せしめた社会相の理解に、非常に重要なものだったことが心づかれるのである。自分の説いてみたいのは、主としてこの最後の一点にあるのだが（略）」〔『文庫全集』一　六二〕とする。さらに、「民族学がもしも多くの生活群の比較の上に立つ学問であるならば、単なる保存せられたものの尊重という以上に、できる限りそれが今ある形にまで到達した道程または順序を尋ね究むべきは当然であろう。（略）たまたまその境地に置かれたこれからの南島研究者たちは、もっと努力しなければならぬということを、実はこの論文では言ってみようとしているのである」〔『文庫全集』一　七三〕とか、「土地ごとの沿革を念頭におかずに、ただ表面に現われたものを代表として、双方の異同を論ずることの危険は、お互いに十分警戒しなければならぬ」〔『文庫全集』一　八七〕といった記述も認められる。以下に引用する一節にも、柳田の関心の所在がよく現れている。

この島々の海上楽土観には、まずどれだけの中代の変遷があり、結局どれほどの共通点が、今もまだ探り得られるかを考えてみる必要がある。最初に問題になるのは、沖縄諸島のニライカナイ、もしくはニルヤカナヤと、本州の記録の常世郷（とこよのくに）と、二つのまったく別々のものと思われるまでに、縁遠くなってしまった理由如何。（略）〔沖縄のニルヤは〕日本上代史の根国とは、語は同じでも感じはまったく異なっているが、それは展開の経路の分れ分れになったことを意味し、従ってまた比較の特に価値多き部分なることを考えさせる。〔『文庫全集』一　九七〜九九〕

以上の引用文の、特に傍線部に注意して読むのであれば、伊藤の読みが不十分あるいはほとんど誤読であることは明らかだろう。三節で確認した「沿革」や「変化」についての柳田の関心は、先の「根の国の話」やこの論文においても明瞭に認めることができるとすべきである。そのことは、『海上の道』所収の他の論文についても同様であると判断しているが、紙幅の都合上割愛することにする。

結び

本論考では、柳田國男の沖縄認識が「日本全体の最も古い姿を今に残している」「日本文化の祖型としての沖縄文化」だとする従来の理解は誤りで、沖縄の独自の変化についても柳田が十分注意を向けていたことを指摘したつもりである。本論考の主目的は従来の柳田理解を正すことにあり、従って、変化に注目することによって柳田の議論が何を目指したのか、換言すれば、翻って柳田民俗学にとって沖縄はどういう位置を占めたのかについての考察は、本論考の射程外であった。以下の記述は、その点に関連しての今後の展望のための覚書としたい。

柳田の民俗学を「変化していく「現実」を、起源論や伝統論のように、静態的に見てしまうのではなく、「変化」していく過程の中で、その「変化」の一定の「傾向」を把捉しようとし、その傾向性を見出す方法として構築、開発されたのが、「変化」を前提条件とし、「都市」を中核に据えた「一国民俗学」であった」

として捉える岩本通弥〔岩本　二〇〇六　九〇〕は、柳田の沖縄認識について、『郷土生活の研究法』や「南島研究の現状」の検討を通して以下のように述べている。

「日本の古い分家」という表現は、分かれが古く、別な成長（変化の過程）が見られるという意味であり、その変化の「傾向」性が「中部日本」の変化の傾向を理解するための「暗示」になると述べたに過ぎない。「一般法則」に関する議論である。〔岩本　二〇〇六　七九〕

今後、議論を要する重要な見解である。つぎに、「現代科学としての・経世済民の民俗学」の独自の視線が、沖縄にも注がれていたことを示す柳田の以下の文章の存在についても留意しておきたい。一九四七年の伊波普猷の追悼講演「学者の後」の一節である。

沖縄の社会生活は、幾つにも区切つて考へることが出来ます。我々が当面して居るのは、経済の問題、又は其背後に横たはる政治問題、是等は恐らくは今多くの人が、てんゞばらゝではあるけれども、関心をもち解決を待ち焦れて居るでせうが、私たちの学問はわざとそれには口を出しません。／露骨な言葉でいふならば、それに是から口を出さうとする経世家又は政治家が、うつかり見過ごしてしまひさうな、又は見過ごすかも知れない幾つかのもの、殊に島にはまだ活きて居る固有信仰、それと不可分に結び付いた家族門中の問題であります。親と子、兄と弟、夫婦の仲らひはどうなつて行くかといふ問題も、是に根ざして居ます。殊に油断のならぬのは、それを繋ぎ合せる言語の問題が、今は一向に打棄てゝあることです。我々はどちらかといふと、言語の問題に重きを置き過ぎるかも知れませんが、前も折口さんも詳しく説かれたように、言語以外には人間の以前の考へ方を、跡づけて行く途はあまり残つて居りません。人が命をかけるほどの痛切な感情も、時過ぎて振り回つて見れば、たゞ残るのは言葉のみであります。この三つのものゝ交渉、殊に信仰と言語との関係に就いては、伊波氏は割け得る限りの時間を是に費されました。しかも悲しいことにはそれがまだ完成でもなく、たゞやりかけであり斯う行つて見たいという希望の表白に止まつて居りました。〔『定本』三〇　九九〕

今後に向けての覚書として、以上二点のみを記しておくが、「柳田國男の民俗学と沖縄」をめぐっては、今後もさらに論じられる必要があるということを確認しておきたい。もちろん、柳田を正しく理解することが、柳田の方法に立ち返るべきだということを意味しないのは当然のことである。天才的な柳田のマネなどできるはずがないという印象を筆者自身拭えないし、また、柳田とは別の民俗学の方法が模索されて然るべきだとも考えている。そのためにはしかし、柳田のテキストの誤読を訂正する作業は不可欠であるというのが本論考の結論である。

最後に、難解な柳田のテキストを筆者自身が誤読していないか大いに恐れるところであり、大方の忌憚のないご叱正を乞いたい。

3　南島から柳田國男を読む ―祖霊信仰論に焦点を当てて―

はじめに

「南島から柳田國男を読む」という課題に関して、さしあたって次の二つの視点を設定することが可能であろう（本章では奄美と沖縄を含めた地域を便宜上「南島」と呼ぶことにする）。一つは柳田の書いたテキストに基づいて柳田の南島認識を問うというもので、筆者はすでに前章においてそれを試みた。もう一つは、「葬制の沿革について」や「婿入考」などといった個別のテーマに沿い、かつ日本全域を対象にした柳田の論考について、南島の民俗資料に依って検証するというものである。本論考では、その一つの試みとして、柳田の祖霊信仰論に関する議論を俎上にのせて考察することを課題にしたいと思う。柳田の祖霊信仰論について言及した論考は枚挙に暇がないほどあるが、本論考が課題とする南島の資料に基づいての本格的な作業は、後段で見るように十分に行われてきたとは言い難いと考えている。

柳田の祖霊信仰論の概要については、新谷尚紀が祖霊信仰論の代表的著作と見なされている『先祖の話』の論点を以下のように整理したものを参照することにする。

（1）あの世とこの世とは近い、死者と生者の境は近い、と考えられてきた。

（2）遺骸を保存する慣行は民間には行われず、肉体の消滅を自然のものと受け入れて霊魂の去来を自由にすることをよしとする考え方が伝えられてきていた。

（3）死者の御魂はその祀り手が必用だ、と考えられてきた。

（4）その祀りを受けて死者は個性を失い、やがて先祖という霊体に融合していく、と考えられてきた。

（5）その先祖の霊は子孫の繁栄を願う霊体であり、子孫を守る霊体である、と考えられてきた。

（6）その子孫の繁栄を願う霊体は、盆と正月に子孫の家に招かれてその家と子孫の繁栄を守る神でもある、と考えられてきた。

（7）子孫の繁栄を守るその先祖の霊こそが、稲作の守り神であり季節のめぐりの中で山と田を去来する田の神でもある、と考えられてきた。

（8）その先祖の霊であり、田の神でもある神こそ、村の繁栄を守る氏神として敬われている神でもある、と考えられてきた。

（9）老人には無理だが子どもや若い死者の霊魂は生まれ替わることができる、と考えられてきた。

（10）このたびの戦争で死んだ若者たちのためにもその祀りがぜひとも必要である。

（11）このたびの戦時下から戦後への混乱の時代こそ、未来のことを考えるためには、古くからの慣習をよく知ることが肝要である。国民をそれぞれ賢明にならしむる道は、学問より他にない。〔新谷 二〇一一 一三六〕

本論考で注目したいのは、主に（4）～（6）についてである。すなわち、死者は一定期間を経て個性を失い、やがて先祖という霊体に融合し、その霊体は家の守護神として盆と正月に子孫の家に招かれるという柳田の見解がはたして南島において当てはまるのか、そこに焦点を絞っていきたいと考えている。なお以下では、先祖という霊体に融合することを、場合によっては「祖霊のカミ化」と言い換えることにする。

一　祖霊のカミ化

『先祖の話』で南島の事例が登場するのはわずか数箇所しかないが、沖縄の三十三年忌に関する以下の言及はその中の一つである。

三十三年の法事がすむと、位牌を川に流すという習わしも東北にはあった。それよりもいっそうはっきりしているのは南の島々の例で、（略）まず沖縄の本島においては、三十三年忌を境にして霊が御神（おかみ）になると信じられている。御霊前というのが先祖棚、すなわちこちらで仏壇というものに当るのだが、旧（ふる）い家ではそれと並んで上の方に別に御神の棚があり、この際に御霊前の位牌の文字を削り取って、それをその御神の棚に納めるのだそうである。〔『文庫全集』一三　一三三〕

柳田が述べているように、「三十三年忌を境にして霊が御神になる」というのは、沖縄の広い地域で聞くことのできる言説で、洗骨を契機にカミ化するという言い方もある。そのことに関わる従来の研究について振り返ることから始めよう。

沖縄の祖霊観について本格的に取りあげた初期の論考として、一九六六年初出の大胡欽一の論考〔大胡　一九七三〕がある。大胡は、伊平屋村田名部落の事例において、「仏壇に祀られるのが三三年忌の儀礼を経過しない祖霊であり、火の神に祀られるのがこれを経て個性を消失した祖霊であると観念されているようにみえる。」〔大胡　一九七三　二一七〕と述べ、また、柳田の祖霊信仰論の影響であろうか、三十三年忌を境に個性を消失した祖霊は「先祖代々の霊に吸収され、集合体としての祖霊に転化していく」〔大胡　一九七三　二一七〕とも述べている。

しかし、三十三年忌を経過した祖霊が火の神に祀られるとする根拠が示されていないこと、また大胡のいう祖霊と火の神との関係については、他地域からの報告が皆無であるというのもこの見解の難点である。さらに大胡は、「盆およびウンジャミは祖霊の去来を意味する点で同質行事であるが、前者は家族レベルでおこない、後者は門中および部落レベルでおこなわれる祖霊祭祀であり、特に後者は三三年忌を経過した祖霊を対象にしている点に特徴を示す。」〔大胡　一九七三　一三五〕とも述べている。すなわち、ウンジャミ祭祀において海の彼方から去来するのは三十三年忌を経過した祖霊だとする見解であるが、これもまたその根拠が示されておらず、説得力に欠けると判断せざるを得ない。

つぎに、一九七〇年代半ばに発表された櫻井徳太郎の「柳田国男の先祖観」という論文に目を向けたい。その中で櫻井は、『先祖の話』における祖霊のカミ化についての柳田の見解を肯定的に解説したうえで、沖縄の状況に関して以下のように言及している。

この点をもっとも端的に示すのは、沖縄地方に展開する後生観があげられる。沖縄では死後の他界をグショウ（略）とよぶ。これには二つの区分があって、死後一定期間滞在するところをミーグショウ（新しい後生、または近い後生）といい、（略）一定の期間を過ぎると、死霊は遙かに遠く離れた真のグショウへ赴いて、そこを永住の地とする。島によってはそこをオボツカグラとみたりニライ・カナイ、ニッジャとよんだりして、土地により名称の差はあるが、いずれも死霊が永遠に鎮座する他界とみている点では一致する。（略）洗骨が終わり改葬がすむと、初めて死霊は真のグショウへ赴くのである。それを古式の厳重に施行される部落では、「ウティン、ヌ、カミサマナイン」すなわち「天の神様になられます」とか、「ウティン、カイ、アガイミセーン」、つまり「天へおあがりになられます」などといい、明らかに神の位へと昇化したことを示す表現をとる。（略）沖縄での他界は、ミーグショウと真のグショ

> ウと、二つの領域に区別されるとともに、そこに住む死霊の性格もまた、完全に別個な性質をもつものと観念されている。この死霊観・霊魂観は、本土の民俗的事実と、これまた完全に一致している。〔櫻井　一九七七　二〇一～二〇二〕

柳田の門弟でもあり、戦後の沖縄の民俗研究において中心的役割を担ってきた櫻井が、祖霊のカミ化に関わる沖縄の「死霊観・霊魂観は、本土の民俗的事実と、これまた完全に一致している」と断定していることに注意したい。なお、先の引用文には、「真のグショウ」を意味するとされるオボツカグラ、ニライ・カナイ、ニッジャなどの語彙が登場するが、本論考では紙幅の都合で他界観念について触れる余裕はなく、それに関しては筆者の別稿〔赤嶺　一九八九b・一九九一a〕での議論を参照していただきたいと思う。

一九八三年に刊行された『沖縄大百科事典』は、従来の研究成果を集約すべく期待して編集されたものであるが、「祖先崇拝」についての解説には、以下のような言及が見られる。

> 奄美、沖縄の民俗社会は祖先志向的な社会と称されることがあるように、その固有信仰の核に祖先崇拝ないし祖先祭祀を有している。（略）祖先として祀（まつ）られる死者は、（略）最終年忌をへて個性を消滅し神化した祖霊と、これ以前の霊位という、二重の構造をとる。（略）この儀礼〔最終年忌〕をへた家族レベルの祖霊は、（略）親族レベルにおいては始祖を含め門中（ムンチュウ）など一族の祖霊に吸収される。さらに一族の祖霊は、村落レベルにおいて御嶽（ウタキ）の神が象徴するシマの祖霊に統合され、シマの秩序と統一の基調をなすと考えられる。〔加藤　一九八三　六二八〕

この解説も、御嶽の神を「氏神」に置き換えれば、『先祖の話』で柳田が展開した日本の祖霊信仰と沖縄のそれが同じだとする見解だと理解することができるだろう。

祖霊のカミ化の問題について以下で具体的に検討していくことになるが、じつは筆者は、この問題についてはすでに別稿〔赤嶺　一九九六〕で議論を行ったことがある。したがって、以下の記述では旧稿と重複する部分があるのは避けがたいが、可能な限り旧稿を補足し、あるいは旧稿でとりあげなかった資料を用いることを心掛けたいと思う。

柳田は、「旧い家ではそれと並んで上の方に別に御神の棚があり、この際に御霊前の位牌の文字を削り取って、それをその御神の棚に納める」と述べていたが、「位牌の文字を削り取って、それをその御神の棚に納める」というのはわかりにくい表現である。位牌の文字を削り取ったものを焼いてその灰を「御神の棚」の香炉に入れるということだろうか。たしかに、三十三年忌に死者の位牌を焼くという習俗の報告がまったくないわけではないが、近世の古い位牌が多数存在することからしてもそれを一般的な習俗とみなすことはできない。さらに、位牌を祀る習俗は、王家や王府の官人層において成立したものが、一八世紀後半以降に漸次民間へ普及したものであり、地域によっては近年まであるいは現在でも位牌がない例もあることに注意すべきだろう〔平敷　一九九五　二〇〇～二〇三、酒井　一九八七　五一三〕。

また、「御神の棚」とは、いわゆる「神棚」のことだと思われるが、柳田が「旧い家では」としているように、一般の家には神棚はなく、神棚があるのは通常ムートゥヤ〔元家〕と呼ばれる門中の宗家である。神棚と祖霊の問題についての検討は後に廻して、一般の家における祖霊のカミ化の問題についてさらに検討していきたい。

士族階層の事例を考察した平敷令治は、「三十三年忌が済むと祖先はお神になられます」という言説があることを認めたうえで、首里・那覇の旧家では三十三年忌以後も命日の祭祀が続けられていることからしても、三十三年忌を契機に祖霊が個性を喪失してカミ化し一つの集合の中に入るという通念は、実際の祭祀習俗からは抽出し得ないと述べている〔平敷　一九七九　四四四～四四七〕。

つぎに、笠原政治による八重山の黒島の事例に注意を向けたい。黒島では、年忌途上にあって、霊的に不安定な人格的存在から漸次安定しつつある祖霊はウヤプスと呼ばれ、最終の三十三年忌を終えた祖霊（プトゥキと呼ばれることもある）は、人間界との交流を断って昇天すると考えられているという。そして重要なことは、これらの個性を喪失した祖霊がカミと呼ばれることはなく、またそれを集合体として一括してまつる具象的・場所的装置も存在せず、一月十六日の墓前祭祀において祀られ、また盆行事の際に生者の家に招かれるのも、供えられる膳の数から判断して、ウヤプスであって、三十三年忌が済んだ祖霊の集合体ではないという笠原の指摘である〔笠原　一九七五　三〕。結局のところ、黒島の祖先でカミとして位置づけられるのは御嶽の創設者（宗家の始祖）だけであり、カミとプトゥキは、「観念の上でも儀礼手続きの上でも両者には明確な範疇区分がある。」〔笠原　一九七五　一二〕という。

与那国に目を向けてみると、伊藤良吉は、与那国の比川部落の祖霊観について以下のように述べている。「人が死ねば比川に〈祖霊神〉といった観念があったかどうか、この点についてはまだよくわからない。〈あの世〉へ行くというが、そこはヌンカであり、位牌祭祀者がいる限り祖霊はヌンカに安住するとみられている。三三年忌をもって弔い上げとなるからといって、それが〈祖霊神〉または〈神〉になるという話はまだ聞いたことがない。弔い上げ後も位牌はトゥグ（仏壇）に安置され、他の神所（床とかカマド、屋敷ニバイ）へ移されることはない。〔伊藤　一九七八　三四〕

与那国においても、三十三年忌で個性を喪失した祖霊がカミと呼ばれることはなく、またそれを集合体として祀る具象的・場所的装置も存在しない点は、黒島と共通している。伊藤は、同じ比川に関する別の論考において、死者は三十三年忌をもってウヤプディ（祖先）となり仏の仲間（プス・ヌ・シンカ）になるが、それらのウヤプディは、ツカサたちによって祈願される神々とは判然と区別される、とも述べている〔伊藤

一九八一　一三二〕。

つぎに、アウエハントによる波照間の祖霊観に関する議論を取り上げたい。波照間島の三十三年忌では、庭にガジュマルの葉を巻いた四本の高い棒にくくりつけられた小屋が造られ、死霊はこの棒を伝って天に昇り「カンとなる地点に達する」と観念されているという。また、位牌は所定の場所で焼かれ、墓では、骨瓶から出された遺骨は墓室の奥に積むか燃やして灰にするという〔アウエハント　二〇〇四　三三四〜三三六〕。しかし、注意を要するのは、アウエハントが「彼等はプトゥギからカンに姿を変えたが、（略）だからといって、ついにウヤンの地位を与えられることはない」〔アウエハント　二〇〇四　三三六〕と述べている点である。

ウヤンとは、波照間島の「ヤマ（御嶽）のパン」（御嶽での祭祀の際に、女性司祭によって歌うように唱えられる定形の祈り言葉）に頻出する語である。アウエハントによれば、ウヤンはたしかに祖先神や祖霊と関連する用語ではあるが、死者（祖先一般）としてのウヤピィトゥとは異なる概念だという。すなわち、ウヤンは祖先一般ではなく、はるか昔、波照間島に渡ってきて住みつき、島を開拓し、拝所を造り井戸を掘るなどして、現在の島をかくあらしめた、かつそれを見守ってきた祖先で、神話（説話）的英雄もしくは文化英雄とでも呼ぶべき特定の祖先だという。そして、ウヤピィトゥが、死後三十三年忌に至るまでの間、一月一六日や盆の儀礼において「敬意を交えた生者と死者の親密な関係」が結ばれる存在であるのに対して、ウヤンは、「ヤマのパン」のテクストにおいて、「聖なる、高貴なもの」として言及され、「厳格な形式で極めて儀礼化された崇拝」がなされるという点において、ウヤピィトゥとの本質的な違いがあるという〔アウエハント　二〇〇四　二八六〜二九〇〕。

以上の事例を踏まえると、柳田の考えたように、死者は一定期間を経て個性を失い、やがて先祖という霊体に融合し、その霊体は家の守護神になるという図式は、沖縄では当てはまらないというのが当面の結論である。死後一定期間の後に祖霊が神になるという言説がたとえあったとしても、笠原が黒島の事例で指摘するように、それを集合体として一括してまつる具象的・場所的装置が存在しない点が肝腎な点だと思う。管見の限りでは、最終年忌を終えた祖霊を祀る「具象的・場所的装置」に関して唯一の例外的事例は、宮古の多良間島のウブダティと呼ばれる祭壇の存在だと思うが、それについては別稿〔赤嶺　一九九八　五一〜五五〕で検討したので参照願いたい。

先の笠原の指摘は、筆者が久高島〔沖縄本島南部の離島〕の祖霊観について検討した際に、「久高島では、カミ化したはずの祖霊ないしその集合体を、それ以前の祖霊と区別して、信仰体系ないし儀礼体系の中で位置づける仕組を発達させなかった」〔赤嶺　一九九一b　三六八〕と結論付けたことにつながるし、さらに筆者は、久高島では「死者の世界は全体として、人々の宗教生活の中で、カミと対立するネガティブな属性を帯びるものとして位置づけられる傾向にあった。」〔赤嶺　一九九一b〕とも述べた。それを踏まえて以下では、「カミと対立する祖霊」の問題について若干の検討を加えることにしたい。

まずは、住谷一彦とヨーゼフ・クライナーによる波照間島の祖霊観についての議論に注意を向けたい。住谷らによれば、「三三年忌がすむと死者はウヤン〔神〕になる」という言い方は波照間島にもあるが、これは「神〔ウヤン〕と先祖〔ウヤピツ〕という表象裡に或る混淆ないし意味の取違いがある、あるいは対象の側よりもむしろ調査者の側にそれがあるのではないか」として、結論として「人間の霊が死後何日ないし何年かたってのち祖霊一般に包摂され、ついに神になるという日本民俗学での通説に対して、パティローマの世界観ではこの両方の存在形式はいつまでも対立し続け、けっして混淆しないものとされてきた」〔住谷・クライナー　一九七七　二七八〕と述べている。その根拠として住谷らがあげているのは、以下の三点である。

①ウヤンを祀ることは極めて聖なる義務であるのに対して、ウヤピツ〔祖霊〕の行事はあまりにも不潔で、

かつ忌がかかるものであり、通説のように、一定の時の経過につれて神と祖霊の表象が混同されてゆき、祖霊の儀礼をウヤンの拝所であるブザシケー（床の間）に移すことが生じるのだという説明は考えにくい。そして、②祖霊と神の世界が小宇宙である屋敷の中でも、はっきり空間に投影される形で峻別されている。さらに、③時間的にも祖先崇拝に関連する諸行事（盆、洗骨、墓掃除など）は、ほかの神行事のない夏の三ヵ月の期間に集中している、この三点である（住谷・クライナー　一九七七　二七二～二七八）。

住谷らの議論の詳細についてはここでは割愛するが、別稿（赤嶺　一九九一a）で検討したように、この波照間の事例も、「祖霊がカミ化」するという言説があるにもかかわらず、カミ化したはずの祖霊を祭祀対象とするような儀礼装置が存在せず、その一方で全体としての祖霊の性格は、カミ化以前の、どちらかと言えばカミと対立するような属性を帯びる傾向にあることを示唆する事例であると考えたい。

この文脈で、八重山に関する笠原政治の以下の議論（笠原　一九七四　一八四～一八七）は興味深いものがある。八重山では、一般に神に関わる香炉群を配置した座床（ザートゥク）が一番座の〈北東〉部分に、祖霊を祀った仏壇が二番座の〈北〉部分に置かれ、一番座は神祭祀、二番座は祖霊祭祀の実修場所として使用されることを確認したうえで笠原は、一番座と二番座における祭祀に関して以下のような対比がみられることを指摘している。

まず、一番座の神香炉に祭祀の三日前に神が招聘されると、一番座は祭祀終了時まで世俗的目的のために使用してはならず（家人の寝室になることはあり得ない）、一番座での粗野な言動や乱髪は好ましくなく、家人や女性神役も丁重でフォーマルな態度が要求されるのに対して、二番座で行われる年忌や盆の祖霊祭祀では、祭祀期間中に二番座を世俗的目的のために使用することは必ずしも厳格な禁忌事項ではなく（祖霊祭祀のために帰宅した家族成員の寝室になり得る）、また、粗野な言動や乱髪は好ましくないとはされるものの、祖霊に対しては畏敬と同時に親密さの態度も加わるという。

さらに、一番座と二番座の間には、奇数と偶数という対比もみられるという。すなわち、一番座の座床については、幅、高さ、奥行きのいずれに関しても奇数で寸法が決定されるのに対して、仏壇は偶数で寸法が決定されるという。さらに、花瓶にさして木の葉を供える場合も、座床は奇数本、仏壇は偶数本、線香の数も祖霊祭祀には偶数本、神祭祀においては奇数本であり、また、拝む回数も、神に対しては「三十三拝」、祖霊に対しては「四拝」という対比がみられるという。

笠原はまた、祖霊祭祀と神祭祀の対比に関連して、祖霊祭祀の場合は、祀り方を誤ったときに特定家人を病気にさせたり財運を傾けたりして直接的にその憤怒を表現するが、神祭祀における神は、人間一般に対して直接その意志を表現することはなく、仮に凶作や不幸が続いたにしても、人間側の祈願不足を反省することはあっても、それが神の憤怒の直接的表現だと考えられるわけではないとしたうえで、「個人的であれ集団的であれ生者と祖霊との関係が相互的なものであるのに対して、村落あるいは祭祀集団の一般成員と聖域の神との関係は一方的なものである。」〔笠原　一九七四　一八七〕ことも指摘している。

以上のことから、祖霊と神との対立的関係、あるいは両者の祭祀と関わる事項の対比的関係ということは、沖縄においてはかなりの通有性をもつという見通しを筆者は抱いているが、この文脈において、仲原善忠が「祖霊は、本来、報本反始の孝道の観念から生れたもので、その祭祀は死人のためのもので、生ける人のためではない。祖霊に加護を求めるのは、神に求めるのとは趣を異にする。火の神は、神として祭るので、神と人とのあいだになんら親近性はない。その前に捧げる供物も、火の神は花米、神酒、線香などでお嶽神と同じである。祖霊の供物は右のほか、晴れの食物で、心からの供え物である。祖霊は供養、火の神は祈願の対象といってもよい、と思う。」〔仲原　一九七一　四四〇〕と述べていることにも注意を向けていいだろう。この論点に関わる久高島の状況については、先述のとおり別稿〔赤嶺　一九九一b〕で扱ったので参照願いたい。

二　祖霊と神棚

つぎに、柳田が言及していたカミ化した祖霊と神棚の問題について検討したい。

琉球王朝末期の見聞を記した喜舎場朝賢の『東汀随筆』の中に、「我ガ国古来ノ習俗トシテ人家相継シテ七世ニ及ベバ必ズ神ヲ生ジテ尊信ス　其ノ神ハ只二位ヲ設ク　蓋シ祖考以上始祖ニ至ルノ亡霊ヲ以テ神トナルナリ　而シテ親族ノ女子二名ヲ以テ神コデト称シ之ヲ任ゼシム」〔喜舎場　一九八〇　一一四〕とある。家が七代続いた時点で、祖考（祖父）以上の始祖に至るまでの祖先が神となり、それを祀る親族の女性が神コデと呼ばれるという内容である。

それと関連すると思われるのが、つぎの比嘉春潮の士族門中（比嘉自身が属する門中）についての報告である〔比嘉　一九七二〕。比嘉によれば、沖縄には家が創始されて七代経ると神（宗神）を立てる風習があり、比嘉の生家で祀られている神はそれに従ったものだという。そして、その宗神は、三十三年忌を終えた祖霊であり、仏壇と並んで上手に設置された神棚に祀られるという。先に引いた『東汀随筆』の記事には「神棚」という言葉は登場していないが、比嘉の報告するこの事例から類推して、カミ化した祖霊は神棚で祀られると考えていいだろう。

『東汀随筆』の記事および比嘉の報告する事例に関して注意すべきことは、家が七代経るまでは、三十三年忌が済んだ祖霊をそれ以前の祖霊と区別して祀ることが行われていないという点である。そもそも七代という観念は、何に由来するのだろうか。単純に一代を三十年とすると、七代は家が創始されてから二百十年後であり、それほど長期にわたり、三十三年忌が済んだ祖霊は放置された状態にあることになる。さらに、系図や位牌を持たない多くの農民層において、家の代数を記憶する手立てがなかったことも考慮する必要があるし、そもそも門中は士族階層で成立し、おそらくは近代以降に農村地域に普及していく新しい制度であることにも注意を向けるべきだろう。七代を経て神を立てて以降の状況について比嘉は、「三十三年忌の済んだ霊は、その都度自然に神の位になおるわけであるが、これについて特別の儀式などなかったようである。」〔比嘉　一九七一　三九三〕と述べているが、そのことも「祖霊がカミになる」という表現が単なる言説のレベルに留まり、儀礼的裏付けを伴っていないことを示している。

さらに、士族門中に限定した場合でも、比嘉の報告する事例を一般的と見なすことができないのは、平敷令治の那覇の門中の研究から明らかである。すなわち平敷は、那覇の一一の門中の宗家の神棚で祀られる神（祖神）について分析した結果、先の比嘉が報告するような、三十三年忌以後の祖霊を神棚で祀るタイプが一例もないことを明らかにしており、先述のとおり三十三年忌によってカミ化するという通念は、近代の祭祀習俗からは抽出できないと結論づけている〔平敷　一九七九　四四四～四四七〕。

ところで、先に引いた『沖縄大百科事典』の「〔最終年忌〕をへた家族レベルの祖霊は、親族レベルにおいては始祖を含め門中など一族の祖霊に吸収される」いう解説は、門中を構成する各家の祖霊は、カミ化以降は宗家の神棚で祀られる祖霊の集合体に吸収されると読むことが可能であり、また大胡欽一も、「門中単位で祭祀する祖霊は、伝承によれば、各家の三三年忌をすぎ、個性を失った祖霊の集合体であり」〔大胡　一九七三　一二八〕と述べているが、いずれも根拠のない誤った見解と言える。

三　盆と祖霊

今日の沖縄では、旧暦七月一三日から一五日にかけて「盆」、「シチグァチ（七月）」などと称して、祖先祭祀の機会としての盆行事が盛大に行われている。しかし、別稿〔赤嶺　二〇一〇、本書第二部第一章〕で論じたように、盆行事が沖縄固有のものでないことは明らかであり、別稿では、沖縄における盆行事の成立とその普及についての筆者の見解を、以下のように述べておいた。

十五世紀の朝鮮漂着民の記述などから、古琉球の盆行事は、亡霊の鎮魂や施餓鬼的なものを目的としたものであり、また、今日のように家単位ではなく寺院で行われていたことをうかがうことができた。それが、近世になると、儒教的観念の受容等によって亡霊の鎮魂あるいは施餓鬼的な盆から今日のような祖先崇拝的な盆へと行事の意味内容が変容し、その変容した祖先崇拝的な盆行事が、儒教を根幹に据えた王府の政策によって、中央から地方へ伝播していったものと思われる。その一方で、久高島などで行なわれている盆行事に祖先崇拝的な性格からは逸脱する要素が見られるのは、王府の政策によって今日の祖先祭祀の民俗が成立する以前から当該地域にあった死霊（祖霊）観念のあり様によって規定された結果であると判断したい。〔赤嶺　二〇一〇　三六二〕

以下では、上の見解を導いた経緯を要約的に示し、また若干の補足を行うことにしたい。

古琉球期の盆行事が寺院で行われていたことからしても、日本からの仏教伝来に連動して盆行事が成立したことが推測できるが、成立当初の盆行事が亡霊の鎮魂や施餓鬼的なものを目的としたものであったことの根拠の一つとして挙げたのが、以下の伊江島（沖縄本島北部の離島）の事例である。

『琉球国由来記』（一七一三年、以下では『由来記』）の伊江島の年中祭祀の項に、「施餓鬼」として「七月十二日、島ノ前高森ニ、施餓鬼仕ル。様子ハ、島中ノ者、昔煩ケ間敷有之、万歴四十二年甲寅、頭々老人相談ヲ以、煩敷病苦ヲ為除トテ、仕初メテ、今相伝。島中入目ニテ、照大寺住持相頼、毎年施餓鬼仕申也」〔外間・波照間編著　一九九七　四一六～四一七〕という記事が見える。伊江島では、万歴四二（一六一四）年に「盆（施餓鬼）」行事が始まるのであるが、注意したいのは「盆」行事を行う契機となったのが「煩敷病苦ヲ為除トテ」とある点で、疫病などが流行（はや）るという状況があって、それが死霊のせいだと判断され、当時から島にあった照大寺の住持に依頼して施餓鬼行事を行ったことが判明する。伊江島の盆は親しい祖先の霊を迎えて祀るものではなかったのであり、「盆」は文字通り施餓鬼行事として最初に実施されているのである。

このように施餓鬼行事として成立した伊江島の盆が、ある時期以降に祖先崇拝的な盆に変容したことは、一九八〇年刊行の『伊江村史』の盆に関する以下の記述より明らかである。

一五日はウークイ（お送り）と云い最も盛んに行われる。三日間祖霊と人間が一つの屋根で暮したが、一五日の夜でまた別々の住み家で生活することになる。お別れパーテーみたいで愉快な行事である。分家の者もムート屋にお重など持って集まる習わしである。お送り行事はできるだけ祖霊を引きとめる意味から、早くやらない風習がある。〔伊江村史編集委員会編　一九八〇　四四六～四四七〕

そしてその一方で、『伊江村史』では、先に引用した『由来記』の施餓鬼の記事にも注意を向けており、その記事に対する執筆者の注釈が興味深いので、以下で引用しておきたい。

施餓鬼の元来の意味は、無縁の亡者のためにする供養である。それが悪病よけのために行われ始めたと云うのはよくわからない。祭る子孫がなく飢餓に苦しんでいる亡霊は悪病をもって来るとでも思ったのだろうか。／盆祭に祖霊のじゃまをする者と考え、繰り上げて早く供物を与えたとも言われる。施餓鬼毛は中［学］校の東下にある。廃藩後一時中断したが、大正初期に復活した。病魔を払うものでなく、供物は集った人に投げて争わせていた。餓鬼に施すような行事であった。これは他間切にはない。島には寺があったからだろう。（伊江村史編集委員会編　一九八〇　四三二）

「施餓鬼毛」とは、『由来記』でいう「島ノ前高森」のことであろう。この記述から、盆行事の一環としての施餓鬼行事が、一時期の中断をはさんで近年まで行われていたことが確認できる。盆を祖先崇拝の行事として理解する執筆者にとって、「盆」が悪病よけの施餓鬼行事として始まったという『由来記』の記事が不可解だとする率直な感想に注意したい。伊江島において、いつどのような経緯でもって施餓鬼主体の盆行事から祖先崇拝的なものへと変化したかについては明らかではないが、王国の中心地について言えば、『球陽』の尚敬王十七（一七二九）年の、国王の年忌に関する次の記事が参考になる。当時は、王の年忌は死去した月ではなく七月に行う慣わしだったことに注意されたい。

旧冊を按ずるに、先王祭期の年、七月盆中（十三日より十五日に至る、俗に盆中と叫ぶ）法堂に於て、盛りて祭品を具へて奉祀し、之れを立御茶屋と謂う。是の時、歌絃を善くする者を召集するの外、家来赤頭・供役、替代するの時、春太鼓（戯名）を為して、以て興を神主に供する有り。又奇巧の燈を点じ、通夜昼の如し。是の年に至り、議題して、香案蝋燭を除くの外、百燈は二更に至れば、則ち之れを滅す。歌絃及び春太鼓の戯は、是れ先王を褻涜す、礼に非ざるなり。乃ち裁去す。（球陽研究会編　一九七四　二八九）

従来の慣行であった歌絃や春太鼓が、この年（一七二九年）になって「先王を褻涜する礼に非ざるもの」として取りやめとなり、「百燈」も簡素化されたという内容である。ここでいう「礼」とは儒教的な意味での「礼」であることは疑いないことで、王の年忌に関するこの改変は、施餓鬼的盆から儒教に基づく祖先崇拝的な盆への変容と連動したものであった可能性を想定したい。

王族や王府官人層の間で成立した祖先崇拝的な盆行事が、地方に普及していったという筆者の見解の根拠となる史料して、以下の二つをあげておきたい。一つは、『球陽』巻一六尚穆王三十（一七八一）年の条の以下の記事である。

> 与名城郡伊計村は、原来、忌辰・節祭並に挙行せず。上届丑年、平安座村前名嘉村親雲上、南風掟に任ずるの時、両総地頭、其れをして伊計村下知役たらしむ。名嘉村、屡ゝ其の村に往きて以て教示を加ふ。又時に男女を喚集し、嘱して曰く、子孫たる者、父祖の忌辰併びに節祭の礼を知らずんば、是れ人間の本心を滅し、誠に然るべからざるなりと。（略）百姓漸次感発し、是の歳七月、始めて盆祭を行ひ、（略）。名嘉村、己の資を折費し掛物神主七十一軸を設造して、各人に分与す。此れより正・七月併びに忌辰・節祭に逢う毎に、即ち祭祀を行ふ（略）。（球陽研究会編　一九七四　三九二）

この史料から、伊計島（現うるま市）では、一八世紀後半になってはじめて盆が行われたこと、そしてそれは王府の意向を受けた地方役人の指導によるものであったことがわかる。なお、「神主」とは位牌のことで、この人物が位牌の普及にも関わったこともわかる。

二つ目は、一八世紀初頭の記録とされる『八重山島諸記帳』の中の以下の記事である。

> 当島近代迄百姓等父母之位牌を竪跡弔ひ並正七月二八月之祭礼不相知処宮良肝煎を以大地中並離々迄下知いたし位牌竪右祭礼させ孝行之道を勲功に教導候故末々迄無懈怠相勤来候也。（野田編　一九四〇　三五）

ここでいう「正七月二八月之祭礼」とは、文脈からして、祖先祭祀に係わる一月の十六日（ジュールクニチ）、七月の盆、二月と八月の彼岸のことだと推測できるので、八重山諸島でも、盆行事が役人の指導によって広まっていく状況があったことがわかる。さらにこの史料は、先の『球陽』の記事と同様に、祖先祭祀の対象となる位牌や盆以外の祖先祭祀の行事も、役人の指導によって普及していく事実が確認できる点で重要な意味をもつ。同じ史料の中の「島中旧式」に当時の年中行事が記されているが、そこには一月の十六日や盆、彼岸などが挙がっていないことにも注意したい〔野田編　一九四〇　三二〕。

この二つの史料から、地方における盆行事の成立が一八世紀に入って以降の時期であったことが推測できるが、それを踏まえて、先の伊江島の事例に再度目を向けると、沖縄島北部の離島である伊江島において、盆の開始が一六一四年であるのは他の地方と較べて異常に早い時期であることがわかる。但し、伊江島の場合は、盆が施餓鬼行事として始まったこと、および施餓鬼の開始に寺院の僧侶が関与していたことが肝腎な点であり、伊江島の事例は、沖縄の盆行事が仏教の関与のもとで施餓鬼行事として成立したものであることの証左であることを再度確認しておきたいと思う。

以上のことから、盆と祖霊に関する柳田説は沖縄には当てはまらないというのが筆者の見解であるが、但しここでいう柳田説はあくまでも『先祖の話』における議論であることに注意したい。というのも、一九一八年の「幽霊思想の変遷」での柳田の盆の理解は、『先祖の話』とは大きく異なっているように思えるからである。すなわち、「幽霊思想の変遷」には、「今日の盆は新しい人情を基礎にして迎へて祭るが主になって居る。我々は度々少女少年が祖父母の墓に詣つて「さあおぶされ」と云って背を向けたりなどする、優しい光景を目撃したものであるが、しかもこれは十万億土に常住して居ると云ふ信仰の普及した後の事で、以前は捨てゝ置けば邑落に死者の影が充満して、疫病を流行らせ害虫を蕃殖さす所以であるから、危険な時節を選んで一斉にこれを駆逐するのが此月の主たる仕事であった事と思って居る。」〔柳田　二〇〇〇（一九一八）　三二九〕という記述が見られる。

このことは、柳田の祖霊信仰論全体のなかでの『先祖の話』の位置付けの問題に発展するものであり、この論点に関する論考は少なからずあるが（最近のものとして〔小田　二〇一一〕）、この問題は本論考の守備範囲を超えるものと判断しこれ以上の議論は控えることにしたい。

四　南島正月と祖霊

七月の盆行事が南島固有のものでないことについては、じつは柳田も注意を向けている事実がある。すなわち、「海神宮考」において柳田は、「島津氏の支配になって後、大島でもまた沖縄でも、一般に七月盆の魂祭の風習を採用させたが、これには一種政治上の動機、すなわち今まであまりにも強烈であった島民の信仰を、やや牽制しようという意図もあって、新たに持ち込んだらしい形跡がある。」〔『文庫全集』一　一〇二～一〇三〕と書き留めているのである。

また、「鼠の浄土」においては、「魂祭の季節は南方の諸島において、以前は一般に旧暦の八月であったらしい。これを自分などは大切な手掛りと思っているのだが、七月の盆行事がかなり有力に普及して後まで、これと対立して重要なる多くの行事が、いわゆる仲秋名月の前後に集合していた」とし、さらに、「奄美・沖縄の二つの島群においては、この月はちょうど稲作の区切り期で、いわば日本内地の正月に該当する時節だった。（略）奄美の島々ではシチウンミ（節折目）、またはアラセツ（新節）という語もあって、シチまたは節といえばこの八月の祭を意味しており、先島の方にもシチ祭を、同じ八月の行事の名としている例がある。」〔『文庫全集』一　一八三～一八四〕と述べて、南島の八月行事（南島正月）に注意を向けている。

南島正月についての柳田の見解について検討するに先だって、小野重朗の論考〔小野　一九八四〕を参照して南島正月の概要を押さえておくことにしたい。

小野は、南島における正月は、以下のような歴史的展開を辿ったとする。

(1)干支の一巡りごと、年中甲子の日に主として災厄を祓う行事があり、農耕生活の進展に伴って、そのうち八、九月(宮古では五、六月)のものが夏から冬への転換の節正月として重要性を持ってきた。八重山・宮古のシツ、奄美のドンガがそれである。

(2)農耕生活がさらに複雑になると、節正月の干支による六〇日の幅のあるものは不都合となり、確定度の高いものとして八月の初丙の日にアラシツという新節正月が沖縄・奄美に成立した。アラシツにはさらに庭種取りやシバサシなどの連続儀礼が分化成立した。

(3)稲作盛行に伴い収穫後の水田を早く耕すために、六月中に人為的性格の強い年浴正月が沖縄〔本島〕で行われ、その日に水口を耕し始める儀礼が併せ行われた。

小野説の根拠となっているのは、三つの正月の分布の周圏的構造で、「南島文化圏の南側外圏の八重山・宮古にもっとも古い節正月があり、北側外圏の奄美には節正月のドンガと新節正月のアラシツが重複しており、中心圏の沖縄本島では新節正月が消失の跡を留め、年浴正月が分布している。つまり南島正月の展開は文化の中心である沖縄本島で次々に起こり、それが周辺に伝わってゆき、そのため外に古い節正月、次に新節正月、中心に新しい年浴正月という周圏分布がみられることになった。」〔小野　一九八四　一七二〜一七三〕という。この小野説に依拠すれば、柳田が注目する奄美の八月行事には南島正月の比較的古い要素が見られると考えていいだろう。

さて、柳田は、奄美の八月行事の一環として、墓祭祀やホウスと呼ばれる祖霊の祭祀があることに注意を向けたうえで、ドンガの日に行われるシチャガマという行事について、以下のように述べている。シチャガ

> マ（ショチョガマ）は、奄美大島の龍郷町秋名で今日でも行われている祭祀である。
>
> 甲子の前日に木を伐って小屋を建て、その中で甘酒を造って田の神を祭ったといって、その祭の日の歌詞が伝わっている。その田の神は多分我々の年の神と同じように、毎年還って来て家々の生産を援護する祖神であって、一回の秋の収穫が完成するたびに、子孫門党の歓喜に送られて、静かにその休息の地に帰っていくものと、信じられた時代が久しく続いたのであろう。〔『文庫全集』一　一八六〕

ここで柳田は、田の神は「毎年還って来て家々の生産を援護する祖神」だとするが、その根拠となる具体的な資料は示されていない。さらに柳田は、次のようにも述べている。

> 稲の毎年の収穫をヨという言葉が、南島では弘く行われ、本州の方でも稀ならず俗間に残っていたことは、私は偶然でなかろうと思う。家と穀物との結び付きは、昔は今よりもはるかに密接で、種とか筋とかいう言葉も双方に共に用いられ、それらの永続をもって生存の主要な事業としていたことは、古い家の新年行事の中からも窺うことができる。すなわち個々の生産期の境目に際し、生死二つの世界の霊魂の、系統を同じくするものが相会して、歌舞饗宴の悦楽を共にしようとしたことは、数多くの民族を通じて、素朴なる推理だったかと思われる。東方の諸島に分れ住む人々の間には、とりわけこの考え方がはっきりと残っていた。必ず来年もまたござれといって、この新嘗の神を送り申したこと、それが一つ一つの家門ごとに、それぞれ因縁の深い神なりと信じられたこと、ことに厳粛なる斎戒と、それに引続いた自由なる歓楽とが、最も鮮明に神の去来の時期、迎え送りの感覚を際立たせていたことは、こういう新らしい世の中になってからでも、なおある程度までの立証が可能である。〔『文庫全集』一　一八七〕

「南島」と「本州」を対置し、「双方」や「東方の諸島に分れ住む人々」という表現を使用していることから、この議論は南島と日本本土の双方を対象にしていることをまず確認しておきたい。この文章には、収穫祭（正月）に出現する神（「新嘗の神」）を一元的に祖霊と捉えようとする柳田の姿勢が浮き彫りになっているが、その見解の裏付けとなる南島側の具体的な民俗資料の提示はここでもなく、「数多くの民族を通じて、素朴なる推理だったかと思われる」と述べていることからしても、きわめて演繹的な議論と言えよう。また、ここでの柳田の叙述の展開は、以下の『先祖の話』の一節とパラレルの関係にある点にも注意を向けたい。

家の成立には、かつては土地が唯一の基礎であった時代がある。（略）数ある農作物の中でも、稲はただ一つの卓越した重要性、すなわち君と神との供御（くご）に必ずこれを奉るという精神上の意義をもっていた一方に、その生産には人力以上のもの、水と日の光の恵みに頼るべき部面が大きかった。田地を家の生存のために遺した人の霊は、さらにその年々の効果について、誰よりも大きな関心をもち、大きな支援を与えようとするものと、解していた人が多かったのも自然の推理だった。近世の神道研究からはまったく排除せられ、外から新たに入って来た信仰でないことは明らかなるにもかかわらず、終始不問に付せられている御田の神、または農神（のうがみ）とも作の神とも呼ばれている家ごとの神が、あるいは正月の年の神とともに、祭る人々の先祖の霊であったろうかと、私が想像する理由の一つはここにあるのである。

〔『文庫全集』一三　七七〕

この叙述も演繹的であることに変わりはないが、文章中に「想像する」とあるように、柳田自身が結論としてではなく、あくまでも仮定として提示していることには注意を向ける必要があるだろう。『先祖の話』では、上掲の文章に続けて「その想像の当る当らぬは、やがて決定せられる日が来るだろう。」〔柳田一九九〇（一九四六）七七〕と記され、また「鼠の浄土」でも、シチョガマの田の神が祖霊だとする文章に続けて以下の記述が見える。

> この種年々の行事に裏付けられた信仰は、世相が改まってもそう根こそげには取り棄てられないと同時に、始終周囲の条件に適応して、目に立たぬ少しずつの変更を重ねずにはいなかった。（略）幸いなことに、我々の住んでいる群島では、人の経験が島ごとにちがい、しかも出発点は一つであったかと思う痕跡は、今ほど改まった時世にすらも、なお次々と見つけ出される。人が軽々しく看過しがちな小さな事実の集積と、その周到なる比較とを目途にした民俗学の方法は、こういう方面でこそ功を奏する望みがある。やたらに中央の解説に服従してしまわずに、だんだんと仮定を確実に近づける道へ、各地の同志諸君は進んで行かなければならない。〔『文庫全集』一　一八六〜一八七〕

この文章からも、とりあえずの仮定を提示して、その仮定の妥当性の検証は将来の比較研究に委ねるという柳田の姿勢を読み取ることができる。南島正月についての柳田の仮定は、将来に向けて検証されるべき課題として提起されたのであり、我々はその課題に取り組む責務があることになる。

さて、南島正月についての柳田の仮定を検証するにあたり、盆成立以前から奄美にあったとする八月の「コウソ（ホウス）祭」に関して柳田が以下のように言及していることに注意を向けたい。

> 七月の盆のあとに、また八月のコウソ祭があって、この方が多くの行事と結び付き、踊りその他のいろいろの催しを伴のうて、力の入れ方が格別であった。この新旧の対立には意味があり、コウソという語はその一つの鍵なのだが、考祖、高祖の字解に心服した人々は、これを疑ってみることができなかった。大島北部のよく開けた地域では、盆に祭を受けに来る新精霊さえも、アラホウスと呼ぶようになっている。ところが同じ島でも南に寄った村々、または加計呂麻の島などでは、二つは別のものと考えられていたらしく、その一方だけをコスガナシと呼んでいた。金久正君の報告によれば、コスガナシは海を渡って来られる。それで身が冷えているだろうといういたわりから、コスガナシだけには

麦藁（むぎわら）を門火（かどび）に焚（た）いて御迎えをし、新らしい方の魂祭には火を焚かないということである。（『文庫全集』一一〇三）

この文章は、死者の魂の行方として海上他界観を論じる文脈の中にあり、この文章の最後は「私の仮想しているように、海のあなたの常世郷、死者の魂の去来する根国というものがあったかどうか。コスまたはコウスホウスという一つの語は、今はまだ由来不明ながら、この意味において最も重要だと思う。」（『文庫全集』一一〇三〜一一〇四）と結ばれている。

奄美の八月行事に見られるコス、コウスホウス祭祀の重要さに柳田が着目したことは、以下で見ていくように、結果としては大いなる慧眼であったことが判明する。

最初に、小野重朗の「コッドン・コスガナシ」という論考を紹介しよう。小野は、奄美のシバサシの日に行われるコスガナシ祭の「コス」と鹿児島県の大隅半島で正月二、三日頃に行われるコッドン、コーシドン祭の「コッ」・「コーシ」は、同じ語であると検討をつけたところから考察を始めている。大隅半島のコッドンについては、コッドン神事のある部落では、大晦日から神事が終了するまで、人々は一切外出しない、家にこもって物音を立てずに過ごす、この神と出会うと目がつぶれる、出会ったら平伏して草履を頭にのせておらねばならない、コッドンに見られると空飛ぶ鳥が落ちたなどの伝承を基にして、仕事始めの神事に出現する極めて恐れられる神だと指摘し、また、「コッドンは部落や門の祖霊であるかも知れない」が、守護的な祖霊ではなく、「コッドンに対する恐れにはどうやら死霊に対する恐れに近いものがある。」（小野一九八一　六三）とも述べている。

つぎに、奄美のコスガナシについては、以下のような特徴を指摘している。コスガナシは海難にあった死霊など祟りやすい祖霊で、そのために、祀るにあたって供物を家の縁側に置いて外に向かって拝み、コスガナシが室内に入ることを警戒する。柳田も言及していた門火を焚く習俗については、海難死した人の体を暖めるとか、「鬼の足焼き」といった説明があるという。また、墓地で行われる事例については、家に迎えることをしない点で死霊をよりいっそう恐れた祀り方だとする。さらに、七月盆は近世に成立したと小野も考えているが、コスガナシが縁側で対応されるのとは対照的に、盆に迎えられるオセロガナシ〔お精霊様〕とよばれる祖霊は、座敷の中に招きいれられるという違いも指摘している。

コスの語義については、「かつて国分直一氏は大隅のコッドンのコッは死者の骨の意であろうとされた。その時はその説に私は賛同しなかった。ところが、奄美ではコスとは洗骨した頭蓋骨だという古老の説を聞いたことがある。もう一度考えてみる要（ママ）がありそうである。」〔小野　一九八一　六八〕と述べているが、それに関連して、松山光秀が徳之島の事例で、コウシは頭蓋骨の意味だと報告している〔松山　二〇〇四　六七〕ことにも注意を向けておきたい。

南島正月に登場するコス〔ソ〕ガナシに関しては、小野と同様の見解が複数の研究者によって提示されており、以下でそれらについて見ていくことにする。

昇曙夢は、「コソガナシとは火の神を初め、人間に種々の禍いをもたらす悪神悪霊の意であるから、八月節句は考祖祭でなく、悪神払いの祭のようにも考えられる。」としたうえで、つぎのコソガナシ祭の由来譚を紹介している。

昔、大島全島にわたって黒痘瘡が流行した。この病気は体の何所かに小さな腫物が出来て、この毒血が忽ち全身に拡がり、体が真黒になって死ぬる。急性の伝染病で、感染したが最後数日を出ないうちに斃れるのであった。これに加へて、その頃村々に二三年も続いて天災地変が多く、島民の窮状目もあてられなかったので、笠利の大親から首里の王様にその対策を伺ったところ、王様からは、コソ祭を行って神々の祟りを解くやうにとの仰があった。そこで笠利大親は早速日を定めて、全島にコソ祭を触れ出したのが八月節句の起りだといふのである。〔昇　一九七一　二二五〜二二六〕

この説話は、来訪するコソなるものが守護的なものでなく祟りと結びつく極めて荒ぶる性格の霊であることを如実に示している。

つぎに、下野敏見による請島と与路島の南島正月に関する論考に注意を向けたい。下野によれば、請島の請阿室集落では、アラセツから一週間後のシバサシまでの間、縁側に高膳を置きその上に御飯、御酒、水、桑の小枝で作った二本の箸（X字状に御飯の上にのせる）とウシュッグヮと呼ばれる藁人形を供えるという。ウシュッグヮとは、「縁遠い叔父さん、あるいは爺さんの意味のようだ」という。また、門口で迎え火を焚くが、この火はウシュッグヮの足を焼くため（逆歓待）のものだとされ（柳田は、金久正の報告に依拠して、「コスガナシは海を渡って来られる。それで身が冷えているだろうといういたわりから」と述べていた）、さらに、箸を作るとき出る桑の木の皮は、幼児の両手首、足首をくくるのに用いるが、これはウシュッグヮに担がれないようにという呪いであるとか、この世の人とあの世の霊を間違わないためのしるしだと説明されるという。ウシュッグワは、シバサシの翌日に高膳から取り出し「来年の今ごろ来て下さい」と言って屋根の上にほうり投げられるが、結局のところ、請島の八月行事で祀られるウシュッグヮとは、盆が済んでもあの世に帰らず表縁の床下に潜んでいる霊、海難死した霊（腰から下が濡れているという話）、海底のニーランスクから訪ねてきた異常死人などの霊であり、祟りがないように慰め、祈り願う対象であると結論づけている〔下野　二〇〇五　一九〜二七〕。

門口で火を焚くことに関しては、町健次郎が、加計呂麻島の須子茂集落において、シバサシの前日の夕方に門口で火を焚く際に必ず籾殻とチカラグサと藁が燃やされることに指目して、根が力強いチカラグサを燃やすのは、チカラグサの他の儀礼における用法を考慮すると、「シバサシにやってくるコウソ（高祖）が、家に居着かないように根を焼くものとして、逆に考えることができる。」（町　二〇〇四　一二）と指摘している点も参考になる。

以上のことから、奄美の南島正月に来訪するコスガナシは、柳田が仮定したように家々の守護的な祖霊ではなく、祀らなければ祟りを及ぼすような荒ぶる死霊であると結論づけてまちがいないだろう。そしてその一方で、七月盆の普及に伴って、家の中に招き入れられる守護的な祖霊観念が成立していったことも推測できよう。

本論考では奄美に限定して検討を行ったが、宮古・八重山のシツ祭および沖縄のシバサシやヨーカビーなどを含む八月行事についても、奄美の事例を参照しながら別途に検討する必要があるだろう。ここでは、それに向けての覚書としてつぎの一点のみ書き留めておきたい。沖縄本島の西原町棚原では、八月一一日のヨーカビーの時に、祀る者のない迷い霊や悪霊をなだめて送り返すためにトゥバシルにヨーカビージューシー（雑炊）を供えるとされるが（琉球大学民俗研究クラブ編　一九七六　一二四）、ここでいうトゥバシルとは一番座の表入口（縁側）のことであり、奄美の事例と共通性が認められることに注意する必要があるだろう。

結び

以上の検討結果から、『先祖の話』で展開された柳田の祖霊信仰論（前掲した論点（4）～（6））を南島の習俗によって支持することは困難であるというのが本論考の結論になるが、本論考を閉じるにあたり、本論考の結論の延長線上にある南島の祖霊信仰に関する一つの課題について触れておきたい。それは、位牌や仏壇普及以前の家における祖先祭祀をめぐる問題である。
位牌が普及する以前は、家での祖先祭祀はどのような状況にあったのだろうか。この問題を考えるにあたって注意すべきは、近年の民俗調査においても、位牌はなくても仏壇に置かれた香炉に対して祖先祭祀を行っている事例が確認できるという事実である。「与世山親方宮古島規模帳」（一七六八年）には、「百姓等之儀年忌吊折目之祭祀等者取行申由候得共惣而位牌之備無之孝行大形ニ相見得不宜候間（略）」〔沖縄県沖縄史料編集所編　一九八一　一〇八〕とあり、この文面から判断する限り、当時の宮古では、位牌は備わっていなくても年忌や折目の際の祖先祭祀は行われていたらしいことがわかる。但しこの史料は、与世山親方が実地で直接確認したのではなく、ある種の伝聞に依っていると思われる点は要注意だし、管見の限り、この史料以外に位牌普及以前の状況を知る史料がない点も難点である。

この文脈で久高島の事例も重要である。久高島では、位牌はおろか位牌や香炉を安置する祭壇（仏壇）さえも近代に入ってまでもなかったことが確認できる。祖先祭祀専用の香炉はあって、通常は箱などに入れて生活の障碍にならぬ場所に片づけておき、盆や年忌などの祖先祭祀を行う機会には二番座の入口（縁側）に香炉を出して線香を立てる用となし、香炉の前に供物を供えて外に向かって拝んだという。

この久高島の事例は、先の宮古島についての史料と同様に、位牌の備えがなくても香炉のみで家庭での祖先祭祀が行われていたことを示すものだが、しかし、それが一般化できるかどうかは別問題であろう。位牌の普及に見られるように王府は近世のある時期以降に民間の祖先祭祀を奨励しており、家における祖先祭祀そのものが王府の政策的誘導によって成立した可能性が考慮されねばならない。また、祖先の祭祀儀礼の際に縁側に供物を並べて外に向かって拝んだという久高島の事例は、奄美の南島正月におけるコスガナシ祭祀と同様に、家の中に迎え入れないかたちで祖霊に対処していると解釈でき、古い時代の祖霊に対する観念を窺う資料として注意すべきだと考える。

最後に、宮岡真央子による宮古池間島の童名の名付けについての考察に注意を向けることによって、位牌普及以前の家の祖先祭祀の問題についてさらに掘り下げる契機にしたい。宮岡によれば、池間島の童名は神籤によって決められるが、籤の対象となる名前には、マウカンヌナー〔祖先の名〕とフカンヌナー〔大きい神の名〕の二種類があるという。フカンヌナーの「フカン」とは、「神願いの際に唱える神の名が延々と連なる呪文において最初の方で登場する、池間島および宮古地域で重要視される御嶽の神、自然神などの神」〔宮岡　一九九六　三〕に関わる名前で、マウカンヌナーの候補者については、「おもに被命名者の三〜四世代ほど前までの先祖（マウカン）であり、直系・傍系を問わない。実際には、父方（自家）と母方（里家）及びその各々の「ムトゥヤー」（＝本家・里家）でここ数十年のうちに亡くなった先祖（マウカン）、つまり親族のいずれかがその人の生前を記憶しているような人物を数える。しかし、全てが候補となるわけではなく、特に名をあやかりたい人物をいれる（略）など、候補を選ぶ段階で、何らかの選抜が行われているようだ。」〔宮岡　一九九六　三〕という。

さらに宮岡は、ある人の童名となった先祖は、「ナーヌス（名の主）・マウカン」と呼ばれる当人の守り神になると考えられていること、またその観念に基づいて毎年定期的に行われるキジャイと呼ばれる行事には、当人がナーヌス・マウカンに供物するという習俗があることも指摘している。そして結論として、「池間島では、祖先祭祀はおもに、童名を与えてくれた、自分の守護神である祖先に対してなされるものだったといえよう。死んでカミと目されたもののうち、個人を庇護する役目を持ったカミだけが特定化され、祀られていくのである。」としたうえで、「そしてこれが、かつて仏教的様式が入り込む以前、仏壇・位牌が存在せず、旧盆や命日などが行われなかった頃の、池間島の祖先祭祀のあり方だったのであろう。」〔宮岡

一九九六 一六〕と述べている。

仏壇・位牌普及以前の祖先祭祀という課題を検討する際に、池間島に関する宮岡のこの考察は極めて注目に値するものであり、他の地域における童名の名付け習俗についても、宮岡の見解を踏まえて再検討する必要があるだろう。

4　民俗と政治権力

はじめに

これまで筆者は、久高島で一二年に一度の午年に行なわれてきた二つの祭祀、すなわち女性たちに関わるイザイホウおよび男性たちに関わる〈名付け〉祭祀について、また、毎年行われている八月の一連の祭祀について検討を行ったことがあるが、そのなかで、これらの祭祀の内容は、琉球王国時代における久高島と国家体制との特異な関わりという視点を導入しないと正当な理解は得られないことを主張してきた〔赤嶺　一九九八a、二〇〇四、二〇〇九〕。また、沖縄の祖先祭祀の民俗は、近世の王府の政策によって成立する側面に注意を向ける必要があることも指摘したことがある〔赤嶺　一九九七a〕。

筆者のこれらの論考は、広い意味において民俗と政治権力をめぐる民俗学の方法論に関わるものと判断することができ、そこで本章では、民俗と政治権力に関する民俗学の方法論について、その研究史を整理することによって、上述の筆者の一連の論考を研究史の上に位置づけることを目指したい。ただし、当該研究史に係る文献を網羅的に検討する用意は現在の筆者にはなく、あくまでも管見の限りでのラフスケッチであることをお断りしておきたい。

前半部では、当該テーマに係る日本民俗学の動向について、後半部では、沖縄の民俗学研究における動向についてみていくことにしたい。

一　日本民俗学における民俗と政治権力

日本民俗学の方法論において、民俗と政治権力という課題がどのような位置を占めてきたかについて検討するにあたり、一九八四年に網野善彦・塚本学・坪井洋文・宮田登の四名によって行われた「歴史学と民俗学」というテーマでのシンポジウムにおける宮田の以下の発言を参照することから始めたい。

たしかに［柳田國男の］「国史と民俗学」の中で、今いわれました点が展開しています。文化史の面で安土桃山時代から江戸時代に変わる、そうすると、着ている衣裳とか着物のスタイルというのは、確かに上層の人々の生活スタイルがかわるものだから、安土桃山が江戸になったことの反映だというふうにクロノジカルに説明してしまう。ところが、日常と生活様式は、安土桃山が江戸になったとかいうように時代が変化したから、同時に、日常生活の意識とか行動が、たとえば着物の着方が一気に変わるわけではない。だから、中野重治との対談で、変革とか革命ということをいうならば、たとえば酒の飲み方がどう変化するかというところで説いてくれるなら了解できるけれど、そうでないなら、それを納得できないというような趣旨の発言をしている。／柳田自身は、日常の生活のあり方というものが一片の法令によって変わるものではない、つまり、時代というものは、歴史学が決めた時代だけでは説明できないもので、政治権力者の交代で時代が変わるというふうに判断するのはおかしいという批判につながってくると思うんですが、それを権力とは無縁のものであり、非政治的な世界であるというような形ではたして柳田がとらえていたのかどうかは問題です。そういう視点が全くなかったとは思いませんけれども、柳田個人の考えはともかくも、そのあとの民俗学者の間で、民俗は政治とは無縁のものなんだということを強く主張した。つまり、歴史学は歴史学で政治権力の構造を分析し、文献を使う。それはそれでいいんじゃないか。民俗学は民俗学で、それと無関係なところ、日常生活の分析をやっているんだということで事を済ませてきたわけです。だから、そちらの方は歴史学のほうに任せなさいといういい方で、こちらは民俗学、たとえば年中行事は民俗学でやりましょうといっていた。しかし、年中行事の歴史研究がなされますと、文献で処理すれば、ああいうことになるけど、民俗学のデータでは違う問題になるというような批判の仕方で終るわけです。せっかく日常生活の舞台に両者が降りてきても、また元の土俵のほうを意識して、そっちへ入り込むと、問題はそれで終ってしまう。〔網野・他編　一九八四　一六～一七〕

宮田は、民俗と政治権力に対する柳田國男のスタンスについては必ずしも明瞭ではないとしつつ、柳田以降の民俗学においては、政治権力を研究対象とする歴史学との交流がほとんどなされずに、民俗と政治権力の問題はほとんど看過されてきたという認識を表明している。柳田については措いておくとして〔柳田民俗学における「民俗と政治」の問題は、テーマとしてあまりにも大きすぎるように思えるので、本論考ではまともに取り扱うことはしないことにする。但し、柳田の沖縄研究における民俗と政治権力の問題については、後半部で若干の検討を行う予定である〕、柳田以降の民俗学においては、民俗と政治権力の問題が積極的に主題化されてこなかったということは、大方の人に共有された認識だと思われ、歴史学者の塚田学は、一九九〇年の論考において民俗学の政治権力への無関心について、以下のように述べている。

東アジア世界で権力者は、一般に人民を教化することを任とするたてまえをとっていた。民俗学は、基本的にこの実効をあまり認めないところから出発しているかにみえる。政権変動の如何にかかわらず、その干渉外の世界で生きるひとびとにこそ民俗学は目を向けた。あるいは、ひとびとのくらしのなかでそのような面を取り出してみることを目標としたといえよう。ならばそれは一般に権力による民俗改変の力をあまり認めなかったのかというと、そうではあるまい。「漢意(からごころ)」による改変以前のすがたを求めた本居宣長の考えと通じて、そうした強化によって変えられた前のすがたに関心をむけた。たとえば神社の主祭神よりわきにちいさく祭られている神に注意したり、仏教行事のなかに仏教以前の民俗信仰の痕跡を探るといったとき、現存する習俗そのものが文字化ないし支配層の教化によって改変されているという認識を前提にしている。ハイネの『流寓の神々』をはじめとして、ヨーロッパでキリスト教によって駆逐された以前の神々をさぐった仕事が、日本民俗学に大きく参照されたかに聞くが、そこでもキリスト教による在来信仰の変容は、大きかったことが前提になっているわけである。ただ、民俗学者の多くは、そうした改変以前への関心集中ゆえに、改変の経過とそこでの葛藤はテーマとされにくかった。そもそも民俗調査からの考察が困難な問題であったといえるのかもしれない。〔塚本　一九九〇　二一五〕

このような研究史の状況にあって、比較的早い時期に民俗と政治権力の問題を主題化した民俗学者として、福田アジオの名前を挙げることができる。すなわち福田は、一九八二年に刊行した論集『日本村落の民俗的構造』の「あとがき」において、「これらの文章を再読してみると、全体を通していくつかの欠点、したがって今後の研究の方向として私に課せられた課題が浮かびあがってくる」として、以下のように述べている。

その第一点は、いずれの作業においても、政治権力の作用や影響あるいは規定性を想定しながら、それらについてほとんど何も実証的に明らかにしていない点である。もちろん民俗学は政治権力中心の歴史を批判し、それとは別の歴史があることを主張してきたのであるが、しかし民俗の世界が政治権力から独立して小宇宙を形成してきたわけではないと私は考えてきた。今まではただ条件として想定するだけに終わっていたこの政治権力の規定性の問題を今後の重要な研究課題としたい。政治権力なり体制が及ぼす作用がムラおよびその民俗をいかに規制し、改変してきたか、また逆にムラやその民俗のあり方が政治体制にどのような影響を与えてきたかを今後具体的に明らかにして行くつもりである。〔福田一九八二　三六六〜三六七〕

従来の民俗学においては、政治権力が民俗をいかに規制し、改変してきたか、あるいは逆に民俗のあり方が政治体制に与える影響についての配慮が足りなかったという一九八二年段階における福田自身の反省である。

福田はその六年後の一九八八年に「政治と民俗―民俗学の反省―」という論考を発表しているが、その論考は、如上の反省の上に立って執筆されたものであると判断される。その中で福田は、柳田國男およびその門弟たちにおいては「国家、政治権力、政治過程に直接つながるような事象の資料化や問題設定はほとんどなかった」としたうえで、しかし一方で柳田は「政治の問題に直接触れないことによって、却って政治を語り、政治を批判していた」にも拘わらず[1]、柳田の弟子たちは「柳田国男が直接的に政治や国家に触れないことで、民俗学を全く非政治的な存在と考えてしまったようである。政治権力や国家の問題は民俗学が対象とすべきものではないという暗黙の了解が出来てしまっているように思われる」〔福田　一九八八　二四〜二五〕と研究史を概括したうえで、本論において「政治が民俗を規制し、改変する」「政治が民俗を維持する」「政治が民俗を創出する」「民俗は政治を規制し、改変する」「民俗が政治を維持する」「民俗が政治を創造する」という小見出しに従って、民俗と政治をめぐる多様な側面について検討を行っている。その具体的な内容についてはここでは触れる余裕はないが、[2]「政治と民俗」について真正面から論じたという意味では、研究史上特筆に値する論考ということになろうか。

つぎに、一九九八年に刊行された松崎憲三編『近代庶民生活の展開―くにの政策と民俗―』は、その副題に「くにの政策と民俗」とあることからしても注意を向ける必要があるだろう。本書は、以下の論文によって構成されている（副題は省略）。小川直之「明治改暦と年中行事」、松崎憲三「地方改良運動と民俗」、鈴木通大「神社があるムラと神社がないムラ」、前田俊一郎「近代の神葬祭化と葬墓制の変容」、山本質素「位牌祭祀からみた『家』観念と祖先観」、今井昭彦「近代日本における戦没者祭祀」、谷口貢「戦没者の慰霊と民俗信仰」、岩田重則「天狗と戦争」。

編者である松崎は、本書の編集方針に関連して「承知のように、近代日本は積極的に西欧文化を吸収し、また近代国家の建設をめざして様々な政策を推進してきた。それによって伝統的社会・文化との間に激しい葛藤を生み出し、新しい文化が創造された。そうした中で民俗はどう息づいてきたのか。あるいはどのように創造・再編されてきたのか。もしくは何故消滅したのか。これらの問題の解明が本書の課題である。」（松崎編　一九九八　二）と述べており、民俗と国家の政策をめぐる問題を主題に据えた論集として編まれたことがわかる。

さらに、宮本袈裟雄が、二〇〇三年から二〇〇五年にかけての「日本民俗学の研究動向」を特集した『日本民俗学』誌上に寄せた論考（「総説―現代社会と民俗学研究―」）において、本章のテーマと関連する近年の研究動向について指摘していることにも注意を向けておきたい。宮本は、「柳田以来の民俗学は歴史科学の一つであり、世代を越えて伝えられてきた伝承資料によって歴史を再構成する学問とする立場と、文献史学に対する独自性の主張、ムラの民俗文化が独自の展開を示すとする考え方などが相俟って、あまり国の政策や経済全体の動きに注意が払われてこなかったように思う。」と述べたうえで、一九九六年に刊行された『現代民俗学入門』（佐野賢治・谷口貢・中込睦子・古家信平編、吉川弘文館）に対して、以下の評価を与えている。

民俗学の概説書で「国家」と民俗との関係を大きく取り上げたのは『現代民俗学入門』（平成八年）が初めてではなかろうか。そこでは「村は確かに一つの自律的な組織であり、一つの生活世界を形作るものであるが、同時に外部の社会、とりわけ国家の体制の中に深く組み込まれた存在でもある。（中略）私たちは、日常生活の側から、あえていえば「常民」の側から、国家と人々の暮らし、生活文化との関係を改めて考えてみる必要があるのではなかろうか」（二五五頁）という認識のもとで、「伝統教育と近代教育」「若者と国家」「生活改善と民俗変貌」「戦争と民俗」の四項目が取り上げられて、主として近代における国の政策と民俗との関係が論じられており、ムラの民俗に及ぼした国の影響が無視できないものであったことが気付かされる。〔宮本　二〇〇六　一二〕

民俗学の概説書においても、国の政策と民俗との関係が取り上げられるようになった近年の研究動向を、宮本が高く評価していることがわかる。

以上みてきたように、創始者の柳田國男は措いておくとして、柳田以降の日本民俗学においては、民俗と政治（権力）という課題が主題化されることはほとんどない時期が長く続いたが、ようやく近年になってから、その課題の重要性が認識されるようになってきたことがわかる。

以上を踏まえた上で、つぎに、沖縄の民俗研究における民俗と政治をめぐる研究の動向に眼を転じることにしたい。

二　沖縄の民俗研究における民俗と政治権力

（1）柳田國男の沖縄研究

最初に、柳田の沖縄研究について取り上げるが、柳田の沖縄認識については第二章で詳細に論述しており、ここでは内容が一部重複することになるのは承知のうえで、その梗概を示すことから始めたい。

柳田の沖縄認識についての従来の理解は、「日本全体の最も古い姿を今に残している」「日本文化の祖型としての沖縄文化」だとするのが一般的で、以下で引用する谷正人の『『海南小記』の旅』の一節は、その典型を示すものである。

柳田によるこのような研究上の位置づけは、その後の研究の動向に多大な影響をもたらした。もちろん、今日の沖縄研究の隆盛はその影響中、最大のものであろう。しかし、その反面、研究全般の傾向を柳田の影響が微妙に拘束しているのも、また事実である。つまり、柳田以来、沖縄文化のアルカイックなイメージが定着し、それに疑いをさしはさむことは困難になっているのである。このことは、極論すれば、沖縄の文化を具体的な歴史過程から切り離し、一種の標本として取り扱ってしまいかねない危険性に通じている。とりわけ、民俗学の領域において、この危険性は大きいといえよう。また、柳田自身においても、「古形の保存」は、半ば先験的な命題であった。（略）／柳田が、これら〔沖縄文化を歴史的過程との関連で解明すること—引用者〕を退けたところに沖縄研究の出発点を見だそうとしたのは、一つには、日本の固有信仰の解明という彼自身のテーマからの要請によったからである。沖縄研究は、固有信仰解明のための生きたサンプルを提供するものとして、柳田の研究に不可欠の要素とされたのである。

／学術的レベルにおいていえば、柳田の祖型としての沖縄という図式には検討すべき点が多々あるといえよう。（傍線は引用者、以下同じ）〔谷　一九九八　五八八〕

このような柳田理解が一般化している現状にあって、柳田の書いたテキストを注意深く検討していくと、たしかに初期の柳田の文章からは、従来の理解に見合うような言説を見いだすことができるが、筆者の確認できた限りで言えば、昭和に入って以降の柳田のテキストに関してはそれは当てはまらず、柳田は沖縄の独自の変化についても十分に注意を向けていたことが指摘できる。そのことが明示されている一例を以下に掲げておく。一九三七年（昭和一二）に書かれた「玉依彦の問題」の中の一節である。

男の兄弟はいくらもあるにかかわらず、必ず一人の女子を選定して、その配偶者に家督を譲る場合に、始めて母系相続ということは言われるのである。かつて大昔に我々の民族の間にも、母から娘へと家を伝えた習わしが、なかったというだけの証拠こそはないが、今ある特別の家の仕来りの中に、その痕跡があるというのは少なくとも早計である。（略）／この研究のために何よりも大切になって来るのは、中世以後に社会事情を異にし、相互独自の展開を遂げたかと思う双方の家族制の比較、沖縄でいうならば祝女・神人の職分の継承法、ことにヲナリ神の信仰の衰えまた変って来た径路を明らかにすることである。〔『文庫全集』一一　五四〕

このテキストを、特に傍線部分に注意して読むのであれば、柳田の沖縄認識に対する従来の理解が柳田の書いたテキストの誤読によって生まれたことは明らかであり、それが第二章での論述における結論であった。

それに関する詳細については第二章を参照していただくとして、ここでは、本章の課題である民俗と政治権力をめぐる問題が、柳田の沖縄研究においてどうであったかについて検討してみたい。以下に掲げるのは、一九三六年（昭和一一）に執筆された「犬飼七夕譚」の中の一節である。

最初にこれ（羽衣天女）をあるすぐれた旧い家の血筋と、結び付けようとした試みがあったのは自然である。沖縄では王家の外戚の特に有力なるものが、伝説として久しくこれを信じていた例もあるが、これも多分は斎宮の職分が、王妃の手に移った変遷と関係しているのであろう。その他の場合には羽衣天女の後胤は、必ず女系を主とする巫女の家であった。天人に男女の児が生まれたという形も、元はこの動機から強調せられたように思われる。とにかくここに一つの改定が行われたにしても、その改定は十分に敬虔なものであった。それがいつともなく奇を競い変化を愛するようになって、ついには今日のごとくただ大衆の笑いを博することを、目途としたかと思う話ばかり多くなったのである。これを歴史の次々の過程と見なかったら、説話の解釈は行き詰まるにきまっている。（『文庫全集』一六　一三五）

ここでは、「これも多分は斎宮の職分が、王妃の手に移った変遷と関係しているのであろう」という文章に指目したい。斎宮は聞得大君のことで、その職分が王妃の手に移ったとしているのは、『球陽』の一六七七年の条の「始めて聞得大君を王后に封授することを定む」という聞得大君の任職に関して王府が介入したことを示す史料を読んでいたものと思われる。[3]羽衣天女伝説を議論するにあたり、そのような政治的な動向にも注意を向けていることを確認しておきたい。

さらに、「玉依彦の問題」には、以下の一節が見える。

神に仕えた家々の女性は、もとはわが民族でも素女であった。すなわち尋常の婚姻及び懐妊とは、まったく縁のない人たちばかりであった。それが沖縄では多分政治上の動機からであろうが、まず上流においてその法則を改め、その風が次々に村の根所にも及んだようである。（『文庫全集』一一　五二）[4]

いわゆるノロ（神女）の独身制に関わる議論であるが、その当否は別にして、政治的な動機によって改められた中央の法則が地方に影響を及ぼしたとする見識に注目せざるを得ない。なお、これと同様な見解が、一九三七年の「日本民俗学講座」における講演の筆記録である「童神論」のなかでも以下の文脈で登場するので、念のために掲げておく。

それから私は他の地方に同じしごとをするもの、ことに女性がどんな待遇をうけ、どんな生活を導いているのかを見ようとした。気のついたことの一つは、伊勢の物忌、鹿島の物忌などが最近まで未婚の女であつたことである。鹿島では生涯独身、或は婚姻の夢がきざすと、大蛇に生を脅かされてにげかえるという例も古く伝えられている。ところが現在の多くの「ミコ」は人の妻、中には多くの人の一夜妻になるものもある。それは例外としても皆夫をもち人間の子を生んでいる。この点が私にはよくのみこめなかつた。沖縄の神道の歴史がしらべられるようになつて、処女の巫女から既婚者になるまでの経済的理由もしくは政治的事情というものが少しずつわかりかけて来たのである。そうしてもまた信仰の変遷とも歩調を合わせているように思われた。つまり一言でいうと必らず一人身で終らせようとするには社会の保護がだんだんと足りなくなつたのである。〔『全集』三三　四〇〇〜四〇一〕

最後に、最晩年に刊行された『海上の道』所収の「海神宮考」と「根の国の話」からも、各々以下の文章を引用しておく。

現世の強国との交通が繁（しげ）くなるにつれて、徐々として信仰の態様は変ってきた。最もはっきりと表層に顕（あらわ）れているのは統一主義、按司のまたの按司、テダの中の大テダと呼ばれる者が、天に照るテダと相（あい）煥発（かんぱつ）するという思想で、あらゆる公の祭祀はことごとく、これを中心に組織せられ経営せられ、それと相容れない地方の慣行は、少なくとも説明のしにくいものになった。〔『文庫全集』一　八六〕

> 祭祀女官の中心はことごとく王家の出であったのみか、分れて地方に住む古来の祝女たちまでが、いわゆる栄典をもって中央に統御せられていた結果、彼等の祭り歌も舞の曲も、いっさいのニルヤセヂを挙げて、按司のまたの按司、すなわち君主に奉献せしめよと、高唱せぬものはなかったのである。しかもわずか百年か二百年を遡ってみると、全島はことごとく割拠であって、一つ一つの小さな盆地にも、それぞれのティダすなわち照る者、すなわち太陽をもって比べられた微小なる世の主が、対立して睦びまたは闘っていたのであった。ニルヤが最初からこういった機関に向って、そのセヂの用途を集注していたものでないことは、これだけからでも推究することができる上に、さらに先島と呼ばるる二つの群島の実例が、むしろこの古今の変革を実証するために、取り残されていたかの姿さえあるのであった。
>
> 〔『文庫全集』一　一四一～一四二〕

これらの文章に指目すれば、柳田の沖縄研究においては、民俗と政治権力をめぐる問題に注意が向けられていたことは否定できないはずである。ただし、柳田の沖縄研究全体のなかにあっては、民俗と政治権力の問題が柳田自身によって少なくても研究の主要な課題として明確なかたちで前面に押し出されることはなかったのではないか[5]。そして、そのためもあって、柳田の後継者たちには、柳田のその視角を継承し発展させたものがいなかったということは言えそうである。

（2）折口信夫の沖縄研究

柳田と並んで初期の沖縄民俗研究を先導し、後世に大きな影響を及ぼした折口信夫についても触れておきたい。折口の民俗学における沖縄の位置付けについては、一九二四年に執筆されたと推定される「沖縄に存する我が古代信仰の残存」〔折口　一九七六（一九二四）一～一三〕という論文の標題がよく示している。より具体的な見解として、一九二四年の「最古日本の女性生活の根底」の中から以下の記述を引用しておく。

私は所謂有史以後、奈良朝以前の日本人を、萬葉人（マンネフビト）と言ひ慣して来た。（略）古事記・日本紀・風土記の記述は、萬葉人の生活竝びに、若干は、其以前の時代の外生活に触れて居る。（略）萬葉人の時代には、以前共に携へて移動して来た同民族の落ちこぼれとして、途中の島々に定住した南島の人々を、既に異郷人と考へ出して居た。其南島定住の後なる沖縄諸島の人々の間の、現在亡びかけて居る民間伝承によって、我萬葉人或は其以前の生活を窺ふ事の出来るのは、実際もつけの幸とも言ふべき、日本の学者にのみ与へられた恩賚である。沖縄人は、百中の九十までは支那人の末ではない。我々の祖先と手を分つ様になつた頃の姿を、今に多く伝へて居る。萬葉人が現に生きて、琉球諸島の上に、萬葉生活を、大正の今日、我々の前に再現してくれて居る訳なのだ。〔折口　一九七五（一九二四）一四六〕

折口の沖縄研究において、民俗の帯びる政治性（歴史性）に対する配慮が欠落していることが確認できる一節かと思われる。

（3）柳田・折口以降の沖縄の民俗研究

ここでは、柳田や折口以降の沖縄の民俗研究の足跡について、本章の課題と関わる問題に絞って概観していきたい。

まずは、クライナー ヨーゼフが一九七四年に発表した「沖縄学に思う」という論考に指目したい。クライナーは、柳田國男と折口信夫に代表される日本民俗学による沖縄研究の方法について、「日・琉文化が同じ起源をもっているとの前提にたって、日本＝内地の文化が長い歴史の流転でおおいに変わってきたのにたいして、沖縄のそれが断片的に古い要素を残しているだけでなく、その全体が古代日本の文化をよく現わし、保持していることは公理になってしまった。」〔住谷一彦・クライナー ヨーゼフ 一九七七 一八七〕と総括したうえで、以下のように自説を提示している。

ところが沖縄がどんどん変わるのは現在か近代の現象だけではない。あまりにも平凡すぎることをくり返しているように見られるかもしれないが、沖縄にも歴史がある、ともう一度はっきり確証する必要を感じている。日本内地の文化だけが変わってきたなどということはありえない。沖縄のそれも変わってきたのはもちろんのことである。だから簡単に沖縄の現在文化（ethnographic present）あるいはその要素から古代日本の文化を推論することは不可能なことである。しかし、日本の沖縄研究はこの事実を長い間無視した。〔住谷一彦・クライナー ヨーゼフ 一九七七 一八八〕

クライナーの柳田理解の誤りについては措いておくとして、戦前から戦後のこの時期（一九七〇年代初頭）にかけての沖縄の民俗研究に、歴史的視点が欠如していた点を批判していることは評価していいだろう。ただし、管見のかぎり、クライナー自身がその批判を立脚点にして具体的な研究成果を提示するには至っていない。

つぎに、歴史学者の安良城盛昭の見解について取り上げたい。安良城は、民俗学や民族学の沖縄研究に対して疑問を感じるとして、以下のように述べている。

民俗学・民族学の沖縄研究を拝見していますと、前近代の琉球社会を質的に連続性のあるひとつの社会であるとみなした論議が多々みうけられるように思えるからです。つまり、前近代に起因すると思われる現象にぶつかると、固有信仰でも何でもいいのですが、廃藩置県以後に新しく起こったのではない、前近代の、しかも起源の時期がはっきりわかっていない現象を見つけると、当然それはずっと昔から琉球社会に存続し続けて現在に至っている、という理解を前提として研究が進められている場合によくぶつかるからであります。ところが、この理解は間違っているのではないか、と私は思うのです。前近代の琉球社会は確かに停滞的な社会ではありますが、その中でもやはり大きな質的転換点はあったのであります。／その転換というのは、固有信仰・祭祀等、民俗学・民族学で取り扱っている様々な諸側面においても生じている、と考えないでは今後研究は進められないと私は思っております。〔安良城一九八〇　一三〕

安良城のいう近世の質的転換とは、向象賢から蔡温に至るまでの時期の一連の政治改革によって生じたもので、「一言でいうならば〔向象賢の〕『羽路仕置』の以前の段階では、辞令書という首里王府から出される役職の任命書によって琉球王国の政治秩序が編成されている体制だったわけです。それに対して向象賢の改革以後は、辞令書ではなく系図によって、つまり系持ちであるか無系かが政治秩序編成の基礎となる、そのような社会に移り変わっていく」というもので、それが「固有信仰・祭祀等にも深い影響＝変化をもたらしている」〔安良城　一九八〇　一五〕はずなのに、従来の研究ではそれへの目配りが欠如していたという指摘である。安良城の見解は、歴史学の側からのより具体的な批判であるために、看過しえない重要な問題提起となっている。

安良城が批判の対象として揚げている具体例は、以下の波照間島の婚姻習俗に関する研究事例である。波照間島には、未婚の男性がいつまでも結婚しないと仲間が糾弾するイングミクマルという慣行が大正初期まであったという。住谷一彦とクライナー ヨーゼフが、「パティローマ」という論文において、イングミクマルという慣行は「島に未婚の女性を残さないため」にという、「人類の始まりという局面においても共同組織の存在と存続という局面においても」、「最も根源的な」、その意味で超歴史的なものであると解釈していることについて、安良城はその解釈は誤りであると指摘する。すなわち、王府が、近世末期に八重山の人口減少に歯止めをかけるために結婚奨励を行い、それでもなお結婚しない男女に対しては罰則を規定していることを具体的な史料〔一八七四年の「八重山島諸締帳」〕で示し、イングミクマルはそのような王府の政策との関連で理解すべきである、と説くのである。

安良城のこの見解を、先ほどの「近世の質的転換」の説明と直接繋げることには困難を感じるが、講演記録が元になった論考であるためであろうか。安良城は、別の論考で、王府による地方の祭祀の禁止をめぐる問題や、宮古に関する『与世山親方規模帳』〔一七六七〕の中の「諸村嶽〻之儀、故佐渡山親方被召定置候通可致崇敬之処、其外無謂嶽〻崇敬ニ而造佐仕候由、不宜候間向後可召留事」という記事を参照し、王府の認めた公事御嶽と並んで勝手に新しく村の中に生まれてきた王府非公認の御嶽が混在している状況を指摘しつつ、王府による祭祀の再編成をめぐる問題に注意を喚起しており〔安良城　一九八〇　七六〜八六〕、先の波照間島の婚姻習俗をめぐる議論は、民俗事象を王府の政策との関わりで捉える必要性を主張したものと理解できる。その場合、王府の政策を規定する「近世の質的転換」については、先ほどの安良城の解説は幾分か舌足らずであり、「巫術的非合理な世界から理性的合理的な世界への転換」といった側面も追加される必要があるものと思われる〔糸数　一九八六　二六五〜二六七、高良　一九八七　二五三〜二五四〕。

また安良城は、神観念の問題についても、「琉球社会の構造転換」を考慮に入れて議論する必要があるという。すなわち、安良城によれば、『おもろさうし』では「ニライカナイのかみ」や「御嶽のかみ」に類する表現が見られず、「かみ」と呼ばれるのは神女である。その一方で、向象賢の改革以降に編纂される『琉球国由来記』〔一七一三〕に至ると、様々な「神」が語られ、「かみ」と呼ばれていた神女が「巫」（ノロ）と呼ばれるようになるという大転換が起こることを安良城は指摘し、民俗学が神観念について議論する場合にも、この歴史的事実を考慮すべきだと主張するのである〔安良城　一九八〇　一五〜一八〕。

安良城と同じく琉球史研究を専門とする高良倉吉も、ノロ制度は古琉球においては国王の名によって発給された辞令書を通じて維持・運営されていたこと、住民の生活母体であるシマは、首里王府が設定した間切・シマ（近世では間切・村）制度を通じて末端の行政単位として位置づけられていたこと、稲・麦などの主要な農耕儀礼の日選が王府によって行われ、その実施についても王府が地方に通達していたことなどに注意を喚起しつつ、地方の民俗を検討するにあたり、それらの事象の背後にある王国制度に対する配慮が従来の民俗研究には足りなかったのではないかと指摘している〔高良　一九九六　六一〜六三〕。

さらに、地理学および民俗学的立場から沖縄研究を推進した小川徹も、一九七七年の論考において、沖縄島北部の旧家に伝わる明治初期の家祭祀に関わる文書の分析を通じて、以下のような重要な見解を導き出している。

この家の祖先祭祀は明治初葉の「十六日七夕型」から、さらに相対的に新しい「清明盆型」というべき沖縄本島の今日的な型に移行したのであり、清明祭が沖縄でもっとも新しい祖先祭祀の型であるという筆者の考えはここでも裏書きされたことになる。このことは、たんに風習として変化が生じたというに止まらない。清明祭は家の始祖以下を祭る墓前祭であるが、この形式が認められるためには、始祖以降の家系が観念として父系単系に整序されていなければならぬであろう。つまり、清明祭への移行は、従来この家の「十六日祭」に窺われるような未整序な祖先観から沖縄的な門中制度の確立がなければならなかったことを見落してはならぬであろう。〔小川　一九七七　五六〕

小川はそれを踏まえたうえで、さらに続けて、「従来、沖縄民俗に関しての民俗史料がなかったわけではないが、充分に利用されてきたとはいいにくい。とくに、短いとはいえ歴史時代を経過してきたわが沖縄の場合、歴史的過程を無視して民俗を論ずることは危険が少なくない」と指摘している〔小川　一九七七五七）。

福田アジオが、一九八八年に「政治と民俗」という論考を発表していることは先に触れた。その福田が、それに先立つ一九七九年に「沖縄本島村落における近隣組織」を発表し、その中で、社会人類学によって主導されてきた沖縄の村落研究において、結果として（社会人類学の固有の性質としてではなく）「村落を村落として把握する視点」に加えて、政治体制との関連という視点も欠落してきたとして、以下のように述べている。

村落を政治体制の歴史的展開との関連で把握する視点である。（略）「民俗社会」は完全に閉鎖され孤立した社会ではなく、上部の政治権力に組み込まれ、規定され、都市に結びつけられていく社会である。しかし、今までの多くの研究では、この政治権力がいかなる規定性を与えてきたかはほとんど不問にされてきた。〔福田　一九八二（一九七九）二九〇〕

当の福田論文は、福田本人によれば、主として村落を村落として把握するための手段として近隣組織に焦点を当てた論考と位置付けられているが〔福田　一九八二　二九〇〕、ただし、実際には、当論文の中には「近隣組織の歴史的性格」という節が設けられ、「組と政治権力」の問題についても論じられており読み応えのある論考になっている。「沖縄本島村落における近隣組織」を収録した福田〔一九八二〕の「あとがき」の関連箇所については、すでに引用したとおりである。管見の限りでは、その後の研究において、沖縄に関して福田自身によるその路線に沿ったさらなる研究成果は産みだされていないようである。

沖縄の民俗研究における歴史的（民俗と政治権力との関係という）視点の欠落という事態に関連して、一九七四年の「柳田国男と沖縄」という座談会における宮田登の発言が興味深いので引いておきたい。

（略）人類学の、あるいはフォークロアの研究が〔昭和〕二八年〔民俗学研究所が、文部省の学術研究費を受けて沖縄調査をしたのは昭和二九年―引用者〕段階からどんどん進んでいるのに対して、日本史の研究体制というのは、沖縄はそれほど比重を置かないし、せいぜい薩摩との関係で地域の研究者がやる程度であった。だから、ようやく沖縄の歴史というものの独自の歴史的な展開に対する成果というのがみられるようになった。それが日本の歴史のトータルの中に入ってくるという、そういう時点ですよね、歴史学界は。ところが、人類学やフォークロアは先行しており、それでいま歴史的条件というような問題が考慮されたときに、それに対してフォークロアの問題がどう対応しているかという点を両方が討論するような場ができていないんですよね。これは日本の人文学界全体がそうなのであって、フォークロアと人類学は歴史学と協力体制をしないできているでしょう。その欠陥が沖縄研究に露呈している。〔谷川健一・他編一九七四　三八〕

宮田のこの発言は、沖縄の民俗研究における歴史的視点の欠落の問題を、歴史学による沖縄研究の停滞と絡めた見解ということになる。一九七〇年代の沖縄の歴史学研究に大きなインパクトを与えた安良城盛昭が、先に見たような民俗学批判を行ったことは、結果としては、宮田のこの発言に応答するものであったということにもなる。

最後に、近年の伊従勉の研究にも触れておきたい。伊従自身は、民俗学プロパーではなく、京都大学の人間・環境学研究科に籍を置き、建築・都市・風土の人間環境学を専攻する研究者であるが、二〇〇五年に『琉球祭祀空間の研究―カミとヒトの環境学―』という大著を刊行している。その中の、琉球の祭祀慣行に関する問題意識は、本論考の議論とも関連しているので以下に引いておきたい。

離島を巡り祭祀をみながら次第に、現存する祭祀慣行自体が抱えているはずの歴史性と変化が気になりだした。すなわち、年中祭祀における不易流行を考えるために、王府の祭祀統制の歴史を学ぶ必要を痛感するようになった。沖縄各地で現在行われている年中祭祀は、住民達の意志はそれとしても、純粋無垢の自発的な地方文化の発現ではなく、五世紀にわたり存続してきた琉球王国統治下の祭祀慣行が変貌した果ての残存形態であることを忘れる訳には行かないからである。（略）近世琉球と近代沖縄が被った歴史的な過程を度外視して（あるいは知りつつ）、そこに古代日本の祭祀形態との共通項のみを探索する態度に、筆者は次第に不自然で居心地の悪いのを感じ始めた。〔伊従　二〇〇五　iii～Ⅳ〕

伊従の著書には、国家体制と地方の祭祀との関連に焦点を当てた優れた論考が含まれており、民俗学を学ぶ立場の者にとっても瞠目させられる知見が数多いことを指摘しておきたい。

結び

民俗学に対する歴史学の立場からの安良城盛昭による批判がなされてから、すでに四〇年以上が経過したが、民俗学の側からはそれに対して積極的に応答してこなかったというのが実状ではなかろうか。冒頭で挙げた筆者のこれまでのいくつかの論考は、それに対するささやかな応答として位置づけることができるものと考えている。

最後に、民俗学の更なる発展のためには、先に引いた宮田登の発言に即して言えば、民俗学と歴史学の協力体制がなかったという従来の沖縄研究の欠陥を補うための試みを、今後ともさらに継続していく必要があることを強調して、本論考を閉じたい。

註

(1)柳田國男が、政治の問題に直接触れないことによって却って政治を語り、政治を批判していた点について福田は、その一例として『先祖の話』を揚げ、以下のように評価している。

国家としては戦死者の霊については全て解決済みのことであった。言うまでもなく、戦死者を靖国神社に祀りこめることによってである。ところが、柳田國男はそのことを完全に無視して、戦死者を家の先祖として家毎に祀ることを提案しているのである。『先祖の話』では完全に靖国神社を無視し、一言も触れていない。戦死者の祀りと言えば誰でも思い起こす靖国神社に触れないことで、国家の制度と政策を批判しているのである。これなどは人々の生活や感覚を全く顧慮しない国家に対する柳田國男の痛烈な批判と言ってよいであろう。〔福田　一九八八　二四～二五〕

(2)柳田民俗学における「政治と民俗」についての福田の理解に関しては、室井康成による批判があるので、参考のために以下に揚げておく。

福田は、柳田の学問を「政治権力によって縛られ、規制されて、政治に左右される受動的な生活を否定し、人々の主体的、能動的生活を歴史的に明らかにしようとしてきた」と位置づけた上で、その姿勢については「国家、政治権力、政治過程に直接つながるような事象の資料化や問題設定はほとんどな」く、結果的に「政治の問題に直接触れないことによって、却って政治を語り、政治を批判していた」と述べ、加えて「柳田國男は決して具体的な政治問題や外交問題について述べて」はいないと断言する。つまり、柳田は『先祖の話』・『婚姻の話』・『海上の道』などの著作を世に問うことで、同時代に生起していた靖国問題や民法改正問題、沖縄問題などへの注意を喚起しようとしたのだという。しかし実際には、本論で述べるように、柳田は「政治」を研究対象として避けるどころか、むしろ果敢に言及し、福田の理解とはまったく逆の、政治状況において〝主体的・能動的に行動できない人々〟がいる現状を批判し、これを積極的に研究の俎上へ載せて課題化しているのである。〔室井　二〇〇七　六～七〕

また、福田の「政治と民俗—民俗学の反省—」について、塚本学が以下の批判的コメントを述べているので、覚書として引用しておきたい。

〔福田論文の〕全体の趣旨は、民俗が政治と無縁でないことを論証するもので、この点には、私もまったく賛成である。（略）けれども、論者の個々の主張には、賛成できないものが多い。端的には、「民俗の外にある権力行使としての政治と民俗との関係」を考えるという発想自体がまちがいだと、私は考える。全体の論旨からうかがえるところでは、氏は民俗を不変のものと見ているわけではないし、また村寄り合いが政治の問題であることを正しく指摘されてもいる。にもかかわらず、民俗とその「外にある」政治という問題のたてかたがされるのは、一面では、民俗を変わらざるものとみる感覚にとらわれ、一面では、政治を国家権力中心にみる考えに規制されているのではないだろうか。ふつうの市民の日常生活のなかでの選択行為が、実は政治を動かしていくという姿が顕在化していると、私は考えるのだが、それだけに「民俗の外にある政治」という問題のたてかたは、論者の意図に反して、政治を日常生活次元での関心の外に置かせる方向になると考える。〔塚本　一九九〇　二二四〕

（3）該当する条文の全文は以下の通りである。

始めて聞得大君を王后に封授することを定む。素、聞得大君は或いは王姫に授け或いは王妃に授けて一ならずして定む。而して王姫此の職に任ずること有れば、則ち他の孫子知行高を拝受する者已に多し。是れに由りて摂政・法司等、相与に商議して題請し、嗣後必ず王后をして以て此の職に任ぜせしむ。〔球陽研究会編　一九七四　二二〜二三〕

この条文で示された方針が、聞得大君職を王后に任職させることによって、知行を受ける者の数を制限するための措置であったことは窺うことができるが、「王姫此の職に任ずること有れば、則ち他の孫子知行高を拝受する者已に多し」という文言の意味は必ずしも明瞭とはいえない。また、王府内におけるオナリ神信仰の形骸化という状況とこの改定との関連についても、注意を向ける必要があるだろう。なお、この改定の背景とその後の状況については、宮城栄昌による言及があることも指摘しておきたい〔宮城　一

九七九　一五〇〜一五一〕。

(4)ノロの独身制の問題については、小論ながら〔赤嶺二〇〇五、本書第二部第六章(2)〕で言及しているので参照願いたい。

(5)柳田の以下の文章を読むと、「民俗と政治」に関する柳田の微妙なスタンスを考慮する必要があるように思われる。一九四七年の伊波普猷の追悼講演「学者の後」の一節である。

沖縄の社会生活は、幾つにも区切つて考へることが出来ます。我々が當面して居るのは、経済の問題、又は其背後に横たはる政治問題、是等は恐らくは今多くの人が、てんゞばらゝではあるけれども、関心をもち解決を待ち焦れて居るでせうが、私たちの学問はわざとそれには口を出しません。露骨な言葉でいふならば、それに是から口を出さうとする経世家又は政治家が、うつかり見過ごしてしまひさうな、又は見過ごすかも知れない幾つかのもの、殊に島にはまだ活きて居る固有信仰、それと不可分に結び付いた家族門中の問題であります。親と子、兄と弟、夫婦の仲らひはどうなつて行くかといふ問題も、是に根ざして居ます。殊に油断のならぬのは、それを繋ぎ合せる言語の問題が、今は一向に打棄てゝあることです。我々はどちらかといふと、言語の問題に重きを置き過ぎるかも知れませんが、前も折口さんも詳しく説かれたように、言語以外には人間の以前の考へ方を、跡づけて行く途はあまり残つて居りません。人が命をかけるほどの痛切な感情も、時過ぎて振り回つて見れば、たゞ残るのは言葉のみであります。この三つのものゝ交渉、殊に信仰と言語との関係に就いては、伊波氏は割け得る限りの時間を是に費されました。しかも悲しいことにはそれがまだ完成でもなく、たゞやりかけであり斯う行つて見たいという希望の表白に止まつて居りました。〔『定本』三〇　九九〕

第二部　比較研究法の実践

1　古琉球の盆行事をめぐって

はじめに

今日の盆行事の趣旨は、子孫を守護してくれる祖先を各家に招いて馳走等でもてなし、そして再びあの世に送るということにあるが、盆は古来よりそのようなものとしてあったのだろうか。まずは、近年の盆行事の事例を見ることから始めたい。

一　盆の民俗

久高島では、一九六〇年頃まで各家庭での祖霊送りを済ませた後に、ノロをはじめとした神役たちが中心となりほとんどすべての成人女性が参加して、以下のハリガユーハーという儀礼を行っていた。

全員アマミダーク（暖竹）を両手に持つ。両ノロは刀を持つ。まずボーンキャー（集落北はずれにあってグゥソー［後生＝あの世―引用者］の入口とされる場所）とユーキャーモー（集落西側のユラウマヌ浜近く）の二か所で、両ノロを中心に円陣を作り、刀やアマミダークを打ち振りながら「フェー　フェー　フェー　ハリガユーハー　ハリガユーハー　ウンミョウ　ハーハーハー」とくりかえし唱える。ユーキャーモーでこれが終ると、神女たちは外間ノロ側と久高ノロ側に分かれ（略）ユランマヌ浜（略）〔で〕合流し、手に持ったアマミダークで相互に触れながら、久高側、外間側の神女たちが入り乱れて「マキランマキラン」と大声を出し、ガーエー（気勢を上げる）をしたという。このマキランの意味は「悪霊には負けないぞ」という決意の掛け声であるという。〔比嘉（康）一九九三　三三六〕

つぎに、知念村、玉城村、佐敷町（以上、現南城市）などで、盆の翌日に行われるヌーバレーという行事について、『知念村の年中行事』の解説を以下に掲げる。

ヌーバレーの由来は、盆が明けて、寄り付くべき家のない子孫のいない精霊を、もてなし、そしてヌーフカの海の彼方へ追い払うという、施餓鬼の風習からきていると考えられる。「屋らざもりくすくの碑」〔に〕「まうはらて　みよはらて」という言葉が出てくる。「みよ」は澪で、「おもろ」に出てくる「久高のみよ」は「久高ヌー」のことで、「もうはらい」の対をなすものが「ヌーバレー」だと解される。（略）ヌーバレーの村アシビは棒スーマチとウスデークがあり、午後からアシビナーのバンク（舞台）で、長者の大主から始まって、いろいろな踊り、チョーギンがあり、組踊りで終る。〔知念村教育委員会編　一九八五　一九～二〇〕

三番目の事例として、波照間島の盆の翌日に行われるイタシキバラと呼ばれる行事について見ておく。

老人たちは、（略）宴を催しながらニンブチャー（念仏踊り）を踊る。ニンブチャーによって集落に残っている悪霊を追い出すのだという。宴と踊りは一時間ほどつづき、六時頃からは老人たち（男女）一〇数人が一団をなして、ドラ、タイコを打ちならし、悪霊を払う歌を歌いながら南部落中をまわる。とくに、北部落との境界では老人たちが一列にそろって一斉に片足を挙げて、悪霊を北部落の方に追いやる所作をする。〔上野　一九九六　一九二～一九三〕

盆後に行われるこれらの行事に共通するのは、祓いの要素が含まれることであるが、比嘉康雄は、久高島のハリガユーハーで祓いの対象になるのは各家に招かれた死霊以外のモノで、集落に侵入した招かざる悪霊であると述べている〔比嘉　一九九三　三三六〕。波照間の事例を検討した上野和男も、「イタシキバラの行事は各家庭で祀られる正当な先祖以外の先祖、すなわち盆をすぎても集落にとどまっている悪霊、すなわち無縁の先祖を集落から追い払うのが中心的な意味と考えられる」〔上野　一九九六　一九三〕と述べ、正当な祖先とは区別される死霊が祓いの対象と捉えている。知念村のヌーバレーを、解説者が施餓鬼の一種としているのも同様の立場と言える。

久高島では、盆の祖霊の迎えと送りの儀礼、および死者の年忌儀礼などは日没前に終える習わしで、そのことについてある話者は、「グショーンチュ（後生の人＝死霊）はウトゥルサムン（恐い存在）だから夜のウトゥイムチ（接待）はしない」と語っている。ウトゥルサムンを何故招待するのか、ということにもなるが、そのような齟齬が生じている事実は無視できず、盆に訪れる霊に、悪霊と正当な祖霊との区別が本来的に明確であったかどうかの判断は慎重にならざるを得ない。

「精霊送りの翌日は、三日間も祖霊と一緒に過ごしたことであり、気をしっかり持たないとショマキ（精負け）してグショウ（後生、冥界）へ引かれていく、と伝えられていた。そこで、村人たちはドラや太鼓をたたき、声をかけ合って集まった」〔石垣（博）一九八一　九〕という石垣島宮良のイタシキバラについての報告にも留意が必要であろう。

八重山のアンガマについて柳田國男は、「仮装してみの、かさ、面をつけてグループで家々をたずねる。タイコとシャミセン、歌をうたいおどりして仏壇の前でおいのりする。変な声でキンキンとよび、酒またはお茶を強要することで、〝物喰い〟の意味という」と述べている、という〔住谷一彦・クライナー　ヨーゼフ

一九七七年　一三二。ただし、出典とされる『海南小記』でその引用箇所を確認することはできていない。」「あんがまの来てほしい家から案内を出して迎へる様であるが、以前は、どこへでも、時間かまはずおし入つて踊つたり、喰ふ物を催促したらしい」という折口信夫の報告〔折口信夫　一九七六（一九二三）　一四〇〕も、アンガマの本来的意味を検討するにあたり看過できない。

二　盆と施餓鬼

一四七八年に金非・乙介ら朝鮮漂流民の見た王都の盆行事は、以下のような情況であった。

七月十五日、諸寺刹、幢蓋を造る。或いは彩段を用い或いは彩繪を用う。其の上に人形及び鳥獣の形を作り、王宮に送る。居民、男子の少壮なる者を選び、或いは黄金の仮面を着し笛を吹き鼓を打ちて王宮に詣る。笛は我が国の小管の如し。鼓の様も亦た我が国と同じ。其の夜、大いに雑戯を設く。国王臨観す。故に男女往きて観る者、街を填め巷に溢る。財物を駄載し宮に詣る者も亦た多し。〔池谷・他訳注二〇〇五　二三六〜二三七〕

幢は鉾の先に小旗を付けたもの、蓋は傘のことで、盆行事が寺院でにぎにぎしく行われていたことがわかる。男たちが仮面をつけ楽器を打ち鳴らしながら王宮に参上していること、夜には「雑戯」（芸能）が行われ、国中が騒然としている様子も興味深い。

一五六二年に来琉した冊封使郭汝霖の『重編使琉球録』には、「習俗として、中元節を重要視する。七月十三日からはじまり、二十六日になるまで、昼も夜も、男も女も、さわがしく往来するのだが、禁止することはない」〔原田訳注　二〇〇〇　一五九〕とある。七月一三日から二六日までとは不可解であるが、ここでは不問に付す。騒然としている様子は、朝鮮漂流民が見た盆の状況と同じである。

王の年忌は、死去した月ではなく七月に行う慣わしだったが、『球陽』尚敬王一七（一七二九）年の条に年忌に関する次の記事がみえる。

旧冊を按ずるに、先王祭期の年、七月盆中（十三日より十五日に至る、俗に盆中と叫ぶ）法堂に於て、盛りて祭品を具へて奉祀し、之れを立御茶屋と謂う。是の時、歌絃を善くする者を召集するの外、家来赤頭・供役、替代するの時、春太鼓（戯名）を為して、以て興を神主に供する有り。又奇巧の燈を点じ、通夜昼の如し。是の年に至り、議題して、香案蠟燭を除くの外、百燈は二更に至れば、則ち之れを滅す。歌絃及び春太鼓の戯は、是れ先王を褻瀆す、礼に非ざるなり。乃ち裁去す。（球陽研究会編　一九七四　二八九）

従来の慣行であった歌絃や太鼓が、この年になって先王を「褻瀆する礼に非ざるもの」として取りやめとなり、「百燈」も簡素化されたという内容である。

知名定寛は、朝鮮漂流民や郭汝霖による観察および『球陽』の記す先王の年忌の記録に見える当時の盆のあり様が、日本中世の念仏踊りと多くの共通点があることを指摘している（知名　一九九四　二五三～二八四）。すなわち、大橋俊雄の『踊り念佛』に依りながら、「夜山村念佛拍物有風流。畠山六郎ユイノ濱合戦人礫ノ躰ヲ作」（一四一九年）、「石井念佛拍物今夜有風流。茶屋を立。其屋ニ人形喝食。金打あやつりて金を打舞。其外異形風流等有之」（一四二一年）という『看聞御記』の盂蘭盆会についての二つの記事にまず着目する。そして、大橋の「当初は（略）畠山六郎重保のすがたを藁で人の形をかたどり作ったというように、人形を作ってまつり念佛の伴奏によって踊り、その亡霊をなぐさめるといった行事であったらしい」という説明を引いたうえで、「其屋ニ人形」と朝鮮漂流民の記録の「其の上に人形及び鳥獣の形を作り」との類似、また

「茶屋を立」が先に『球陽』の記事で見た通り先王の年忌にも登場する事実を指摘している。

さらに知名は、五来重の『踊り念仏』を参照し、念仏踊りにつきものの風流傘に関して京都綾小路室町西入の祇園会傘鉾の図絵を示しつつ、それが朝鮮漂流民の見た王都の盆の様子と酷似していることも指摘している。結局のところ、年忌や盆における「芸能」は風流としての念仏踊り系であった可能性が極めて高く、それが今日の盆のエイサーの原形になっているというのが知名の見解である。

盆の芸能が念仏踊りの系統だったとすれば、以下のことが重要な問題として浮上する。すなわち、知名の引く大橋の「亡霊をなぐさめる行事」という説明にもある通り、芸能としての念仏踊りのもとになったとされる踊り念仏は「死霊・怨霊（御霊）の鎮魂を目的とする呪術と結合していた」（大塚民俗学会編　一九七二　一一二）という指摘があるのである。折口信夫も盆の念仏踊りについて、「魂祭りは、死んだ近い親族が帰つて来るから魂祭りであると言ふが、此だけでは、近頃の考へである。以前は、其の帰つて来る魂の中に、悪い魂も混つて戻つて来ることを考へて居た。其為に、悪霊を退ける必要があつたのだ。此悪霊退散の為の踊りが、念佛踊りである」（折口　一九七五（一九二七）二六三〜二六四）と述べている。さらに柳田國男も、「盆の精霊（しょうりょう）を長く里に留め（とど）ておかぬように、足踏みを荒らかにして村境まで送ったのがあの月下の踊りの起源であり」（『文庫全集』二八　二〇八）と述べている。

これらを踏まえると、王府が盆を受容した際には、今日のような祖先崇拝としての性格よりも、むしろ亡霊の鎮魂や施餓鬼的なものに主眼が置かれていた可能性が想定できるのではないかと、いうのが筆者の発想である。

『琉球国由来記』（一七一三年、以下では『由来記』）の伊江島の年中祭祀の項に「施餓鬼」として「七月十二日、島ノ前高森ニ、施餓鬼仕ル。様子ハ、島中ノ者、昔煩ケ間敷有之、万歴四十二年甲寅、頭々・老人相談ヲ以、煩敷病苦ヲ為除トテ、仕初メテ、今相伝。島中入目ニテ照大寺住持相頼、毎年施餓鬼仕申也」（外間・波照間編　一九九七　四一六〜四一七）という記事が見える。伊江島では、万歴四二年（一六一四）になって「盆」行事が始まるのであるが、注意したいのは「盆」行事を行う契機となったのが「煩敷病苦ヲ為除トテ」とある点で、疫病などが流行るという状況があって、それが死霊のせいだと判断されることによって施餓鬼行事を行うようになったと理解できる。伊江島の盆は親しい祖先の霊を迎えて祀るものではなかったのであり、「盆」は文字通り施餓鬼行事として施行されたのが最初ということになる。

『由来記』によって一八世紀初頭の王府の盆行事に注意を向けると、「御施餓鬼之事」として、毎年七月一三日に円覚寺・天王寺・天界寺で「御生霊御迎」が行われるが、古例は方丈の庭の御照堂の向かいに棚二つが設置されて行われたという記述が見える（外間・波照間編　一九九七　三八）。行事名を「御施餓鬼」としているのは、施餓鬼が行事の中心であったからだと素直に理解していいのではないか。また、方丈の庭に棚を設置するのが古例であるという点にも注目する必要がある。屋外に棚を作るのが施餓鬼を目的としたものであることは、『四本堂家礼』（一七三六年）の盆に関する記述の中で、「大神棚」（いわゆる仏壇）とは別に施餓鬼用と判断される「外棚」が設置されている（那覇市企画部文化振興課編　一九八九　四一二）ことからも推測できるからである。

七月に催される先王・先妃の年忌についての『由来記』の記事には、「（略）此四ケ日、首里・那覇之躍リアリ。但下番ノ家来赤頭、月春大鼓仕也」（外間・波照間編　一九九七　三九）とあり、「首里・那覇之躍リ」や「月春大鼓」が朝鮮漂流民や郭汝霖が見た盆の時の行列や「雑戯」・「喧雑」につながる可能性を考慮すべきであろう（『由来記』の施餓鬼の項目には芸能に関する記述は見えない）。池宮正治が、組踊が七月に上演されるのが一般的であったことを組踊にいわゆる仇討ちものが多い事実と関連づけ、本来それが亡霊の慰撫と鎮魂に関わりがあってのことではなかったかと、その可能性に言及している〔一九九六年八月一一日に佐敷町シュガーホールにおいて行われた「エイサーフォーラム」における氏の「講演」にて〕こともこの文脈で想起しておきたい。

三　盆の変容

年忌の際の歌絃や太鼓が、一七二九年には「礼に非ざるもの」として廃止となり「百燈」も簡素化の方針が示されたことは先述の通りであるが、「礼に非ざる」とは儒教的立場からの判定であることは疑い得ない。この改変について知名定寛は、「近世琉球社会再構築のための政策の一環として粛正の対象になり」〔知名　一九九四　二七二〕としているが、たしかに羽地朝秀以来の政治改革の路線上で理解されるべき改変であろう。羽地以降の王廟祭祀の展開を検討した豊見山和行は、「十七世紀の後半から円覚寺、天王寺、天界寺、崇元寺、龍福寺に安置されていた先王神主を秩序化し、王府の年中儀礼のなかに組み入れることによって、先王祭祀の儀礼体系を築きあげていく」〔豊見山　二〇〇四　二五五〕状況について指摘しており、この改変の背景を読み解くうえで留意する必要がある。

さらに、池宮正治はこの改変について、「盆は〔略〕あの世の祖霊がこの世に戻る日である。これを門前で迎え入れ、この世の馳走を盛り、歌舞音曲で慰めるものであった。〔略〕そういう長い伝統をこの時期に王府は廃止し、ストイックで質素な儀礼に改め〔略〕言わば古琉球の儀礼を封建的な合理精神で改変しているのである」〔池宮　一九八九　三二二〕と述べている。筆者はさらに一歩踏み込んで、この改変は旧来の施餓鬼的・亡霊鎮魂的な盆が、祖先崇拝的なものへと行事の意味内容が変容していく過程と関連している可能性を想定したい。

四　盆の普及

盆に迎えられる祖霊を沖縄固有ではないソーロー〔精霊〕系の用語で呼ぶ事例の多さは、盆行事の中央から地方への伝播を示唆するが、最後にこの問題について検討したい。

一四五六年から約四年半を琉球で過ごした朝鮮漂流民の見聞のなかに、「七月十五日、仏寺に上る。亡親の姓名を記し、案上に置き、米を床に奠え、竹葉を以て地に灌水す。僧は則ち読経し、俗は則ち礼拝す」〔池谷・他訳注　二〇〇五　一四二〕というのがあって、一五世紀中葉の盆は、家ではなく仏寺において行われていたことがわかる。一六〇六年に来琉した夏子陽の『使琉球録』には、「中元は、僧にたのんで経をとなえて、先祖の供養をする」〔原田訳注　二〇〇一　一七五〕と見える。同日に行う盆行事で、人数の限られた僧侶が各家に出向いて行うというのは想定し難いので、この段階における盆も寺院での行事であった可能性が高いと判断される。

羽地仕置の「祭礼定」〔一六六七年〕には、「七月施餓鬼之刻衣裳同断之事」として施餓鬼の際の衣裳への言及が見られるが、この時期になると、士族層の間の施餓鬼は、史料の前後の文脈よりして家単位の行事であったことがわかる〔沖縄県沖縄史料編集所編　一九八一　一五〕。一七二一年に来琉した徐葆光の『中山傳信録』には「七月十五日は、盆祭である。先祖を祭る。それに先だつ十三日の夜、家々に松明を二つ、大門の外に並べて、祖神を迎える。十五日に盆の祭をして、のちに神を送る」〔原田訳注　一九九九　四六七〕とあり、首里や那覇では家々で行われる盆行事が一般化している情況が確認できる。

士族層の間で成立した家単位の盆行事が、次第に地方へ伝播していく様子は、『球陽』巻十六尚穆王三十

〔一七八一〕年の条の、王府の意向を受けた地方役人の指導によって位牌が普及し、その結果として盆祭が行われるようになったという伊計島に関する記事〔球陽研究会編　一九七四　三九二〕などから窺うことができる。中央から地方に普及していく盆は、施餓鬼的あるいは亡霊の鎮魂を趣旨とする盆ではもはやなく、儒教的に粉飾された祖先祭祀としての盆であったはずである。

地方への盆の普及に関して矢野輝雄は、「沖縄固有の信仰や習俗に、容易に仏教との融合を導くものがあったといえる。例えば後生を信ずる南島特有の祖霊観や、盆と時期を同じくする豊年祭などで、祖霊を祀り、豊作を祈り、子孫繁栄を願う習俗は、そのまま盆の行事と習合した」〔矢野　一九八八　五七〕と述べているが、留保が必要であろう。沖縄の祖霊観および御嶽の神やニライカナイの神々と祖霊との関係等について、研究者の間に見解の一致が見出せる情況にはないからである。この問題の詳細に関しては、酒井卯作〔一九八七〕や拙稿〔赤嶺　一九九六、一九九七a〕などを参照願いたい。

まとめ

一五世紀の朝鮮漂着民の記述などから、古琉球の盆行事は、亡霊の鎮魂や施餓鬼的なものを目的としたものであり、また、今日のように家単位ではなく寺院で行われていたことをうかがうことができた。それが、近世になると、儒教的観念の受容等によって亡霊の鎮魂あるいは施餓鬼的な盆から今日のような祖先崇拝的な盆へと行事の意味内容が変容し、その変容した祖先崇拝的な盆行事が、儒教を根幹に据えた王府の政策によって、中央から地方へ伝播していったものと思われる。その一方で、久高島などで行われている盆行事に祖先崇拝的な性格からは逸脱する要素が見られるのは、王府の政策によって今日の祖先祭祀の民俗が成立する以前から当該地域にあった死霊（祖霊）観念のあり様によって規定された結果であると判断したい。

2　三月三日考

旧暦三月三日には、沖縄全域においてサングヮチャー（三月チャー）、三月遊び、浜下りなどと呼ばれる家庭もしくは村落単位の行事が行われている。家庭でよもぎ餅を作って食べるという地域もある。浜下りには、老若男女が浜下りするのと、女性だけが一日浜で過ごすタイプがある。後者の起源として、美男に化けた蛇（アカマタ）の子を身ごもってしまった娘が、浜下りして潮で身を浄めて蛇の子を流したという由来譚が、県内の広い地域に分布している。慶良間諸島や那覇近郊の村などに見られる三月三日の女性のみで行う芸能も、女の節句と結びつく。ところで、各地の三月三日の行事を調べてみると、女の節句とは異なる側面も有していることがわかる。

まずは『琉球国由来記』の巻一「王城之公事」の次の記事に注意を向けたい。「三月三日、干瀬与（魚類・貝類・海草類）海辺自諸郡、御内原献上也」（外間・波照間編　一九九七　四七）。すなわち、三月三日に、海辺の諸間切から海産物が御内原に献上されるというのである。この記事の前後に、「楊梅子・椎実、国頭方山菓為初、御内原献上也」、「八月朔日、那覇之町、為贄、生魚献上也」という記事があるのを参照すると、三月三日に琉球の各地から献上される海産物には、「初（物）」あるいは「贄」としての性格があったことが窺える。何故三月三日に海産物の初物の献上なのかが問題であるが、以下でみていくように、三月が本格的な漁撈活動の開始の時期にあたっていたためだと推測できる。

久高島（南城市）では、三月三日にサングァチヂナ（三月綱、綱は網の意）と称し、東海岸のイノー（浅瀬）において島でパンタタキャーと呼ぶ追い込み漁を行う。参加者は、ソールイガナシと呼ばれる漁撈に関わる神役を中心に、ウプスー組（五〇から七〇歳までの男性）と一三歳と一五歳の少年で、はじめて追い込み漁に参加する一三歳の少年たちをウプスー組が指導するという意味あいもあって、「十三ヂナ」という言い方もされる。採れた魚の一部はウタカムンといってノロに献上され、残りは男たちの浜での宴会に供される。三月綱以前に個人が網を仕掛けるのは禁止されていたとされることから、三月綱が漁撈活動の開始を告げるものであったことが窺われる。

久高島では、ソールイガナシとノロは、特定の儀礼の脈絡のなかでユキー（兄弟）とユナイ（姉妹）の関係として表象されることがあるが、三月三日は、ノロからソールイガナシに対して食物の贈与がなされるユキーマカネー（ユキーに対する賄い）の行われる日である。拙著〔赤嶺　二〇一四〕で詳述したように、この儀礼におけるソールイガナシはウミンチュ（海人、漁民）の代表としての性格を有していて、ユナイ神（オナリ神）である女性たちの代表としてのノロからソールイガナシへの食物の贈与は、女性たちの霊力が、これから本格的に開始される男たちの海での活動を守護することを儀礼的に表現したものだと捉えることができるだろう。

つぎに、平安座島の事例をあげる。平安座島では、三月三日から五日までの一連の行事を三月チャーと呼ぶ。三月四日はチョーヌハマという場所（かつては浜だった）で、ウムイ・クェーナという神歌に合わせて豊漁の舞が舞われた後、男たちが（現在は女性も）、腰まで潮に浸かりながらナンジャモーという小島に渡る。そこで東方のニライ・カナイに向かっての豊漁祈願が行われ、草木や仮面で異装して集落に戻る男たちは海岸で神人を含めた女性たちに迎えられる。平安座島では三月五日をチナアギモーイと称し、海人は網の手入れをしたというのは、三月チャーが、漁の開始に先立って行われる豊漁祈願の行事であったことを示している。

伊平屋島の田名でも三月三日に儀礼的要素を伴った追い込み漁が行われるが、その追い込み漁はその年の最初のものだという〔下野　一九八九　三一四〕。三月三日に儀礼的要素を伴った漁が行われるのは宮古の島尻部落にもあり〔下野　一九八九　三一六〕、また、大神島には、三月にインムツパツミとインムツアキという行事があるが、インムツは「海の道」の意味で、インムツパツミは一年の漁の始まり、インムツアキは「海の道開き」の意味だという。インムツパツミには、かつては男たちによる儀礼的な漁撈が行われ、とれた魚はツカサなどに献上され、その後に大漁の祝いをしたという〔ウプシ大神島生活誌編集委員会編　二〇一七　五九〕。

久高島では、三月三日の夕方に、徳仁港においてソールイガナシや他の男性神役による「冬の荒海も鎮まり、これから始まる漁が平穏であれ」という趣

写真１　久高島３月３日の浜御願（海難者供養）

旨の祈願が行われ、メーギの浜でもノロたちによる「海鎮めの祈願」が行われたが〔比嘉（康）一九九三　七〇～七二〕、このことからも、三月三日が漁撈活動の開始に関わっていることがよくわかる。さらに、久高島では、海で亡くなった人がいる家では、三月三日にウムリングァという神役に依頼して死者の霊を供養する儀礼を浜で行うが（写真1）、これも、海での活動の開始にあたって、祟りやすい海難死者の霊による災いを予防するための鎮魂儀礼と考えれば理解しやすい。名護市安和で三月三日に浜で行われる村落行事のヒージャーウガン（山羊御願）も、海で遭難死した人の供養のための祈願だとされる〔仲田　一九八八　一八八～一九二〕。宜野座村漢那部落の三月三日でも、浜スーコー（浜焼香）と称して、海難死した人の供養が家単位で行なわれており、類例は他の地域でも確認することができる。

ところで、『由来記』には「干瀬与（魚類・貝類・海草類）」という文言があるが、「干瀬与」が、なぜ海産物を意味する用語になるのだろうか。「干瀬与」の語義について検討するにあたり、関連資料として、宜野座村では、気のあった仲間同士で共有の舟を持ち、漁をすることをヒシグミといい〔宜野座村誌編集委員会編　一九八九　一九四〕、また、与論島の麦屋地方では、日中の干潮時の潮干狩をピシグンと呼ぶ〔栄　一九六四　八八〕ということに注意を向けたい。

さらに、久高島で、三月三日の三月綱終了後の吉日に、ピシクミと呼ばれる漁撈祭祀が行われている点にも注意を向けたい。ピシクミは、二人のソールイガナシが一五歳の男子を伴として連れ、ターキビシと呼ばれる島の北方にある岩礁へサバニで渡り、そこの海底を竿で三回突き、「ピシクミー・ガ・チャービタン」（ピシクミに参りました）と唱えながら東方を礼拝して後に漁を行い、採れた魚をノロをはじめとした神職者に献上するというものである。久高島では、ピシクミは「干瀬を踏む」の意だとの説明が聞かれるが、ピシクミの時期が三月三日に近接している事実に注目すると、ピシクミは『由来記』の「干瀬与」と同語である可能性が浮上する（久高では、干瀬のことをピシというから「干瀬与」はピシクミになる）。以上のことを踏まえれば、「干瀬与」の「与」は「くみ」に対する宛字であり、ヒシグミ、ピシグン、ピシクミ、干瀬与は、いずれも本来は、漁撈を行うために「干瀬を踏む」という意味の用語であったという仮説を導きだすことができる。

3 「をなり神の島」の男性神役

はじめに

本論考題目のなかの「をなり神の島」は、いうまでもなく一九三八年に刊行された伊波普猷の著書『をなり神の島』から借用したものである。『をなり神の島』の「序」のなかで伊波は、「本書は雑誌『民族』、民俗学関係の雑誌並びに郷里の新聞などに発表した拙稿十七篇を収めたもので、女人の掌る南島の祭祀に関するものが、大部分を占めているので、巻頭の論文の題名に因んで、『をなり神の島』と名づけた」（伊波一九七三 iii）と述べている。

一九二七年に発表した「をなり神」を巻頭に配した伊波の『をなり神の島』がそうであったように、沖縄の祭祀研究の歩みにおいては、「女人の掌る南島の祭祀に関するもの」に多くの注意が向けられてきたという事実がある。男性神役がいないわけではないにもかかわらず、従来の研究史においてはそのことについて十分に注意が向けられてこなかった憾みがあり、その反省のうえにたって本論考では、男性神役をめぐる問題についてとりあげることにした。

一　根人

最初に、男性神役の代表的存在ともいえる根人に注意を向けたい。比嘉政夫は『沖縄大百科事典』で「根人ニーッチュ」について次のように解説している。

ニッチュ、ニーンチュともいう。沖縄本島および周辺離島において村落の最も古い草分けとされる家、根家（ニーヤ）もしくは根所（ニードゥクル）の当主。根神とともに、村落祭祀の主導的役割を果たす。一家の当主としてその家族内、親族集団および村落内の権威も高いが、宗教的な面では、自己の姉妹である根神を〈オナリ神〉と崇敬する立場にあり、村落祭祀の場では、根神に優位性をゆずる。根人は、根家の当主がなることから、その地位の継承は父から息子へと父系血筋に沿うことが大原則である。根神とくらべて祭祀面での主導的役割がきわだっていないことから、ところによっては、村落祭祀の他の儀礼分担者と混同されて、根人の立場があいまいになり、ニーッチュ・ニーブヌヒャー（根人と他の職能神役名との混合）などとよばれたりすることもある。〔比嘉　一九八三　一〇二〕

この比嘉の解説によれば、村落の草分け家である根家（根所）の長男が根人、その姉妹が根神となるというのはいいとして、村落祭祀においては「根神とともに、村落祭祀の主導的役割を果たす」とする一方、「宗教的な面では、自己の姉妹である根神を〈オナリ神〉と崇敬する立場にあり、村落祭祀の場では、根神に優位性をゆずる」という説明はわかりにくい。

根人の役割については、つぎに宮城栄昌の見解にも注意を向けたい。宮城は、根人の役割に関して「村落祭祀の上では祭場の管理、祭祀の組織、神女の保護役に任ずる者であり、中にはノロや根神と並んで、ときは単独に司祭者になるものもあった」（宮城　一九七九　一四〇）と述べている。「祭祀の組織、神女の保護役に任ずる者」という説明はわかりにくいが措いておくとして、根人が単独に司祭した祭祀があったという指摘は看過できない。しかし残念なことに、根人が単独に司祭した祭祀が具体的に何なのかについては宮城の言及は及んでいない。

結局のところ、村落祭祀において男性神職である根人が担う役割については、改めて問われる必要があることになる。そのことを踏まえたうえで、つぎに勢頭神についてみていくことにする。

二　勢頭神

一九八四年の旧暦五月四日、糸満市名城のハーリーの参与観察をしたときに、ハーリー行事で特別な役割を担う〈ウミシル〉という家があることを知った。〈ウミシル〉が「海勢頭」であることは記述を進めるなかで明らかになっていくはずであるが、名城のハーリー行事における〈ウミシル〉の特別な役割とは以下のとおりである。〈ウミシル〉の当主（男性）が、ハーリー競技の行われている浜で、ミニチュアの網を海に投げて魚をとる所作をする場面があった。それについて当主に聞いてみたら、かつては、ハーリー終了後の拝みに用いる供物の魚をとるために、スルジナという六〇～七〇メートルほどの網を満潮時にしかけていたが、現在の網投げはそれの真似事として行っているという。また、ハーリー終了後に、グァンスヤーマーイ（旧家廻り）と称してハーリーの漕ぎ手の男性と婦人たちが四つの旧家を順繰りに訪ね、その家の庭で婦人達の謡う歌にあわせてウェーク（櫂）を手にした男たちが踊る儀礼があるが、その旧家の一つが〈ウミシル〉である。さらに、〈ウミシル〉の屋敷内には「竜宮神」を祀る祠があり、〈ウミシル〉の祖先は琉球王国時代に「王府に認可された」（王府の御用で？）唐旅をする人だったとか、〈ウミシル〉は名城の「海の係」であるという説明も聞くことができた。

名城の海勢頭は屋号であるが、勢頭あるいは海勢頭が村落祭祀の神職名となっている例が少なくない。幸いなことに、勢頭神については宮城栄昌がまとまった事例を報告しているので（宮城　一九七九　一五七～一五八）、それを参照しながら検討していくことにする。

宮城によると、勢頭神は一般に「シルガミ」と発音され、男性と女性の両方の神役がいるという。女性神役の例としては、国頭村安波の「勢頭大神」、国神村辺戸と与那および大宜見村田港の「大勢頭神」、伊是名村勢理客と諸見の「海勢頭」があり、男性神役の例としては、名護市東江の「ちんぎゃ大勢頭」・「思い勢頭」・「田魚（たーゆー）勢頭」・「屋取原勢頭」・「団扇勢頭」、名護市幸喜の「ウェーク勢頭」、与那城村（現うるま市）平安座の「海勢頭」、国頭村奥間の「村勢頭」があげられている。

勢頭神職に男性と女性の両方の神役がいるという事実は、どのように理解すればいいのだろうか。ここでは、宮城栄昌の議論の展開を追いながらこの問題について考えていくことにしよう。宮城は、「勢頭そのものについては、伊波普猷の『沖縄歴史物語』に考察がある」としたうえで、勢頭についての伊波の考察を以下のように紹介している。

> 三司官にはその政務分担を示す三番三勢頭制があった。すなわち三人の世あすたべは、番の日たる丑から辰までの丑日番、巳から申までの巳日番、酉から子までの酉日番の三番には各それにあたる勢頭名があり、総称して九人の勢頭衆といった。勢頭座を「ひき＝引」といったことから九勢頭を九引とも称した。勢遣富（せやりとみ）・世高富・浮見富などの九引名は、もともと王国の貿易船の名称であり、勢頭とは船頭が転訛して九官衙の長官名称となったものである。また王国の細工（せーく）の頭役を勢頭といったので、畳勢頭・瓦

勢頭・石勢頭などの名称も現われた。（宮城　一九七九　一五七）

勢頭についての伊波の考察として宮城は一九四七年刊行の『沖縄歴史物語』をあげているが、伊波が最初に「引」について考察したのは一九三四年執筆の「古琉球の「ひき制度」について」であることは確認しておきたい。さて、宮城の「伊波の考察」についての解説にはわかりにくい部分があるので補足が必要だと思うが、まずは、『沖縄大百科事典』における高良倉吉の「ヒキ（引）」についての解説を参照することによって、勢頭と引の関係についておさえておきたい。

高良は、ヒキは「古琉球の琉球王国における独自の組織である」としたうえで、ヒキの性格について以下の六つの点を指摘している。①古琉球には一二のヒキがある。②各ヒキとも〈せいやりとみがひき〉などの美称をもって唱えられる。③同様の名称が海外派遣の交易使船名にも冠せられている。④軍事的編成の性格をもつ場合がある。⑤地方役人がヒキに編成されている。⑥各ヒキの長官が〈せんどう〉（船頭、のちに勢頭をあてる）と呼ばれている。以上の六点を踏まえたうえで高良は、「ヒキは軍事的・交易体制的・行政的性格を有する古琉球独自の組織編成であったことが推定できる」としている（高良　一九八三　二九二）。なお、高良には、ヒキについてより詳細に検討している論考（高良　一九八七　一〇二～一二〇）があることを付記しておきたい。

高良の見解は、当然のこととして伊波の論考を踏まえたものであるが、関連する伊波の叙述に注意を向けてみよう。伊波は「古琉球の「ひき制度」について」のなかで「何々とみといふ船名と船頭を意味する「勢頭」とが、法政関係の名称になつたのは、古琉球人の活動の中心が航海貿易にあつた為に、自然政道も船頭が船を操縦するやうなものだと悟つて、それに因んで転用したものと思はれる」と述べている（伊波　一九七五（一九三四）二九二）。すなわち、高良が指摘する「軍事的・交易体制的・行政的性格を有する古琉球独自の組織編成」であるヒキは、航海貿易に関わるヒキ制度が基になっているために、船の船長を意味する船頭の変化形である「勢頭」が行政や軍事と関わるヒキ制度においても使用されるようになったものと伊波が理解していたことがわかる。

さらに伊波は、「この勢頭は、古くからあらゆる方面で、頭目の義に用いられていたらしい」として、「比屋（火矢）勢頭」、「石大勢頭」、「壺勢頭」などの他、禁中女官としての「大勢頭部三員」などの用法をあげている〔伊波　一九七五（一九三四）二九二〜二九四〕。船頭が船の乗組員たちの頭目である点が契機となって、頭目を意味する語への転用が生じたということになるだろう。

以上が筆者なりに理解した勢頭に関する伊波の見解の概要であるが、それを踏まえたうえで宮城栄昌の勢頭神に関する議論に戻ることにしたい。宮城は、先にも引用した「王国の細工の頭役を勢頭といったので、畳勢頭・瓦勢頭・石勢頭などの名称も現われた」という文章に続けて、「そういう点からみて、（略）男神たる勢頭神は、行事の先頭に立つ責任者ということになる。たとえば名護市東江の田魚勢頭は、海神祭における魚取り行事の網打ちの指揮者であったに相違ない。（略）また、幸喜のウェーク勢頭はサバニ＝刳舟の櫂＝ウェークを漕ぐ船頭主のことである」〔宮城　一九七九　一五七〜一五八〕と述べている。

さて、村落における勢頭神の問題を検討するにあたって、つぎの二点に改めて注意する必要があるように思われる。一点目は、王府で行政用語として使用された「勢頭」という用語の元になっているのは船の「船頭」であったということ、二点目は、船頭が乗組員の頭目であることが契機となって、他の職務の頭目に対しても「〇〇勢頭」というかたちで転用されることがあったということである。それを踏まえて、村落の勢頭神はこの二点のいずれに関わるのかが問題となる。

宮城は「男神たる勢頭神は、行事の先頭に立つ責任者ということからして、村落の勢頭神には、船頭につながる勢頭ではなく、頭目としての勢頭の性格が反映していると理解していたように思われる。宮城は、安波の海神祭の登場する女性神役の大勢頭神が、魚取りの行事で、魚を突く真似をしながら船にみたてた木竿の周りを回るのは、漁撈の指揮者の役を演じていると解釈している。さらに、国神村与那の海神祭に関して、「海神祭で猪狩りの指揮をとるのは大勢頭神である」〔宮城　一九七九　一五八〕という一文も見える。「指揮者」「指揮をとる」は、伊波の用語では「頭目」、宮城の用語では「行事の先頭に立つ責任者」と同義であることはいうまでもない。

しかし、海勢頭という神職の存在や、宮城があげる勢頭神のほとんどが海〔漁撈、航海〕に関連するものであることからすると、船頭につながる勢頭神の性格を無視することはできないように筆者には思える。ただし現時点では、それに関して実証的に議論を深めるための資料が十分ではないと判断せざるを得ない。勢頭神に関して次に検討すべき課題は、男性の勢頭神と女性の勢頭神の関係、すなわち、本来的に男性と女性の両方の神役がいたのか、それとも、男性のみが担っていたものが後に変化したのかという問題である。

宮城は「沖縄の祭祀は女神中心となっているので、男性の勢頭役を女神が代行したことから生じた勢頭神もあったであろう」〔宮城　一九七九　一五八〕と述べている。この文章から判断する限り、男性の勢頭役を女性が代行した例があった可能性を宮城は想定していることになるが、しかし、すべての女性の勢頭神は男性の勢頭神を女性が代行した結果生じたと考えていたかどうかは不明と言わざるを得ない。いずれにしても、宮城の文章を読む限り、宮城がこの問題の重要性について十分に認識していたとは思えない。

ところで、奄美にも勢頭神という神役が存在しているという点は看過することのできない事実である。小野重朗は、奄美の神役組織について次のように述べている。

ノロにつぐ女神人の名称はいろいろと変異がある。加計呂麻島では一般にスドウガミ、スズノロなどと呼ばれる。スド、セド、スズは勢頭、船頭などと書かれるように、ある役の内の指導的な立場の者を言うのである。ノロにつぐ女神人頭の意であろう。祭りの日にトネヤの火の神を拝んだり、ミキという神酒の口開けをしたり、ノロに代って唱え言をしたりする。ついでに奄美大島の全体についてこの役の名をみると宇検村、大和村ではワキノロというのが二人いてウエワキ（上脇）、シャーワキ（下脇）と呼び、ノロの座の右左に坐る。北部の龍郷町、笠利町、名瀬市あたりではウッカン、オッカムといい、これも上、下二人というのが多い。（小野 一九八二 三五）

ここに登場するスドウガミは、沖縄の勢頭神と同一だと考えて間違いないだろう。小野の説明によれば、奄美の勢頭神は例外なく女性ということになりそうである。また、勢頭神という名称は加計呂麻島に限定してみられるという文意になっているが、別の箇所で小野は、大和村大金久では「ウワワキ、シャワキはスドガミ（勢頭神）ともいう」（小野 一九八二 一二〇）、また、宇検村宇検では「ノロの下にワキガミ（脇神）五名、スドガミ（勢頭神）一名、イガミ（居神）一名と、男神役のグジ一名などがいる」（小野 一九八二 一一四）と指摘しているので、勢頭神の分布は加計呂麻島に限定されないことがわかる。

さて、奄美の勢頭神は、女性のみが担うということに加えて、海（漁撈）との関わりが見られないという点も、沖縄の勢頭神との違いということになりそうである。小野は「スド、セド、スズは勢頭、船頭などと書かれるように、ある役の内の指導的な立場の者を言うのである。ノロにつぐ女神人頭の意であろう」としていることから、勢頭の語義を伊波普猷のいう「頭目」の意味で理解しようとしていることがわかる。

ところで、勢頭神の勢頭という言葉は、王府内で使われていた行政用語が地方に伝わって定着した可能性が高いと思われるが、そうであるとすれば、その用語が沖縄本島と奄美にみられ、宮古と八重山地域にはみられないことは、伝播の時期を考えるにあたって参考にすべきであろう。さらにその用語の伝播以前は、勢頭職に該当するような神役はなかったのかという点も問われるべき課題といえるだろう。

勢頭神に関するこれらの論点を踏まえたうえで、次に、久高島のソールイガナシという漁撈に関わる男性神役の存在に注意を向けることにしたい。

三　久高島のソールイガナシ

久高島のソールイガナシは、島の男たちが年齢順につとめる漁撈に関わる神役で、六〇歳前後にこの役がめぐってくる。ソールイガナシは二名（外間系と久高系）いて、任期は二年である。ソールイガナシに就任すると自宅に祭壇が設置され、香炉の他に網とサシカと呼ばれるサバニの内部に張られる横板のミニチュアが祭壇に飾られる。また、漁撈の際の指揮棒だとされる竿（ソールイの語義は「竿取り」という説がある）が、屋敷のウドゥングァー（御殿小）と呼ばれる場所に立て置かれる。御殿小は、屋敷内の南東隅の一画を竹で囲ったもので、その中に竿を立てる用をなすアダンの木が植えられている。祭祀の際には、正装として王国時代の冠服制のハチマキを着用する。

ソールイガナシの神は、島の北端にあるハバァーン（カベールともいう）の森にいるタティマンヌワカグラーという名の神だとされている。タティマンヌワカグラーは、二頭の白馬に関連付けられて語られることは多い。たとえば比嘉康雄は、つぎのように報告している。ソールイガナシが「たてまつっている神は島の北端のカベールにいるといわれている「タティマンヌワカグラー」である。この神はミンニー（みずのえの日）の早朝、アシタマーイといってカベールから南の徳仁港までムラを一周すると信じられている。（略）ときどきこのタティマンヌワカグラーをムラ人が見る場合があるが、それは二頭の白馬であるという」〔比嘉・谷川　一九七九　一五三〕。

シツーやスクなどのユイムン（寄り物）やマグロ、カツオ、カジキなどが大漁した時には、その一部がソールイガナシに捧げられ、三月ヂナ（三月三日）、アミドゥシ（一一月一三日）などの漁撈に関する儀礼ではソールイガナシが中心的役割を果たす。

ソールイガナシの交代式をサシブゲール（サシブを代える）というが、なぜソールイガナシをサシブと呼ぶのか不可解である。というのは、サシブ（さしふ）は「神の憑依する神女。カミンチュ、神がかりする人、即ち神女は神の「さしふ」である」〔沖縄古語大辞典編集委員会　一九九五　三〇四〕とする解釈が一般的だからである。久高島の歌謡の中には、サシブという言葉がしばしば登場するが〔法政大学沖縄文化研究所久高島調査委員会　一九八五　一二八・一三〇・一三三〕、その内容からしてサシブをすべてソールイガナシと解釈することには無理があるようで、比嘉康雄は歌謡の文脈に応じてサシブをノロともソールイガナシとも解釈している〔比嘉　一九九三　二一一、二一七、二四八〕。

ソールイガナシが人に会釈する時に、頭を下げずに胸の前で両手を合わせる仕草をするのはよく見かけることだが、それについて「ソールイガナシはアトーウプスーだから、どんな偉い人に対しても頭を下げない」という説明がなされるのは、サシブという呼称との関連で注目される。年輩の女性神役を尊称してアトーファーファー（ファーファーは原義の祖母が転じて年長女性の意）と呼ぶことがあり、「アトー」は「トートーメー」（位牌）にも繋がる「尊い」を意味する言葉だと思われる。ウプスーは祖父が転じた男性長老の意だから、「アトーウプスー」は「尊敬すべき長老」という意味になるだろう。

この尊称に加えて、ソールイガナシの威厳の高さが強調されることは多く、たとえば、かつてのソールイガナシは、小便をかけられるのを避けるために子どもを膝にのせなかったという。「ソールイガナシはその任期中は島外で泊まることは許されない」〔並木　一九八四　一二四〕というのも関連があるはずで、ソールイガナシに関するこれらの伝承は、ソールイガナシがサシプとも称されることと関連していると思われる。

ソールイガナシという名称も含め、久高島のソールイガナシに該当するような男性神職は、管見の限り久高島以外の地域には存在しない。ただし、前節でみた勢頭神とソールイガナシは何らかの関係がある可能性がある。すなわち、先述したとおり勢頭神も、そのほとんどが海〔漁撈や航海〕に関するもので、宮城のあげた資料でそれに該当しないのは国頭村与那の猪狩りの指揮をとるという大勢頭神のみである。じつは宮城栄昌は久高島のソールイガナシ〔宮城の用語はソーレーガナシ〕の存在を知っており、ソールイガナシの語義を「竿取神」だと解釈したうえで、「漁撈の総指揮者であるが、これは魚取勢頭であってもよいわけである」〔宮城　一九七九　一五八〕と述べている。ここでも宮城は、「漁撈」と「魚取」の共通性よりも、ソールイガナシも勢頭神も「総指揮者」である点に共通性を見いだしているように思える。

ここで勢頭神という名称にこだわらずに、漁撈と関わる男性神職の問題について注意を向けてみたい。下野敏見は、伊是名島の田名部落のダナンサーという男性神役について次のように報告している。

旧暦三月三日、田名の男たちは全員で追い込み漁をしたあと、〔略〕ダナンサーという男神役と共にリュウグウノカミ〔自然石〕を拝む。／田名の竜宮の神は、追い込み漁という共同漁撈と共にあってしかもその年の最初のものであるのが注目される〔略〕〔下野　一九八九　三一四〕

下野の報告から、田名部落のダナンサーという男性神役は漁撈に関わる神職であることを窺うことができる。

下野はさらに、琉球大学民俗研究クラブの報告〔琉球大学民俗研究クラブ編　一九七六〕にも依拠しつつ、宮古の島尻部落のリュウグウダスという男性神役について次のように整理している。
リュウグウダスは島尻の海に面した小高い所にある二ビ（イビ）石を拝む。そこをリュウグウダーという。二ビ石は二基あって向かって左のものを拝み、右の二ビ石はシマヌヌス（ツカサ）が拝む。旧暦四月初寅の日にはそこで竜宮願いが行われるが、男性ばかりの祭で、リュウグウダスを中心に行なう。男性たちは海に出て漁をし、大鍋で魚を煮て二ビ石に供えて豊漁を祈る。旧暦三月三日には村中の人が浜へ出て魚介類をとって楽しむが、男性は一定の場所へ集まって小石を拾い、リュウグウダスを中心に豊漁を祈る。〔下野　一九八九　三一六〜三一七〕

島尻のリュウグウダスも、漁撈と関わる男性神役の一例ということになる。これらの事例以外にも漁撈と関わる男性神役がいたのかどうか、今後注意を向けるべき課題ということになる。

四　ソールイガナシとノロ

本節では、久高島のソールイガナシとノロの関係についてみていくが、結論を先取りしていうと、ソールイガナシとノロが、特定の儀礼の脈絡のなかで兄弟・姉妹の関係として表象されるという興味深い事実がある。特定の儀礼とは、ヒータチ行事の際のユナイマカネーと、三月三日に行われるユキーマカネーという二つの儀礼である。

ヒータチは大漁祈願を目的とした祭祀で、旧暦の一月か二月のミンニーと呼ばれる壬、癸、甲、乙の中から日を選んで行われる。両ソールイガナシの妻がノロ家を訪ねて、ノロとの合議の上で祭りの日を決定するが〔比嘉　一九九三　五五〕、この日選びの仕方は他の行事には見られないものであり、この点にもヒータチにおけるノロとソールイガナシの間の密接な連携関係を認めることができる。

村落祭祀としてのヒータチは、島の北端のハビャーンと呼ばれる岩礁が連なる岬が主要な祭場となり、ヤジク以上の女性たちが参加し、ノロとそのウッチ神がティルル（歌謡）を謡いながらハブイ（トゥズルモドキという蔓草）の束を岩礁に打ち下ろす所作が中心部分を構成する。この所作は、男たちが追い込み漁で海面を叩く動作の模倣だといわれ、ヒータチが大漁祈願を目的とすることの所以として理解されており、このことは、謡われるティルルの内容とも合致する〔比嘉　一九九三　六二～六五〕。

さて、ヒータチにおけるユナイマカネー（ユナイに対する「賄い」、振る舞いの意）とは、ノロを中心にした女性たちのハビャーンでの祭祀に先立って、ソールイガナシとノロの間で行われる儀礼のことである。ソールイガナシによるノロに対するティデーイ（おごり、贈与）と称して、ソールイガナシの家からノロの家に（外間系のソールイガナシ家からは外間ノロ家へ、久高系のソールイガナシ家からは久高ノロ家へ）米一升五合と魚一斤半が届けられ、ノロ家では、その米でピジャイサンニと呼ばれる握り飯をつくり、それと魚の刺身と煮付けをセットにしたものを神饌とする。その神饌は二膳準備され、一膳はソールイガナシの家に届けられ、ノロ家とソールイガナシの両家で大漁の祈願が行われることになる〔比嘉　一九九三　五六〕。

また、両ノロ家においてそれぞれに、酒（泡盛）の入った杯のトゥイケー（杯のやり取り）がノロとソールイガナシの間で行われるが、そのトゥイケーは、「ユキー（兄弟＝ソールイガナシ）がユナイ（姉妹＝ノロ）に対して大漁の祈願をして下さるようにお願いする」意味だという。ノロは、ソールイガナシとのトゥイケー儀礼を済ませた後にハビァーンでのヒータチ祭祀に出かけることになる。

一方、三月三日にはユキーマカネーという儀礼が行われる。ヒータチとは逆に、ユナイ（ノロ）がユキー（ソールイガナシ）に対して「賄い」をすることになるが、具体的にはノロからソールイガナシに麦と芋を材料にしたイリキニンジャラと刺身および焼き魚が届けられる。三月三日には、三月ヂナ（三月綱、綱は網の意）と称して、ソールイガナシが中心となってのウプスー組（五〇から七〇歳までの男性）と一三歳および一五歳の少年たちによる追い込み漁が行われるが、ユキーマカネーの食材となる魚はこの追い込み漁によって獲られた魚の一部で、ソールイガナシによってノロ家に捧げられたもの（ウタカムンという）が用いられる。イリキニンジャラは、炒った麦を粉にしたものに、煮こんだ薩摩芋をすりつぶしたものと黒糖を混ぜ合わせて平たいお握り状にしたものである。なお、材料に使う麦は、必ずヌール地（ノロ職に世襲される土地）から収穫したものを用いる習わしだったという点にも留意しておきたい。

さて、対になっているこの二つの儀礼の意味であるが、ヒータチにユナイマカネーが行われるのは、「ユキー（兄弟＝ソールイガナシ）がユナイ（姉妹＝ノロ）に対して大漁の祈願をして下さるようにお願いする」と話者が説明していることからしても理解がしやすい。すなわち、女性たちによる豊漁祈願であるヒータチ祭祀に先だって行われるユナイマカネーは、ウミンチュ（海人、漁民）の代表としてのソールイガナシが、豊漁祈願を担う女性たちの代表としてのノロに対して、前もってその労をねぎらい感謝の意を表すために「賄い」をするのだと解釈することができる。

それに対し、三月三日のノロによるソールイガナシに対する「賄い」にはどのような意味があるのだろうか。神饌となる魚はウミンチュたちから贈与されたものであることを考慮すると、ソールイガナシに対する「賄い」であるユキーマカナイにおいて、魚がこの儀礼の本質に関わるとは考えにくい。そこで、イリキニンジャラの方に目を向けると、イリキニンジャラの材料が炒った麦の粉と黒糖であることは、以下で述べていく理由により重要な意味をもつものと思われる。

久高島の民俗信仰にはいわゆるウナイ神信仰が顕著に見られるが、島に伝わる次の琉歌「イリキハチャグ

ミヤ　ユナイグァガウシジ　ユルヌユーバラシ　ウトゥギミソーリ」もその一例である。この歌は、男が旅（航海）に出る時にその姉妹がイリキハチャグミ（米を炒って作る菓子）を贈与した習俗が背景にあり、夜の航海（ユルヌユーバラシ）ではユナイ（姉妹）のウシジ（御セジ、霊力）の象徴であるイリキハチャグミがウトゥギ（御伽、お守り）になる、あるいはイリキハチャグミを食べて姉妹の霊力の加護を得なさい、という意味に解釈できる。ユナイグァガウシジの部分が、ユナイグァガウミヤギ（ユナイのおみやげ）と歌われる場合もある。イリキハチャグミの「グミ」は「米」の意味だと思われるが、麦でつくるイリキハチャグミもあるという。旅に出る兄弟にイリキハチャグミを贈与した具体例を確認することはできていないが、かつてあったものが廃れたものと理解しておきたい。

イリキハチャグミに関連して、タビ（旅、出稼ぎ）に出る人が島から持参したというユニクに注意を向けたい。ユニクとは、炒った麦を臼で挽いて粉にしたものに黒砂糖を混ぜたもので、旅先ではお湯あるいは水で溶いて食べたという（ユニクを旅に持参した体験者は確認できた）。ユニクの持参は男女にかかわりないが、旅に出る者が島から持参するという点でイルキハチャグミとユニクは重なり、その意味で両者は等価であり置き換え可能なものだと捉えたい。

なお、八重山の波照間島では、麦のシィクマンという祭祀において「儀礼的贈物として、ブナリィ〔姉妹〕はみな兄弟から新穀を炒ってつくったイナムン〔小麦〕の粉を入れた重箱（ジィバグ）をもらい、お湯と黒砂糖を混ぜてユヌグ（湯の粉、ハッタイ粉）にして使った」〔アウエハント　二〇〇四　三七九〕とされるが、波照間島のユヌグと久高島のユニクは同一のものと判断される。波照間島でのユヌグが兄弟から姉妹へ贈与される点は久高島のイリキハチャグミ（ユニク）と異なるが、両方ともオナリ神信仰との関わりのなかで用いられていることは興味深い事実である。

さて、久高島のユキーマカナイで注目したいことは、ノロがソールイガナシに贈与するイリキニンジャラは、薩摩芋を混ぜる以外はユニクの作り方と同じだという点である。薩摩芋は、儀礼の意味とは無関係で付加的なものに過ぎないと仮定すれば（たとえば、保存食にする必要がないという条件のもとで、美味しくするために芋を混ぜる、という可能性が想定できる）、イリキニンジャラがノロからソールイガナシに贈られることの儀礼的意味は、先の歌から読み取れるところの、旅（航海）に出る男性に対してその姉妹がユニクを贈与するのと同じであり、結局のところ、ユキーマカネーの儀礼に表現されているのは、島外で漁業や海運業に従事する久高島のウミンチュたちをその姉妹が守護するという観念であると推測することが可能になる。材料となる麦をとる畑をノロ地と限定していることも、この推測の妥当性を高める有力な根拠になるはずである。

ユキーマカナイが三月三日に行われることにも特別な意味があるように思われる。というのは、久高島も含めて沖縄各地の三月三日の行事には、海での漁撈活動の本格的な開始、いわゆる「海開き」の性格があったと筆者は考えており〔赤嶺　二〇二〇b、本書第二部第二章〕、その機会を捉えて海での兄弟の活動を守護するというウナイ神信仰の儀礼的表現がなされることは理に適ったものと思われるからである。

以上述べたことの要点を再度確認しておくと、ユナイマカネーとユキーマカネーの儀礼の脈絡では、神女（女性）の代表であるノロとウミンチュ（男性）の代表であるソールイガナシが、姉妹と兄弟（ユナイ・ユキー）の関係として表象されていることである。ソールイガナシと勢頭神は、漁撈に関わる神職という点で重なる部分があるが、勢頭神とノロが、久高島のソールイガナシとノロと同様に兄弟・姉妹関係として表象される事例を宮城栄昌が指摘しているので紹介したい。宮城によると、国頭村安波では、「シヌグにはノロが勢頭（男性）を拝む「ウキー拝み」があり、海神祭には反対の「ウナイ拝み」がある。ノロと勢頭は「をなり」と「えけり」の姉妹と兄弟の関係にあるとともに、部落の全女性と全男性の代表者であり、ノロが勢頭を拝むときにはアサギ庭の全女性はシヌグ庭の全男性を拝み、勢頭がノロを拝むときには反対の拝みがある」という〔宮城　一九七九　二二〕。勢頭神とノロが兄弟・姉妹の関係として表象される事例が他にもあるのかどうか、興味深い論点ということになる。

先述したように、根人と根神も原理的に兄弟・姉妹関係にある男女一対の神役であるが、久高島のソールイガナシとノロおよび宮城の報告する安波部落の勢頭とノロも、同様に兄弟・姉妹関係にある男女ペアーの神役の一例ということになる。宮城栄昌は、八重山には女性のツカサと対になるカマンガーあるいはチジリビと呼ばれる男性神役がいることを指摘したうえで、「勢頭神やカマンガーは観念的にはノロやツカサのエケリで世襲に属するものであるが、根神と根人の関係と同じものである」〔宮城　一九七九　一四〇〕と述べている。勢頭神とノロの関係が兄弟姉妹関係にあることが一般化できるような叙述になっているが、先にみたように、宮城自身が勢頭神職を女性が担う事例の存在を指摘しており、その点で宮城の記述は一貫性に欠けると言わざるを得ない。

結び

本論考では、根人、勢頭神、ソールイガナシなどの男性神役の存在に注意を向けてきた。論点を整理しておくと、まず、祭祀において男性神役が担う役割をめぐる問題がある。根人が単独に司祭者になるものもあった〔宮城栄昌〕とすれば、それは何か、あるいは、勢頭神は、久高島のソールイガナシと同様に本来的に漁撈（あるいは航海）に関する祭祀を担ったのか、といった問題である。

久高島の祭祀における男性および男性神役の関与については、イザイホウにおける根人の役割などもふくめて別稿で検討したことがあり、結論としては、男性や男性神役の関与が認められる祭祀の場面に限っては、国家制度とのつながりを内包している可能性があるということであった〔赤嶺 二〇一四 三〇四〕。詳細については、拙稿を参照していただければ幸いである。

また、行政用語としての勢頭と、神職名としての勢頭の関係についても検討すべき論点の一つであることも指摘しておいた。

根人と根神、久高島のソールイガナシとノロなど村落祭祀と関わる男女一対の神役の存在があったが、それに関しては日本古代史研究の義江明子の見解を参考にしながら論点をさぐってみたい。義江は、柳田國男が沖縄のウナイ神信仰を参照して考えたように、本来、日本における神祭りは女性がその霊力にもとづいて行ってきたという見解に異議を唱え、男女ペアーの神職者による祭祀形態が古いものだと主張している。そして沖縄に関しても、「琉球の祭祀体制は、古代から化石として存在しているのではありません。一四～一五世紀の琉球王権形成過程において、それまで村落レベルで存在していた男女双方の祭祀機能のうち、女性の霊力を積極的に支配構造のなかに組み込み政治的意義を与えることで、歴史的につくられていったシステムであることが、現在では明らかにされています」〔義江 二〇〇四 一〇四〕と述べている。

この引用文中の「琉球の祭祀体制」とは、「オナリ神信仰にみられる、姉妹の兄弟に対する霊的守護、聞得大君を頂点とする女性優位の祭祀のあり方」〔義江 二〇〇四 一〇三〕であるが、それが「歴史的につくられたシステムである」というのは、国家的神女組織は支配機構の一環として国家が制度化したという意味のはずだから何ら問題はない。問題となるのは、国家以前に「村落レベルで存在していた男女双方の祭祀機能」の内実である。

国家以前の村落の祭祀状況について、どのような方法でアプローチが可能だというのだろうか。本部町伊野波のシヌグ祭りのムックジャという模擬性交儀礼についての義江の議論は、そのアプローチのひとつだと捉えてよさそうである。義江は男女によって行われていたムックジャが、後に女性二人によって行われるようになったという点に注意を向けつつ、「農耕祭祀の豊穣祈願に必須なのは男女であって女だけではないということを、あざやかに物語るものといえよう。そもそもは男女で行われた祭祀が、その後の変容によって、男性主体の祭祀が一般的となった社会では「女」が、逆に女性主体の祭祀が一般的となった社会では「男」が、それぞれ儀礼的・象徴的に必要とされるに至るのである」〔義江　一九九六　七〜八〕と述べている。

必然的に男女が関わることになると思われる模擬性交儀礼を、男女双方の祭祀機能一般に結ぶつけることが妥当なのか疑問を感じるが、それ以上の追究は複雑な議論になりそうだからこの点に関して深入りすることはやめておくことにする。いずれにしても、義江の議論を読む限り、村落レベルの男女双方の祭祀機能の内実については、この事例以外に直接的に関わる具体的な資料にもとづいての考察を見出すことはできず、義江と同じ土俵にあがってその見解の是非を検討することは困難な状況にある。

次に、義江も注意を向けている吉成直樹の関連する議論に触れておきたい。義江は吉成の「琉球列島における「女性の霊的優位性」の文化史的位置」の内容を次のように紹介している。

祭祀儀礼の分析から、沖縄の祭祀において「男性も思いのほか重要な役割を果たしていること」、「マレビト祭祀をおこなうことを中核とする男性年齢階梯組織」の存在を析出し、「オナリ神信仰は琉球列島の基層文化にあったものではなく、比較的新しい時代（一七世紀以降）の産物」であった可能性を示唆しています。〔義江　二〇〇四　一一二〕

明言はされていないものの、義江が吉成の論考に言及しているのは吉成の見解が自説に有利なものと考えたからであるに違いない。たとえば、二番目にあげるマレビト祭祀を担う男性たちは、義江のいう男女双方の祭祀機能の内の男性側の祭祀に合致していると言いたいのだと推測できる。ここで吉成説全体を議論の俎上にのせる用意はないが、一点だけは述べておくことにする。じつは、吉成の「マレビト祭祀をおこなうことを中核とする男性年齢階梯組織」に関する議論は、久高島のソールイガナシと関連する祭祀の考察が主要な柱になっている。そして、筆者が久高島に関する吉成の議論に賛成できないことについてはすでに別稿で詳細に述べたとおりであり〔赤嶺 二〇一四 三二六〜三五九〕、関心のある方はそれを参照していただくことをお願いしたい。

最後に、義江と吉成の議論もふくめて、男性神役の存在をめぐる問題は今後さらに検討を要する課題であることを確認して、本論考を閉じることにしたい。

4　沖縄の祭祀とシャーマニズム―宮古の事例を中心に―

はじめに

沖縄の祭祀とシャーマニズムをめぐる問題については、拙稿「ノロとユタ」（赤嶺　一九九七）（以下では「前稿」とする）でも論じたが、本論考は前稿での議論を踏まえ、その後の知見も加味しながら、沖縄の祭祀とシャーマニズムに関して改めて資料の整理と若干の考察を試みたものである。対象となる資料は、宮古の事例が中心となる。

一　神役組織とシャーマン

宮古地域は、村落の神役組織のなかにムヌスー（モノ知り）、カンカカリヤ（神憑りする人）、ユタなどと呼ばれるシャーマン（巫者）的職能者を組み込んでいる点に大きな特徴があることは前稿でも触れた。ここでは、村落の神役組織に組み込まれたシャーマン的職能者は、祭祀の場でいかなる役割を担っているのかという問題について、宮古の事例に即して検討してみたい。以下では、出典を記した以外の資料は、筆者の聞き取り調査によるものである。

まず、大浦部落の事例をみてみよう。鎌田久子によると、大浦では神祭りを行う女性をサスウマと呼び、ウプラダシ、マジルウマ、ウマテダ、ナウカニウマ、ヤマトウマ、ミルクウマ、イビノカミ、シマノヌシ、ユウノヌシ、シマガキノウマ、ツカサガミの一一の神役があり、サスウマは、マドウマと呼ばれる四九歳以上の女性（一戸一人）から選ばれるという。そして、ウプラダシ、マジルンマに関して、鎌田はつぎのように述べている。

ウプラダシ、マジルガミ（ママ）は、神憑りし、ヤーキザスと呼ばれている。部落の各家々では、家の願いごとをする時、この二人のサスウマをよんで神願いをしてもらう。ここでは神憑りする状態をモノスといい、この二人はモノスになることが出来る。ヤーキザス以外のサスウマでもモノスになることがあるが、それはヤーキザスと区別して、アキザスとよばれている。モノスになること、即ち神憑りする状態を又一名カンカカリャともいうが、ウプラダシ、マジルガミの二人は、常にカンカカリャの状態になることが出来るわけである。〔鎌田　一九六五ａ　一八二〕

ウプラダシとマジルウマ（ガミ）という二人のサスウマは、神憑りする能力を持っているという指摘である。サスウマは四九歳以上の女性であるマドウマから選ばれるとあるが、ウプラダシとマジルンマに関して特に注記がされていないのが気にかかる。他の神役と同様に選ばれるのだろうか。別の論文には、「ウプラダシとマジルンマの二人は、ヤーキザスともよばれて、神憑りし、モノスの役が出来る。モノスは一名カンカカリャともいい、この二名は神役につくことによって自動的に呪力霊力を持つことになる」という記述もみえるが〔鎌田　一九六五ｂ　四〇〇〕、神役につくことによって自動的に呪力霊力を持つようになるとは、腑に落ちない説明である。後述するように、宮古の他の地域では、シャーマン的資質を持つすでにムヌスーなどの職能を果たしている人の中から選ばれる神役がいるので、大浦の場合もその可能性が想定できると思われるが、上記の引用ではその点が不明である。

ウプラダシとマジルンマは、シャーマン的資質に基づき家々の神願いを担当していることは理解できるが、それでは、彼女たちのシャーマンとしての能力は、村落祭祀の実際の場面においていかに発揮されたのであろうか。残念ながら、鎌田論文にはそれに関する記述が見られない。旧暦八月一三日に行われるユークイについて「このまつりはサスウマのうち、ユーノヌス〔ユウノヌシに同じか〕が中心になり、部落の豊作を占うので、この日だけはユーノヌスがアキザスになる責任がある」〔鎌田　一九六五a　一九〇〕という記述も気にかかる。「占う」とは、ユーノヌスがシャーマン的能力を発揮して占うということであろうか。

つぎに、伊良部島長浜部落の事例についてみてみよう。長浜には、現在ツカサンマ、ナカンマ、ウクンマと呼ばれる三名の司祭がいる。ツカサンマが最高位で、ナカンマ、ウクンマの順になる。三名の神役は、五〇から六一歳までの女性の中から選ばれるが、選出は長浜ユークイと呼ばれる御嶽で行われる部落の区長による神籤によるもので、任期は三年である。

現在の神役は三名であるが、かつてはそれに加えてニガインマと呼ばれる女性がいて、ムヌスー〔ユタとも〕の中から、他の神役と同様に長浜ユークイでの神籤によって選出されたという。『伊良部郷土誌』に、長浜、佐和田では「カカリンマ〔ネガインマともいう〕は、部落内に居住する巫女全員の名前を紙片に書き、同様の方法で落ちた数の多い者一人を決める」〔大川　一九七四　九六〕とあるのと符合する。ニガインマの任期はとくに定まっておらず、最後のニガインマは五年ほどつとめたという。なお、大川恵良は、オコツカサ一名、オコンマ二名、ネガインマ一名と報告している。

ニガインマは、ツカサンマらとともに、年間一〇回以上ある部落の祭祀すべてに参加したという。ニガインマは、巫者としての職能を果たしているムヌスーから選ばれたわけだが、祭祀の場における役割については「ニガインマは、神と言葉を交わし、神の言葉を伝えていた」とか「ニガインマは、御嶽の中で神が伝えることを、歌にして村人に伝えることもあった」という話が聞けた。ただし、託宣の具体的内容までは把握できていない。

大川恵良は、長浜のユークイ前日の神女の夜ごもりについて以下のように記している。

> 司達や関係者は、前日の午後五時頃からお嶽に集まって夜籠りをする。夜籠りの祭〔際か〕は、司達四人の関係者は白衣を着け、ツカサが最初に線香をとって、今日の願いの目的を報告する。祈りは斎戒沐浴し、手には手草を持ち頭にはカウスを冠り、部落民の健康安全、五穀満作を祈る。その間付き添いの人々は手を合わせて祈る。祈願が終るとユーンテル「富を一杯にして下さい」という歌で踊る。その時白衣の裾を捲りあげ、その中へ富が入るように祈る。夜籠りには司は徹夜をして願いをし、オコンマ二人は線香の責任なので、消えないように見ながら線香を補足する。ネガズンマは神懸りの言葉をとなえながら、一生懸命うたったり踊ったりする。他の司や関係者達はうつらうつらしている。〔大川一九七四　一一五〕。

ニガインマが神がかりの言葉をとなえながら、うたったり踊ったりするというのは筆者の聞き取りと同じで、ただ残念なことに神憑りの具体的内容については大川も言及していない。

一九二九年生まれの五〇歳のときから三年間ツカサンマをつとめた女性によると、当時は村会議員選挙にあたり、部落出身の候補者のための当選祈願が御嶽で行われたが、当時のニガインマは、神からの啓示によって立候補者の内から何名が当選するかわかる、と語っていたという。また、事情が複雑で判然としないが、立候補者の内の一名は「じゃま人」〔他の候補の得票を減らすために立候補する人〕であることを、ニガインマから個人的に聞かされたことがあったという。

つぎに、松原と久貝部落についてみてみよう。真下厚によると、松原と久貝は共同で祭祀を行っており、神役組織は、両集落とも、ユーザス・ツカサ各一名、ツカサトゥム二名、男性神役ガンザ一名という構成で、ユーザスとツカサは終身制で神籤によって選出されるという〔真下　二〇〇三　一七四〕。真下は神籤の内容には触れていないが、大本憲夫によると「両神役〔ツカサとユーザス〕の選出基準に関しては、松原では家筋、家格、年齢などに規制はない。前任者が死亡、病気などで辞任すれば（略）総務が他部落の複数のカンカカリヤーから判示を得、複数の干支者を候補とし、その女性たちをツカサの場合はツカサガン、ユーザスの場合は公民館に集め、総務が神籤を下ろして決定する」という〔大本　一九八二　二二六〕。ただし、別の論文において大本は、松原のユーザスについて、「通常はカンカカリャとよばれ、日常的には村落内外から訪れてくる人々に対し、卜占、判示、呪的儀礼を担当している人たちが、部落祭祀においてユーザスを務める」と述べており〔大本　一九八三　九三〕、若干の齟齬（そご）が認められる。

さて、ユーザスの役割については、真下が次のように記している。

正月ニガイおよび正月十六日のニガイには村の中心となる聖地カーニ御嶽に籠もり、年頭に当たって神の予言を聞こうとするのである。その際、神がかりして神のことばを発するのがユーザスの役割である。ユーザスが神事のなかで神々の名をよみ上げるとそれらの神霊が次々に憑依してき、まず名告りをして一年の豊作や漁業の豊凶、村人の健康などについてのカングイ（神声）がユーザスの口から発せられるという。ユーザスはこのとき深いトランス状態にあってどんなことばが発せられたか記憶にないとのことである。〔真下　二〇〇三　一七四〜一七五〕

ユーザスが、トランス状態にあって、一年の豊作や漁業の豊凶、村人の健康などについて神の言葉を発したとされる点を確認しておきたい。

つぎに、伊良部島の佐良浜の事例に目を向けたい。佐良浜のツカサ組織は、ウフンマ、カカランマ、ナカンマの三名によって構成されるが、カカランマはかつてはすでにカンカカリャと呼ばれる巫者としての職能を果たしている女性の中から選ばれていた。真下厚がウフンマ、カカランマ経験者からの貴重な聞き取り調査の結果を公表しているので、真下の報告に依拠して、村落祭祀におけるカカランマの職能についてみていきたい。なお、真下の調査時点では、カンカカリャのなかからカカランマを選出することはなくなり、ウフンマやナカンマと同じ方法で選出されているが、真下が話を聞いた話者は、カンカカリャをしていて選ばれた人でシャーマンとしての資質を有している。

まず、カカランマ経験者のつぎの語りに注目したい。

お祭でオヨシ〔歌〕をうたっているときに、絵が出てくるよ。もし、神様の時計の針が三時ごろをさしていたら、アトユー（後世）ということになる。こんなふうに出てきた絵で神の知らせを判じる。また、神のことばも聞こえてくるけど、ほかの人たちはその動作によって、神様にウフユー（大世）をどういうかたちでお祝いしているか見てるわけ。だから、神様のものを受ける人は、きつい。とってもきつい。十二支の方角があって、それぞれの神様にオヨシをうたって一晩中やるから、一週間くらいは疲れるよ。そして、それぞれの神様がお告げを知らせるから、オヨシをうたっている動作やそぶりにあらわれるのをウフンマやナカンマが見る。神様が怒っている場合には、動作が荒くなるさね。それを後でウフンマやナカンマが、あれはどういう意味か、って聞くさね。三時までに十二曲うたわないといけないから、時間がないので、後で次々聞くさね。〔真下 二〇〇三 二〇一〜二〇二〕

祭祀でオヨシと呼ばれる歌謡が歌われ、その過程で神からの託宣が「絵」や「神のことば」のかたちで与えられるようである。トランス状態にあるカカランマの「動作やそぶり」の意味についてウフンマやナカンマが尋ねることに関しては、以下の発言からより具体的に知ることができる。

オヨシが始まったら、船の音がしてきたわけよ。ドッシーン、ドッシーンときてね。うちが降りてきてみたら、岩と岩との間に避難してきているわけ、いっぱいユーを積んで。この船はね、避難ではないよ、ユーを持ってきたよ、って言って。ごめんなさい、ごめんなさい、って、自然にことばが出たよ。ウフンマが、何をやっているか、って言うものだから、今船がユーを持って入ってきている、と。そして、オヨシが始まったら、人がいっぱい来て騒いでいるわけよ。ユーを下ろす音もほかの人たちに聞こえる、って。ドッシーン、ドッシーン、って。地震がしている、地震がしている、っていうけど、これはユーを下ろしているんだ、って。早くこれを聞けば、ユガフウ（世果報）だって。だから、みんな、ヤーキ〔家、世帯〕を願って、これを聞くためにおとなしくしている。〔真下　二〇〇三　二〇三〕

後半に不明瞭な部分があるが、大筋としては、ウフンマの問いに対して、ユーを満載した神の船が入港し、その船からユーを下ろすというカカランマによって幻視された情況が、カカランマによって解説されていると理解していいだろう。つぎに揚げるのは、ウフンマ経験者の語りである。

マビトゥダミやウフダミなどのとき、カカランマがオヨシをうたうと神のことばが聞こえたり絵が見えたりする。カリユシダミのような村ニガイのときはオヨシはやらないが、神からの知らせはある。カカランマはその内容を自分（ウフンマ）に報告する。それを聞くとすぐに勘が働いて判断が自然に出てくる。神さまから勘が来ているのだ（以前、ユタから『あんたは学問の神を持っているような人で、判断力のある人だ』と言われた）。／ウフンマとカカランマは和合がいちばん大事だ。中村・本村〔佐良浜は、中村（池間添）と本村（前里添）の二つの集落から成り、祭祀は合同で行う〕のカカランマがそれぞれ別のものを見ても、自分のところのカカランマを信じている。〔真下　二〇〇三　一九八〕

カカランマが、ウフンマに聞かれて応えると述べているのに対して、ウフンマは、カカランマが自分に報告すると述べているところに微妙な差が生じているのは興味深い。ウフンマとカカランマの神役としてのヒエラルキーの問題が絡んでいるものと思われ、その点については後述する。「カカランマの報告を聞くと勘が働いて判断が自然に出てくる」というのはわかりづらいが、トランス状態にあるカカランマの発言は明瞭さに欠けるものと推測できるので、不明瞭な部分を補って理解する能力を「勘が働く」と表現しているのであろう。

最後に、多良間島の事例にも目を向けておきたい。筆者は、多良間島の旧暦九月のマッツーの日に行われるユブリの行事について以下のように報告したことがある。

マッツーの日の夕刻には、カムカカリャンマ（神憑りする女性の意味、ムヌスーとも）が係わるユブリという行事があった。「多良間島往復文書控」に「世振等報告のため渡海」として「右世振之成行並嵐之為御届押舟差登申候間御用筋相済次第早々帰帆被御申付度奉存候也」（略）とあるが、「世振」がすなわちユブリで、元来は作物の出来・不出来のことを意味しているようである。カムカカリャンマによるユブリも、来る年の豊作・不作に係わるものであった。すなわち、カムカカリャにマッツーガム（マッツーの神）がおりてきて、来る年の豊年・凶作についてカムカカリャンマの口を介してマッツーガムがメッセージを発すると考えられていた。

この儀礼はカムカカリャンマ個人の家で行われ、マブルの香炉の前に供物が飾られていたというから、ここでもマブルが職能神と重合していることが窺われる。ユブリの儀礼に村落が関与することはなく、供物はカムカカリャンマ本人によって準備された。大正生まれの話者は、パガマ（屋号、以下同じ）

のンマ・古謝ンマ・手登根ンマ・ウフヤーのンマなど、五、六名のユブリに係わるカムカカリャンマがいたことを記憶している。ユブリの場には、神の言葉を聞くために子どもたちも含めた大勢の人々が庭にもあふれるほど集まったという。ここでいうカムカカリャンマは、ツカサとは異なり、御嶽などでの公的祭祀に関わることはなく、あくまでも個人の依頼に応じて対処する職能者であったようだ。現在島には、カムカカリャンマは一人もいないという。〔赤嶺　二〇〇〇b　五七〜五八〕

多良間島では、来る年のユブリすなわち作物の豊作・不作を占う役目を、村落の神役組織には関わっていないカムカカリャンマが担っていたことになる。宮古の一般的な情況との違いがあるわけで、多良間の事例をどのように位置づけるべきか注意を向ける必要があるだろう。

二　下級神女のシャーマン性

つぎに、前稿において「下級神女のシャーマン性」として論じた課題に話を進めたい。少々長くなるが、前稿の該当部分を以下に引用の形式で示しておく。なお、注記番号と注記は省略してある。

『琉球国由来記』巻十六の伊是名の雨乞いのノダテ事の中の、次の唱詞に注目したい。

（前略）ニルヤセヂ（ニライのセヂ）カナヤセヂ（カナイのセヂ）マキヨニアガテ（集落に上がり）クダニアガテ（同上）サシボニ（神女に）マツヂニ（神女の頭の頂に）カカヤイ（憑かり）ヲソヤイ（襲い）（後略）

この唱詞から、祭祀の場でサシボと呼ばれる神女にニライ・カナイのセヂが憑依する状況が確認できる。ところで、このノダテ事とほぼ同種の、伊是名島の「雨長々不降時」のミセセルを引用した谷川〔健一〕は、「ニルヤカナヤの霊威が部落に上ってきてノロに憑かり」と解釈し、サシボをノロと読み換えているが、それが誤りであろうことは、同じく伊是名島についての『琉球国由来記』記載の次の資料から明らかになる。

毎年、元旦の首里城での「朝の御拝」に参列する島役人を送るに際しての儀礼で、『由来記』では、「二カヤ田二人、伊是名ノロ・掟神、五人ノサシボ召列、都合十人、田ノカミ御嶽ノ内ニ入、一夜宿リ、次日、直ニ伊瀬名ノ浜へ出ラレ、ミセセルアリ。其時旅人数、ミハイ仕ル也。」とした後で、田ノカミ御嶽のイベの前でのミセセルとして、次の唱詞を記している。

（前略）ニルヤセヂ　カナヤセヂ　マキヨニアガテ　クダニアガテ　マキヨヤセゼル　クダヤセゼル　大ゴロ　モリヤヘチヨガ　アツヽエラデ　エガエラデ　サシボニ　モツヂマツジヲソテ　マカタヲソテ（後略）

この唱詞でも、ニライセヂがサシブやモツヂのマツジ（頭の頂）や肩に憑依する様子が謡われているが、大事なことは、サシブより高位の二カヤ田やノロも祭祀に参加しているが、憑依が期待されているのはここでもサシブとモツヂであって、二カヤ田やノロではないということである。したがって、谷川のように、サシブをノロと読み換えることは曲解になろう。

高位の神女と憑依をする下級神女という図式がオモロの世界においても該当することは、波照間永吉によってすでに指摘されている。波照間に従ってまず次のオモロを挙げる。

一　聞ゑ君加那志

さしふ　降れ変わて
首里杜　降れわちへ
成さい子思いしよ
君　栄て　ちよわれ
又　鳴響む君加那志
むつき　降れ直ちへ
真玉杜　降れわちへ
（略）　　　　　　（十二―七三三）

波照間によれば、このオモロの歌意は、「世に聞こえた君加那志がサシブに降り変わって首里杜に降り給いて、国王様こそは君に相応してましませ、世に鳴り響いた君加那志がムツキに降り直して真玉杜に降り給いて（略）」となる。さらに、このオモロ以外でも、聞得大君、差笠、君加那志、首里大君など、後の三十三君と呼ばれる高級神女の神格（セヂ）がサシブに憑依することが謡われている事例のあることを、波照間は指摘している。

サシブという語は、サシボともいい、「さし」は神が憑く意で、サシボは、神が憑依したものを意味する。モツヂはサシボの対句で、『混効験集』でいうムヅキに相当し、ムヅキは物憑きで、霊力（もの）が憑く人、憑いた人の意である。したがって、ノロや高級神女ではなく、サシブやモツヂという名の神女にセヂがつく（憑依する）ことには必然性があったと考えるべきである。〔赤嶺　一九九七b　一五一～一五三〕

さて、「下級神女のシャーマン性」をめぐる問題についても、宮古の事例で検討してみよう。先にとりあげた佐良浜では、「ウフンマが儀礼全体を統括し、シャーマン的性格を有するカカランマに対して絶対的な優位に立つ」〔真下　二〇〇三　一九四～一九五〕という。祭祀のときの移動の道行きで、ウフンマ・カカランマ・ナカンマの順になるのは〔真下　二〇〇三　一九七〕、神役のヒエラルキーを反映していることになる。さらに、「［ウ］フンマ、カカランマ、ナカンマの三人が揃ったとき、カカランマ、ナカンマの二人はフンマの右側（ワーラ）を歩いてはいけない。というのは、フンマは立てるべき人だから、ほかの人は下方にいなければならないからだと言われている。（略）三人揃ったら何でもフンマが最初にやる。例えばお茶を飲むとき、フンマが口をつけないとカカランマ、ナカンマも口をつけられない。（略）カカランマ、ナカンマはフンマに逆らってはならないし、言う通りにしなければならない」という報告もある〔沖縄国際大学文学部社会学科　一九九一　二～三〕。

以上のことからして、佐良浜では、神役のヒエラルキーにおけるウフンマの優位性は明白であるといえよう。

保良の事例に眼を向けてみよう。以下は、二〇〇六年三月に、その当時ユーザスをつとめていた一九三〇年生まれの女性からの聞き取り調査に基づくものである。保良には、ツカサ一名、ユーザス一名に加えて、会計や供物の準備に関わるサンヤク（三役）と呼ばれる係が三名いる。彼女は三〇歳を過ぎてからカカリャ（巫者）をするようになり、五〇歳代に当時部落に二、三名いたカカリャの中から公民館で行われた神籤によってユーザスに選ばれたという。二〇年ほどもユーザスを勤めていることになる。ちなみに、彼女の母親もユーザスをしていたという。

一方のツカサは、保良で最初のツカサが出た家だとされる〈ツカサンマヤ〉という家の子孫がツカサの候補者となり神籤によって選ばれ、任期は三年と決まっている。ただし、現ツカサの先々代にあたるツカサが、ツカサ候補者として十名を指名したことによって変化が生じた。指名された十名の内、〈ツカサンマヤ〉の子孫は二、三名だけだという。

カカリャの中から選ばれたユーザスが、村落祭祀においてどのような役割を果たしているかについては調査が及ばなかったが、神役のヒエラルキーについては、「ツカサは校長で、ユーザスは教頭」という比喩によって、ツカサが上位であることを明言していた。

つぎに、大浦部落の事例をみてみよう。鎌田久子は大浦のツカサのヒエラルキーについて「サスウマは〔略〕それぞれ仕える神の名をとって、ウプラダシ、マジルウマなどとよばれているが、このうち最高のサスウマがウプラダシである。ウプラ即ち大浦、ダシはサスの訛言、即ち大浦の最高司祭者の意である。マジルウマはマジルは女神の神名で、それを祀る老婆の意である。」と述べる〔鎌田　一九六五（a）一八二〕。なお、ウプラダシとマジルは村落創始に関わった兄妹神とされ、かつてはウプラダシの神役がマジルウマも兼ねていたという。

鎌田は、シャーマン的資質をもつウプラダシが最高位の立場にあるというが、神役名称以外には傍証となる事実への言及が見られないのは惜しまれる。先にも引いた、ユークイではユーノヌスが中心になるということとの整合性についても疑問が生じるのでなおさらである。

つぎに松原の事例をみてみよう。ユーザスが神憑りして神の言葉を述べるという真下の報告は先に紹介したが、真下によれば「ユーザスが神役組織の中心とされ、ツカサはそれを補佐する役割を担っていると考えられている。ここでは、神事の全体的な執行も神がかりするユーザスが統括している。」という〔真下　二〇〇三　七五〕。

松原については、大本憲夫も次のように記している。

両名〔ツカサとユーザス〕はすべての部落祭祀の神願いを担当するが、役割の上には違いがある。現在、祭祀を主導しているのはユーザスである。ユーザスは諸神に捧げる線香の数や供物をツカサに指示し、それに基づいてツカサが願うのである。また正月ニガズやユークーなど一部の祭祀ではユーザスは祭場で神憑りして神意を託宣したり、神を崇める歌（アーグ）を歌う。ツカサには神憑り能力は要求されず、祭場での神願いのほかには供物の準備を担当する。一部の祭祀では部落を代表してツカサが神酒を作る場合がある。祭場での座順も、上位に着くのはユーザスである。〔大本　一九八二　二二五〜二二六〕

祭祀の場においては、ツカサではなくユーザスが主導的役割を果たしていることは明白である。

つぎに長浜部落の事例をみてみよう。先述の通り、長浜にはかつてムヌスーの中から選出されるニガインマがいたが、ユークイという一年で最大の祭祀におけるニガインマの役割について、ある話者はつぎのように語っている。

むかしは、ニガインマがいないと、ユークイができなかったのに、今は、ニガインマがいなくてもユークイができているのが不思議である。ニガインマは歌を謡い、権利を握っていた。他のツカサたちはアシスタントで、ニガインマがあれやれ、これやれと命じていた。むかしニガインマが歌っていたアヤグを現在はツカサがするが、ニガインマのまねをしているだけである。

長浜でも、ユークイにおいて主導的役割を果たしているのは、ツカサではなくニガインマの方だと言えそうである。ただし、「クライ（位）は、ツカサの方が高いが、力はニガインマの方がある」という語りもあり、問題は単純ではない。

この問題に関しては、大本憲夫が以下に掲げる重要な指摘をしている。

実際の祭祀の場においてはツカサはユーザスの指図に基づいて、供物を調えたりその神供や願い事を捧げるなどの役割に終始する村落も多い。しかし、ツカサ・ユーザスが両立する村落においても、社会的位階や評価は一般にツカサがユーザスを凌ぎ、例えば平良市松原では、村落から両者に支払われる謝礼には差があり（金銭のほか、ツカサには各戸から徴収した米が年間一石二斗支払われている）、また村落に不漁や凶作が続けば「ユーパギ　ツカサ（豊穣をもたらさないツカサ）」と人々から非難を浴びるのはツカサである。〔大本　一九九一　五二〕

実際の祭祀の場では、シャーマン的資質を有するユーザスなどが中心的な役割を果たしていても、村落の神役組織のヒエラルキーとしては、一般的にはあくまでもツカサの方が上位に位置しているという指摘である。

長浜部落についても、大川恵良が「祭事の責任者は司で、ネガズウマは神願いの役を務める。（略）司達四人の関係者は白衣を着け、ツカサが最初に線香をとって、今日の願いの目的を報告する。」〔大川　一九七四　一一五〕と述べている部分に着目すれば、ネガズウマが主導的役割を担っているようにみえたとしても、祭祀全体を統括する責任はツカサが負っているものと理解できそうである。

三　考察

これまで、シャーマン的職能者を村落の神役組織に組み込んでいるいくつかの事例をみてきたが、これらの事例は沖縄の祭祀とシャーマニズムをめぐる問題のなかでどのような位置を占めることになるのだろうか。神役組織のなかにシャーマンが組み込まれている事例を、「ノロ」（司祭）と「ユタ」（シャーマン）がかつて未分化状態であったことの証左として捉える櫻井徳太郎や谷川健一の見解については、前稿において批判的に検討したのでここではくり返さない。以下では、前稿とは別の視点から若干の考察を試みたい。

そもそも、村落祭祀においてシャーマンが憑依して神のメーセージを伝えるということが、共同体にとっていかなる意味を有しているのだろうか。シャーマンを媒介に伝えられるとされる神のメーセージは、共同体にどのような直接的影響を及ぼしたのであろうか。長浜における選挙立候補者をめぐるニガインマによる神の託宣は、個人的なものであって共同体と直接的に関わるものではないと判断できる。佐良浜のカカランマが「神様が怒っている場合には、動作が荒くなる」と語っているところに着目すると、ネガティブな託宣が伝えられた場合の可能性も想定できないわけではないが、どうであろうか。そして、もし託宣がネガティブな場合、共同体の対処の仕方はいかなるものであったのだろうか。

ここでは、シャーマン的職能者が祭祀の場で歌謡をうたうという点に注目してみたい。既述のように、長浜、松原、佐良浜などにおいて、祭祀の過程でシャーマン的職能者が神歌をうたうことが確認された。佐良浜と同じ「池間民族」系である西原部落には、フヅカサの下に、かつてはムヌスーの中から選出されていたアーグシャ（アーグという神歌を謡う者）という神役がいる〔上原　一九八三　七四〕。池間島にも神憑りを専門にするカカランマという神役がいて、その別称はアーグシャである〔野口　一九七二　二一四〕。アーグシャという名称は、祭祀のなかでアーグを歌うことがこの神役の主要な職能であったためのネーミングだと推測される。

さて、オヨシについての佐良浜のカカランマ経験者の以下の語りに注目したい。

> 神様に、オヨシ（歌）をうたって、今日は何願いだよといって、願いを上がらすわけ。海の幸も畑の幸も学問の幸も、七つの島からこの佐良浜に寄せてくださいとうたうわけ。初めに本村のカカランマがう

たって、次に中村のカカランマがうたう。本村のカカランマと中村のカカランマのうたう順番も違う。本村と中村では、オヨシも違う。オヨシのことばは、昔は帳面もなくて、口で伝えてきたから、少しずつ変わってきたと、あばあちゃんたちが言っていた。オヨシは村の人たちから神様にお願いする歌さね。（略）お祭りでオヨシをうたっているときに、絵がでてくるよ。（略）オヨシはめいめい決まっていて、帳面で受け継いでいるから、一行でも間違えてはいけない。だから、頭のなかで、次は何、次は何と思い浮かべながら、やっているから、そういうことはない。間違えば、願いがかなわなくなるからね。でも、うたいながら、神様がどう思っているのかみんな覚えている。だから、静かにしてくれないと、神様も消えていくからね。〔真下　二〇〇三　二〇〇〜二〇二〕

この語りから、カカランマにとってオヨシを歌うことがいかに重要なことであるかを知り得るが、「オヨシをうたっているときに、絵がでてくる」と述べている点には特に注意を向ける必要があるだろう。カカランマが憑依して神から託宣を受け取ると説明・解釈されるとしても、その託宣はすでに歌のかたちで形式化されているオヨシの内容に大きく関わる、あるいはそれに制約されることを推測せしめるからである。じっさい、先にみたように、祭祀の過程でカカランマがユーを満載した神の船が入港し、その船からユーを下ろす場面を幻視する情況があったが、それはオヨシのなかで「海の幸も畑の幸も学問の幸も、七つの島からこの佐良浜に寄せてください」と歌われていることに対応するものであることは明らかであろう。

前稿において、「シャーマンとしての霊的存在との個人的な交流と、ある目的をもつ公的祭祀における予定調和的な憑依とは、憑依、トランスなど同一の用語で括ったとしても、その内容は同質ではない」と述べた〔赤嶺　一九九七　一五四〕。「公的祭祀における予定調和的な憑依」とは、ある祭祀場面における、聖地・拝所を巡拝していく神女を正視すると眼がつぶれるとされる沖縄島北部の祭祀における神女、伊良部島のカンムリ（神降り）における移動中のカンムリンマなどの状態を想定したが、神役組織に組み込まれたシャーマンの場合も、歌謡をうたうという職能に着目するかぎりにおいては、多くの場合予定調和的な憑依である可能性が高い。

池宮正治が「歴史の表面にあらわれた託宣とは、神が人間の肉体に依憑（ママ）し、その口をかりて神の意志をあらわすことにあるのは勿論だとしても、ある事件とかかわって唯一回しか起こらないのである。つまり神託のことばは定形ないし類型上の詞章ではなく、場面と敏感に対応した「一回性」の出来事である。ことばのリズム、対句のレトリックもここでは必須の条件ではない」〔池宮　一九七六　七七〕と指摘していることは、この問題を考えるにあたり大いに参考になる。池宮の指摘に従えば、歌謡という定形化された呪的詞章によって制約を受ける憑依・託宣は、一回性のものではなく必然的に形式化されたものにならざるを得ないということになる。

もちろん、カカランマやネガインマたちは、シャーマン的資質を持つゆえに従来の調和を乱すイレギュラーな憑依が発生し、その結果として村落の祭祀情況に何らかの葛藤を引き起こす契機を宿しているという点で、ノロやカンムリンマなどとは異なる情況にあるということも忘れてはなるまい。久高島で筆者が遭遇した祭祀の一場面を紹介しよう。久高島も、宮古と同様にウムリングァと呼ばれるシャーマン的職能者を神役組織に組み込んでいることは前稿で触れた。ハンジャナシという来訪神祭祀は、通常の祭祀と異なりノロではなく特定のウムリングァたちがアシビ神（遊神）と呼ばれ主役的な役割を演じる祭祀であるが、ある年にティルルと呼ばれる歌謡を先唱するアシビ神が高齢化のために参加できず、神遊びが中止となり祈願だけが行われたことがあった。その祈願の最中にあるウムリングァ（アシビ神でもある）が突然トランス状態となり大きな涙声を発する情況になった。後で聞いてみると、神遊びがないことを神が寂しがっていて、神からのその知らせによって引き起こされたトランスであったという。筆者のいうイレギュラーな憑依とは、この種の状態も含めて想定している。

一方、定形化された歌謡によらずに託宣がなされる情況がもしあるとすれば、それはまた別途に検討される必要があろう。先に引いたところの、佐良浜のウフンマ経験者が「カリユシダミのような村ニガイのときはオヨシはやらないが、神からの知らせはある。」と語っていることに従うと、歌謡なしの神託もあることになり、今後細かな注意を向けて検討していく必要がある。

この問題との関連で、多良間のユブリ儀礼に再度注意を向けていいかもしれない。先の引用では省略したが、マッツーの日には、その前日に穀物の種子を満載した船に乗って多良間島にやってきた神が種蒔きをするといわれていて、カムカカリャンマに憑依するのは種蒔きを終えたこのマーツーの神だと考えられている。そして、ユブリの際、カムカカリャンマの儀礼に歌謡が伴ったとは伝えていないところからすると、このユブリにおける託宣の性格は、形式化された類型的なものではなく、一回性の託宣にかなり近いものであった可能性がある。残念ながら現在の話者たちの子どものときの見聞であるゆえに、具体的状況については把握し得ていないが、もしそうであるとすると、それを担っていたのが村落の神役組織とは関係を結んでいないシャーマンであった点に注目する必要があるだろう。

神が一人称で自身の来歴を叙事する狩俣の神歌について考察した内田順子が、祭祀の場で通常とは異なる歌詞が歌われたとしても、その逸脱が連続することに歯止めをかける働きをする「神歌の形」があり、そして、「んきゃぬたや　とぅたん／にだりまま　ゆたん（昔のまま、根立てのままよんだ）」という句で神歌がよみ（歌い）終えられることによって、憑依による際限のない展開を防いでいると指摘しているが〔内田一九九九〕、これまで論じてきた歌謡と託宣をめぐる問題に相通じるものがあるように思われる。

下級神女のシャーマン性の問題についても、若干の検討をしておきたい。先の引用で示したように、オモロの世界や『琉球国由来記』にみえる資料において、憑依を期待されるのは下級神女であることは明らかであった。宮古の場合は、大浦の事例を不明なものとして別にすれば、シャーマン的神役は、祭祀の責任を負うツカサよりは下位に位置付けられているという大本憲夫の指摘に従っていいだろう。前稿で述べたように、同じくシャーマン的な神役である久高島のウムリングァもノロの下位に位置するとみてよい。

もしも、一回性の神の託宣を得ることが共同体の最重要課題であるならば、神の託宣を伝えるシャーマンこそは最高位の位置を占めてしかるべきであろう。しかるに、先述したように、定形化した歌謡と結びついた形での託宣は、一回性の託宣にはなり得ず、神憑りは形骸化し、託宣の内容も形式化せずにはいられないはずである。池宮正治が、従来は神の託宣と考えられてきたミセセルについて、一六世紀の三つ碑文に記されたミセセルを分析した結果、神から人への一回性の神託ではなく、人から神への願いを伝えるオタカベやノダテゴトと本質的な相違がないことを指摘し、「神のことばを聞き、創造的な詞章を生み出す力は、もはや彼女たちにはない。信仰の体系化は、上層において信仰を形骸化する。体系化された信仰（宗教）はやがて、政治の体系に組み込まれ、その上生産から離れることによりますます形骸化する。」〔池宮　一九七六　九〇〕と述べていることを、ここでは想起しておきたい。

王国時代の上級神女や村落の最高位の神役たちが神憑りするシャーマンである必要がなかったのは、そのような憑依・託宣の形式化＝形骸化と関連させて捉えることができるのではないか。すなわち、共同体や国家が形式化された形ではあってもなお神の憑依と託宣の必要を認める限りにおいて、それは下級の神女が担うことになった、という理解のしかたである。

宮古では、共同体が共同体の外部に位置するシャーマンに託宣を求める傾向が強いことについて、この脈絡で注意を向けてみたい。たとえば、大本憲夫によると、神役の選出の際に「村落の役員たちが村落外域の複数の巫者を尋ね、自村落の神役となるにふさわしい人の年齢、干支、家屋の方向、家族関係などを判示してもらい、その結果を考慮して候補者の限定がはかられ」たり、「新年の早い時期に、やはり村落の役員や神役みずからが他地区の複数の巫者に出向き、一年間の自村落の運勢や吉凶を卜占してもらうことを部落祭祀の一環に組み込んでいるところがある〔狩俣の二月マーイ、松原のウンツキ祈願など〕」という〔大本　一九八三　九五〕。

松井健も来間島について、「ツカサの選定にあたっては、平良のユタが、そのトゥイ（エト）をまず指定し、そのエトの人たちのなかから、神籤によってツカサが選ばれる」〔松井　一九八九　一九四〕、「ツカサとユージャスの選任には、平良市内の漲水御嶽にかかわりのあるユタが、候補者のエトを指定するという。また選任後にも、その適否を占うとされている。」と報告し〔松井　一九八九　二二三〕、さらに宮城栄昌は狩俣に関して、「大司は、毎年ユタの定めるある生年の全女性から抽せん（フズ）で決定している。／しかも新しい大司がえらばれると、大城・仲間・しり立・中峰の四嶽に属する座司(ざす)は、おのおの遠方のユタのところに行き、大司の交替を認めるべきかどうかをきき、その結果を祖神(うやがみ)に告げ、四祖神の神意の一致したところで、存続か交替かを決定している」と報告している〔宮城　一九六七　九五〕。

外部の巫者によるこの託宣は、その性格からして形式的なものではあり得ず、一回性の託宣の性格を帯びるはずである。そのことは、その託宣が「その年の神役たちの祭祀行動に影響をおよぼすことになる。すなわち、たとえば〝豊農不漁〟と判示された場合、神役たちは農家にかかわる部落祭祀においてはこの卜占がまっとうするように、また漁業にかかわる祭祀では逆の結果がもたらされるよう、例年にもまして個々の祭祀儀礼に力を注いで神願いにあたる」〔大本　一九八三　九五〕という点からも明らかであろう。宮古の巫者は、ヤーキザスなどと呼ばれて個々の家庭の祭祀に関わっている事例が多く見られるが、その場合は当然一回性の託宣が期待される場面が多々あり得るはずである。にもかかわらず、村落レベルにおいては、一回性の託宣が外部の巫者に求められるのは、村落祭祀における巫者の役割に一回性の託宣を期待していないことと表裏の関係にあるのではなかろうか。

松原で、先に引いたように、正月ニガズやユークーなどの祭祀において、「祭場で神憑りして神意を託宣したりする」、「一年の豊作や漁業の豊凶、村人の健康などについてのカングイ（神声）がユーザスの口から発せられる」とされるユーザスが、一月のウン（ツ）キ祈願には、ツカサや部落役員らとともに部落の運勢についての伺いを立てるために部落外の巫者を訪ねていることも〔大本 一九八二 二二九〕、その辺りの事情を物語っているように思われる。

5　沖縄の講をめぐって

はじめに

本章の課題は沖縄の「講」に関することであるが、沖縄の問題に入る前に、『日本民俗大辞典』における「講」についての解説に目を向けることからはじめたい。

> ある目的を達成するために結ぶ集団。講の性格から宗教的講、経済的講、社会的講の三つに大別できる。その名称は仏教用語に由来し、当初は仏教講究の研究集会、仏教儀礼執行の法会を指していたが、平安時代中ごろ以降、法華信仰が高揚し世俗社会に流布するにつれて法華経を講説する八座講会が行われるようになり、今日の講の源はほぼその法華八講に求めることができよう。法華八講の盛行は神社祭祀、諸信仰にも影響を与え、中世には経済的な金融組織としての頼母子講や無尽講が成立している。近世になると頼母子講・無尽講は庶民の間で、相互扶助のための組織として定着する（略）。さらに近世には社会的講も盛んになり、労働力交換のためのゆいやモヤイ講、葬式のための無常講、世代別に組織する子供講・若者組（ママ）・老年講、女性が結ぶ女人講、大工・鍛冶・博労などの同業者たちが結ぶ講をはじめ、さまざまな種類の講組織がみられるようになった。（略）〔宮本　一九九九　五八四〕。

日本民俗学においては、講についての関心は早くから向けられており、早い時期の代表的な研究成果として桜井徳太郎の『講集団成立過程の研究』（一九六二）が挙げられるだろう。一方、沖縄の状況であるが、管見の限り、沖縄の講について直接的に取り上げた論考は皆無だと思うが、ただしその一方で、一九八三年刊行の『沖縄大百科事典』で「講」が立項されていることは注意を惹く。以下は、比嘉政夫による沖縄の「講」についての解説である。

経済的な互助協同をおこなったり、宗教信仰上の目的で機能する結社集団をさす。沖縄では講という名称はあまり耳にしないが、ある血族集団や一門で特定の寺社を崇拝する形での講に相当するものは存在する。首里の弁財天堂を一門で崇拝し、年に二度集団で拝むという事例がある（『那覇市史』資料編第二巻中の七）。ほかに農村部において葬式のときに協力し合う〈ダビゴー〉とよばれるものがあり、それも講の一種といえる。（比嘉　一九八三）

「沖縄では講という名称はあまり耳にしない」、「講に相当するものは存在する」、「それも講の一種といえる」などの文言に注意すると、概して比嘉の解説には曖昧な点が認められることは否定できない。二〇〇八年に刊行された『沖縄民俗辞典』では、「講」は重要な項目としては見なされなかったようで、立項されていない。

以上の状況を踏まえたうえで、本論考では、従来の調査報告書や筆者の調査資料、文献史料などに依拠しつつ、沖縄における「講」をめぐる問題についての資料整理と若干の考察を行うことを課題としたい。

一　家普請とコー

以下では、家普請と関わってコーという用語が使われる事例について注意を向けていくことにする。

事例①（伊平屋島）

上江洲均の『伊平屋島民俗学散歩』には、労働慣行に関する以下の記述の文脈で「コー」が登場する。

> 近所や親戚・友人間で行う互助的労働交換をイーマールという。砂糖きびの収穫、田植え、稲刈り、砂糖きびの除草のほか、正月用の薪取などであった。／家葺き用のカヤ刈りはコーという。その場合も事前にコーに出る人数を頼んでまわる。／ブーは、道普請など村落の共同作業のことである。〔上江洲　一九八六　二三〜二四〕

伊平屋島におけるコーという労働慣行が、イーマールやブーとの違いにも注意しつつ説明されている。さらに、同書には、家普請に関わる「講茅（こうがや）」という用語が以下の文脈で登場する。島尻部落の事例である。

> 明治三〇年代から瓦葺きがふえたが、それまでは茅葺きがほとんどを占めた。家造りはたいてい農閑期になる秋に行われた。茅葺きの場合、講茅（こうがや）といって村落中が相互扶助で刈っていた。まず家を新築または葺き替えしようと思う者は、区長へ申し込むと、村の常会で承認され、一日義務の茅刈りとなる。茅は、小さな八束で「一締め」といい、二締めを義務としていた。／瓦葺きの場合は、泥を運んだり、こねたりするのに手間がかかるので、二日の義務が課されていた。このほか、義務外の加勢の場合は、対個人でユイを返さねばならなかった。〔上江洲　一九八六　二九〕

部落のある家の家普請が村の常会で承認されると、部落の各家は当該家に対して茅を提供する義務を負っていて、提供される茅あるいはカヤ刈りのことをコーあるいはコウガヤと称したということである。「コー」や「コウガヤ（コーガヤ）」は上江洲が聞き取り調査で出会った民俗語彙だと思われるが、そうだとすれば、「コー」を「講」だとしたのは、伊平屋島の話者ではなく上江洲の判断ということになるだろう。以下で見ていくように、家普請関連で「コー」という用語が使われるのは伊平屋島以外でも見られ、コーの性格から

くはずである。して筆者も上江洲と同様にコー＝講だと考えており、その根拠については、行論の過程で明らかになってい

事例②（伊平屋島）

伊平屋島のコーについては、奥野彦六郎の『南島村内法』にも報告がみられるので、以下に引用する。

家普請には部落全体が相助け、コー（註、合力と表さる）とてそれに要する一切の労力を提供する外、各戸から茅を字により異るが六尺〆数束、コー飯米二・三合、甘藷十斤位を贈り、リンショやウガミを中心とする団体からは別に米四・五斤とか甘藷四・五十斤とか諸野菜等を贈り加勢する。これはヰイマールになっている。（奥野　一九七七　一〇二）

上江洲の報告では、講における物資の提供は茅のみであったが、奥野が報告する事例では、茅の他に米と甘藷も含まれている。なお、「家普請には部落全体が相助け、コー（註、合力と表さる）とてそれに要する一切の労力を提供する」というのは、物資以外に労力の提供もコーと呼ばれていたということだと思われるが、いささか意味のとりにくい文章になっている。

事例③（宜野座村字松田）

以下は、一九八〇年代の筆者による調査資料である。字松田には、ウフゴー（大ゴー）、コーグァー（コー小）と呼ばれる家造りの時に機能する二つのコーがあった。大ゴーには三〇から四〇軒ほどが加入し、コー小の構成軒数はそれより少なかった。コーの成員の家造りがあると、コーに属する家は一定量の茅と二日間の労働力、さらに米（大ゴーは三合、コー小は二合）を提供する義務を負った。提供される茅のことをコーガヤー（コー茅）と呼ぶが、大ゴー、コー小のことをコーガヤーということもあった。労働力の提供はコームエー（コー模合）と呼ばれ、コームエーに出る場合には、各人は昼食用の芋を持参し、お汁はその家によっ

て提供された。

また、大ゴーは、年に一回、村屋や大きな家を借りてブードゥナミ（ブーは労働、トゥナミは「ならす」の意）というのが行われた。ブードゥナミは労働の負担を均等にすることで、義務である二日間の労働力の提供ができなかった家はお金で精算したり、相手が牛馬小屋などの改築する時などに手伝うことで埋め合わせを行ったという。

コーの成員によって提供される茅や労働力では足りない場合には、親戚や友人などに援助をお願いした。茅については「タルミガヤ（頼み茅）」、労働力に関しては「タルミンチュ（頼み人）」という言葉がある。山からの木材の伐り出しはタルミンチュでやることが多かった。タルミンチュは、カシー（加勢）あるいはタシキー（助け）ともいわれ、無償の労力提供である。ただし、無償と言ってもそれは一時的なもので、自分が家を造る立場になれば、相手からの労働力の返済を期待することができる。〔宜野座村史編集委員会編一九八九　一一一〜一一二〕

事例④（金武町字金武）

『南島村内法』には、金武町のコーについての以下の報告を見ることができる。

ムラには組のほかに近所三・四軒ずつ道できめた合力（コー）組もあって、家を建てるときには手ま二日と茅三束とを出さねばならぬ。イーマールは何でも仕事をしてもらい、また返すもので、それが友人や遠い親戚にまで及ぶのは家と墓を作るときである。〔奥野　一九七七　一〇二〕

すなわち、金武（金武区のことと思われる）には、組（二二組あった地縁的組織のことか）とは区別される、家造りのときに機能する「コー組」というのがあったという報告である。「近所三、四軒ずつ道できめた」というのは、近接しあう三、四軒の家が「コー組」を構成したという意味だとすれば、三、四軒というのは数が少なすぎる気がするが、現時点では不問に付さざるを得ない。いずれにしろ、このコー組においては、相互に「手ま」（労力）二日と茅三束を提供しあうしくみになっていたことが確認できる。

事例⑤（金武町字伊芸）

安富祖一博（字伊芸出身）の『村の記録』には「講茅」という用語が以下の文脈で登場する。

講茅は、住宅建築のとき竹茅六尺しめを以て一口として、住家を建築する者が発起人となって三十から五十人の講衆を集めて組織し、必要の順によって取足（ママ）する（略）。〔安富祖 一九八三 一七二〕

すなわち、伊芸にはコーガヤ（講茅）という三〇から五〇軒によって構成された家造りに関わる組織（講）があったという話である。コーガヤに属する家々は、順繰りに家をつくっていくが、家造りをする家に対して講を構成する家々から「竹茅六尺しめ」を提供するしくみになっていたということがわかる。「講茅」というのは、茅の提供に限定されていたために付いた名称なのかは不明で、労力の提供についての言及は見られない。

事例⑥（金武町字屋嘉）

以下は、筆者の調査資料である。一九六〇年頃の屋嘉では、一〇軒ほどの家が家造りのための組をつくっていた。組に入っている家は、家造りをする家に対して一週間の労力と金銭二〇ドルを提供するきまりになっており、一年に二軒ずつの家が造られていった。一年に二軒だとすると、一〇軒すべての家の建設が終了するのに五年がかかった計算になる。この協同での家造りはヤームエー（家模合）と呼ばれ、屋嘉ではこの家模合によって、茅葺きの家から鉄筋コンクリートのスラブ屋に替わっていったという。

この事例では、コーではなくムエー（模合）という用語が使われているが、仕組みとしてはこれまでみてきたコーと同じである。

事例⑦（恩納村）

『南島村内法』に見える恩納村の以下の報告もコーの一事例である。

家建築のときは親から酒食を出し、ムラの者は近遠によって数日間カセイしたが、報酬も罰もないのでことわることもある。コウは現品組合で、茅とか竹・縄などを出し、イイは労力組合で耕作などにやる。共に罰がある。〔奥野　一九七七　一〇三〕

事例⑧（知念村）

カセイ（加勢）の依頼に対しては、事情によってはことわることもできるが、コウにおける物資の提供、およびイイにおける労力の提供は義務とされている点に注意したい。

『南島村内法』には知念村の事例として、「絶交はヤーゴー石ゴー（家を建て石をもつ助力）抜くと云う」〔奥野　一九七七　八二〕という報告があるが、この「ゴー」も家普請と関わるコーだと思われる。つまり、家普請の互助組織から脱退させられることは、すなわち村内でのつきあいから外される「絶交」と同義ということであろう。

事例⑨（久米島真謝部落）

以下は、仲原善秀が報告する久米島の真謝部落の事例である。

私のシマにはウチ（本建築の母屋）講とトングヮ（台所）講の二つがあって、シマのほとんどの家はそのうちいずれかに加入していた。ウチ・トングヮという名称ではあっても、普請の規模によってトングヮ講でも母屋を作ったし、畜舎も作った。だから大小二つの講があったというのが適切な言い方である。ウチ講は茅幾締め、竹幾束、米何升、労力何日。トングヮ講は何々いくらと定め、秋から冬の間に講員の願い出によって順番を決め、そのなかの何軒かを講員で援助した。講員の出し合う材料や米などで間に合うわけでなく、その他にも竹刈り、茅刈りなど村中の労力が随分費やされる。講員の願い出も全部取り上げるわけにはいかないので、ひどく痛んでいる方から取り上げ、今年は何軒と前もって定めておいた。明治時代までは、四月の虫払いに浜下りで定めたようだが、大正時代にはシマの集会で定めていた。〔仲原 一九九〇 六六〜六七〕

この事例は、部落に大小二つの講があったこと、また、提供されるものが茅、竹といった建築材料や労力の他に、米の提供もあったことに注意したい。

事例⑩〔粟国島〕

以下は、『粟国村誌』からの引用である。

カヤの供出は原組で出しあっている。これをコームエーという。この成員は四、五〇人で、一軒から一〆〔縄の八尺〕束ねたものを六〆供出した。〔粟国村誌編纂委員会編 一九八四 一五八〕

コームエーという用語は講と模合が結合した「講模合」であるが、事例③の宜野座村松田部落でもコームエーという用語が登場した。講と模合をめぐる問題については、後段で再度取り上げるつもりである。

事例⑪〔南風原町字喜屋武〕

以下は、筆者の調査資料である。字喜屋武では、九月一日に「九月ゴー」という行事がある。現在は、村の役員が、御嶽や殿、〈仏の前〉〔ビジュル系統と思われる石を神体とする拝所〕などの拝所を拝むが、かつては、製糖組単位で九月ゴーの集いをしたという。一九〇〇年生まれの話者によれば、九月ゴーは、〈仏の前〉の屋根の葺き替えと関係があるという。昔は台風などの被害で毎年〈仏の前〉の屋根の葺き替えが必要で、製糖組単位で茅刈りや茅葺きなどの作業を分担し、そのために競い合って仕事をしたといい、九月ゴーの集いを組単位でやったのは、そのためだったと伝えられている〔南風原町史編集委員会編 二〇〇三 三三六〕。

九月ゴーという名称の行事は、他地域では見られない喜屋武独特の行事かと思われるが、九月ゴーが拝所の屋根の葺き替えと関わる行事であることに注意を向けると、九月ゴーのコーはこれまで見てきた家普請関連のコーである可能性が考えられる。

以上、沖縄本島とその周辺離島に家普請と関わるコーという組織が存在していたことをみてきた。調査報告書等を十分に渉猟したわけではないので断定はできないが、現時点では、宮古と八重山地域からは家普請に関わるコーについての報告はないのではないかと思っている。

二　仏教的講

日本における講の名称は仏教用語に由来することを先に確認しておいたが、その点を踏まえたうえで、沖縄における仏教と講の関わりについてみていくことにする。

先述したように、比嘉政夫は『沖縄大百科事典』の「講」の解説において、『那覇市史資料編第二巻中の七那覇の民俗』（以下では『那覇の民俗』）を典拠として「首里の弁財天堂を一門で崇拝し、年に二度集団で拝むという事例がある」と述べていたが、その点について注意を向けることからはじめたい。

『那覇の民俗』の第五章（「信仰と祭祀」）第三節（「家で祀った神仏」）第四項は「弁才天」となっており、そのなかに以下の記述をみることができる。執筆者は福地唯方である。

円覚寺管下の弁才天（女）堂には、王城の公事として国王も参詣したし、九月七日の弁才天講には庶民も参詣したという（『諸寺旧記』）。（略）近代には、字小禄のティーラ（照屋）一門でも弁才天を信仰していた。宗家には弁才天（画像）が祀られ、二月二十五日と九月二十三日の二回、一門で拝んだ（略）。私の調査した範囲では、このような同族結合型の弁〔才〕天講は二例に過ぎない。（略）〔那覇市企画部市史編集室編　一九七九　四四九〕

比嘉が典拠にしたのは上に引用した文章であることはほぼ間違いないと思われるが、そうだとすると、比嘉の「首里の弁財天堂を一門で崇拝し、年に二度集団で拝むという事例がある」というのは誤読によるものだということになる。すなわち、福地が「同族結合型弁才天講」と称する事例で祭祀の対象になっているのは、首里の弁財天堂ではなく、照屋一門の宗家にある弁才天の画像だからである。

一方、福地が『琉球国由来記』巻十「諸寺旧記」を引いて「円覚寺管下の弁才天（女）堂には、王城の公事として国王も参詣したし、九月七日の弁才天講には庶民も参詣した」と「弁才天講」に言及している点は看過できない。福地が指摘する通り「諸寺旧記」には「講」という用語が以下の文脈で登場する。

（略）以後至于康熙二十年辛酉、尚貞王、乗帰崇願、始行詣也。因年々正・五・九月、至今不絶成式。続之貴介公子・士庶人等、崇敬者不知其幾也。至于毎年九月七日、称于弁才天講、而各来祭、宛然如在也。年々有司二員、奉祠事者、謂之講主也。（略）〔外間・波照間編　一九九七　一七七〕

すなわち、この記事によって、康熙二十（一六八一）年に尚貞王が弁財天女堂にはじめて行詣して以降、毎年の正月・五月・九月に王府祭祀が営まれ、また、士人や庶人の崇敬者も多かったこと、さらに、毎年九月七日に「弁才天講」と呼ばれる弁才天の信者による祭祀が行われていて、祭祀を主導する者が「講主」と呼ばれていたことがわかる。一八世紀初頭の琉球に、「弁才天講」という仏教的講が存在していたことが確認できる貴重な史料ということになる。なお、福地は一門による弁才天祭祀を「同族結合型弁才天講」と記述していたが、「講」という名称が実際に使われていたかどうかは不明である。

つぎに、一八世紀初頭に作成されたと判断される『八重山島諸記帳』の「功有人」の項目の中の以下の記事に注目したい。頭職をつとめた宮良親雲上長重という人物の一連の「功」に関する文書の一部である。

一、大念仏具を自分にて作立、桃林寺に阿弥陀構〔講〕を相立置候故、至爾今毎年二八月無懈怠其勤有来候也〔野田編　一九四〇　三五〕

記事の内容は、宮良親雲上が自分で大念仏具をつくり、桃林寺に阿弥陀講を設置したため、今でも毎年二月と八月には阿弥陀講が怠ることなく継続しているということであるが、この文書だけだと、阿弥陀講の内容が理解しづらいので、新城敏男の研究〔新城　二〇一四（一九七三）〕を参照して補足をしたい。

新城によれば、宮良親雲上長重は一六一七年生まれで、一六四七年に宮良頭職を拝命し、一六九三年に死去した人物である。『山陽姓系図家譜』には、一六五七年に朝貢物宰領のために上国した時に「念仏法」を稽古して帰り、村々に伝授させたという記事もあるという。新城はさらに、関連する長重の「功」について、以下の二点にも注意を向けている。

一、当島近代迄百姓等父母之位牌を竪跡弔ひ並正七月二八月之祭礼不相知処、宮良肝煎を以大地中並離々迄下知いたし、位牌竪右祭礼させ、孝行之道を懇切に教導候故、末々迄無懈怠相勤来候也

一、島中葬礼之備はせて〔備として、か〕浄土人琉球より稽古させ、爾今所中為に成来候也

新城は、長重のこの二点の功績も踏まえたうえで、長重による八重山への念仏の請来について、以下のように総括している。

長重の時代には、桃林寺は宮古の祥雲寺と同様に薩摩の指導の下に建立されており、その趣旨は仏教を通じて島民を教化し、祖先祭祀の奨励と共に公的祈願所として機能していた。頭職にいた長重が念仏を請来し、念仏講を創設し、島中葬礼の備として念仏を稽古させたのは、桃林寺とは別にこれらの人々を通じて庶民の間に念仏や念仏歌を弘めることを考えてのことであろう。〔新城　二〇一四　四三二〕

新城のこの見解に従えば、桃林寺を拠点にして組織化された「阿弥陀講」は、念仏を稽古することを目的にして結集した人々によって構成される仏教的講だったことになり、一七世紀の半ばの八重山に仏教的講が存在していたことを重要な事実として押さえておきたい。

また、琉球仏教史の専門家である知名定寛によると、琉球にはかつて「尼講」という組織があって、浄土真宗の琉球への伝播についての最古の史料は、本願寺派本願寺学林の第六代能下職であった越前平乗寺の巧存という人物が、寛政元（一七八九）年一〇月二三日付けで「尼講」宛てに記した書状だという。琉球の尼講の正式名は「中山国尼講」で、辻遊郭の遊女たちを中心に結成された信者の組織であるが、その成立過程については不明だという。さらに知名によれば、中山国尼講とは別に、天保六（一八三五）年に仲尾次政隆が中心になって結成された「中山国廿八日講」もあったという（知名　二〇〇八　四一二）。

さらに、新城敏男がすでに指摘していることであるが（新城　二〇一四　四三四）、渡口真清によると、儀間真常の木綿請来の功績に事よせて、儀間家の末裔である垣花部落の又吉家において、垣花の婦人たちが三月五日に「布の御願」と呼ばれる行事を行っていたが、その内実は六字の名号（南無阿弥陀仏）を拝する阿弥陀講であっただろうという（渡口　一九五七）。渡口の指摘とおりだとすれば、これも仏教的講の事例のひとつということになる。

三　葬儀と講

葬儀で使われた龕のことを「コー」と呼び、龕に関する祭を「コーまつり」あるいは「ガンゴー」などと称する地域がある。先述したように、比嘉政夫も「講」の解説において「葬式のときに協力し合う〈ダビゴー〉とよばれるものがあり、それも講の一種といえる。」と述べていた。本節では葬儀と関わる講についてみていくが、まずは、那覇の葬儀に関わるコーユーレーと呼ばれる習俗に注意を向けてみたい。

葬式の時も、思いもよらぬ大金が一時に要するのでふだんから金を出し合って、いざ死者がある時にいつでも引き出せるように、フーシンユーレーとか、コーユーレーと称するものが行われた。フーシンとは「封じてある」という意味で、コーは龕のことで、転じて葬式のことを意味している。これは、月々に定められた金額を納める制度で、チンジュ（現在の班に相当する）によってその金額も異なり、大体は二十銭から五十銭であった。（略）／ユーレーザー（座元）は、有力者の家が選ばれた。この金は、葬式以外には絶対とれなかった。死者があると親戚の方三人の代表が行って、捺印した上で、座元の方がチョーバクのカギを開けると、そこにはちゃんと現金が用意されていて、それで葬式の費用に当てる仕組みになっていた。（那覇市企画部市史編集室　一九七九　六三二）

写真２　葬儀における龕（1980年、南城市久高島）

龕を意味するコーが葬式の意味に転じて、葬式に関わるいわゆる金融模合（ユーレー）が「コーユーレー」とも呼ばれていたという点は注意を要するが、「寄合（ユーレーあるいはユレー）」が金融模合の意味で使われることがある点については、後段で確認するつもりである。

龕の祝いとされるガンゴー（龕ゴー）については、一〇月の最後の午の日に行われたという南風原町字本部の事例を紹介しておく。

字では役員たちによって龕屋で拝みが行われる。家々では仏壇にご馳走を供えて拝み、またヒージャーをつぶして汁を作り、他部落に嫁いだ娘や嫁の親戚なども招いてお祝いをした。午後になると、ウガンモーに村中の人が集まり、相撲を楽しんだ。字では豚をつぶして料理し、役員たちが集まった人にカーサ小に載せて配った。〔南風原町史編集委員会編　二〇〇三　二八七〜二八八〕

さて、龕の別称である「コー」やガンゴー（龕ゴー）の「コー」が、いったいいかなる用語であるかが問題である。上江洲均は「コウまつり瞥見」のなかで、葬具の龕をコウとも呼ぶことに関連して以下のように述べている。

コウとは葬具の龕のことで、一般にはガンと呼ぶ所が多い。コウの語源ははっきりしないが、明治四十三年の『久米島事情』という記録によると、「棺を共同コーロ（合龍）ニ入レ葬送、墓前ニ於テ棺ヲ出シ其棺ヲ墓内ノ前面中央ニ安置、葬儀ヲ終ル」とあり、コーロとも呼んだらしいことがわかる。これをゴウリュウと呼ぶ地方がある。龕の字を分解して「合龍」としたのであろう。コーロもあるいはそれに関連がありそうである。とするとコウもまた無関係ではないように思われる。しかし、現在一般に聞くのはガンが多く、久米島においてさえそうである。〔上江洲　一九八二　二七二〕

龕のことを何故コウとも呼ぶのか、ということについての上江洲による問題提起として読むことができる文章であるが、以下において筆者は、龕の別称である「コー」は、本論考で取り上げている「講」に他ならないことを明らかにしていきたいと考えている。

まずは、『四本堂家礼』(一七三六)の「龕」に関する以下の条文に注意を向けることにする。

一、父母死去荼毘之時、随分尽美跡ニ悔無之候様ニ可仕与書籍ニ有之候間、旗龕張物等新造ニ而可用之候、然共貧者ハ講之道具を用得候而茂可相済候間、其心得可有之事〔那覇市企画部文化振興課編　一九八九　四二五〕

すなわち、父母の葬儀に際しては「旗・龕・張物」を新たに造って用いるべきであるが、貧者は「講之道具」を用いてもよいという。この条文に見える「龕」は、葬儀のたびに新たに造られていることから判断して、上江洲敏夫が指摘するように、近年まで各地に見られた豪華な塗りや仏画、飾りの施された龕ではなく、「丸太や板を組んで担架状に造ったにわか造りの『ヤマガン(山龕)』」〔上江洲　一九八四　四四〕と呼ばれたものだと思われる。なお、上江洲によると、龕と並んで記される「張物」は、蓮華に法師像が描かれた山龕の四周の垂れ布のことで、那覇の一部地域では、近年に至ってまでも山龕と張物がセットで使用されていたという〔上江洲　一九八四　四五〕。

さて、貧者の場合は「講之道具」を用いてもよいとされている点に注目したい。すなわち、経済的に余裕のある家は葬儀のたびごとに新たに「旗・龕・張物」を製作・使用する状況がある一方で、「講」と呼ばれるある種の組織があって、その講に結集している仲間が「旗・龕・張物」を共用している場合があったことを推測することができる。

じっさい、葬具を共用する「講」の実例を、以下のように『那覇の民俗』にみることができる。

新屋敷(現、高橋町三丁目)では、一番コー、二番コーと称する葬式組があり、もし一番コー内に死者があると、そのコーの青年達が、龕担ぎなどをした。各コーには葬式用の幕や碗やクワイシキ膳が揃えてあった。コーは道路で分けられていた。（那覇市企画部市史編集室　一九七九　六三二）

すなわち、新屋敷という地域では、葬具（龕も含むと思われるが、引用文では不明）を共有し、葬式の際に互助機能を果たす葬式組（道路で区分けされた地縁組織）がコーと呼ばれていたことがわかる。

さらに『那覇の民俗』には、泊には「士族のユカッチュ講、百姓平民の百姓講、渡口一門の渡口講の三つのガンがあり、ガンサジが管理した」（那覇市企画部市史編集室　一九七九　四九）という記述も見られ、先の事例と同様に泊地区においても龕を共有する組織が講と呼ばれていたことが判明し、そのことは『四本堂家礼』の中の「講之道具を用得候」につながることは間違いない。

つぎの南風原町字宮平のコーに関する情報も貴重である。

以前は「講」という組織があった。これは字民七歳以上で組織する一種の金融組合のようなものである。講は相互扶助が目的であった。何かの理由で講から除外されるもの、あるいは自ら脱退する者は「コーヌガー」といって村八分扱いを受けた。／字内に死亡者が出たときは、講一人につき金二銭ずつ区長が徴収して葬式費用にあてられた。これを「講酒代（コースデー）」といった。講酒代の外に各戸から「スーゲーメー」といって米一合ずつ供出して葬式の飯米に供したが、現在は廃止された。／講酒代は（略）現在は一人二十円である。（宮平誌編集委員会編　一九八六　一八一〜一八二）

すなわち、宮平の講は七歳以上の字民によって構成される組織で、葬式に関わる互助組織であったことがわかる。宮平の講については、龕（戦前まで近隣部落から借用していた）との関係は不明であるが、つぎの喜屋武部落の事例から推してかつては龕の借り賃とも関係していた可能性がある。

南風原町喜屋武は、戦後の一九四八年に部落で龕を製作するまでは近隣の部落から龕を借用していたが、その際の龕の借り賃はコーヌジン（講ヌ銭）と称され、七歳以上の全員から頭割で徴収したという〔南風原町史編集委員会編　二〇〇三　三四六〕。

宮平と喜屋武部落のコー（講）に共通しているのは、個人の家に関わる葬儀もしくは龕の借用に関して、個人負担にさせることなく部落全体が互助組織として機能している点にあり、「ある目的を達成するために結ぶ集団」〔宮本　一九九九〕であるゆえに講という用語が用いられているものと推測できる。

以上のことから、龕の別称としてのコー（講）の用法は、一八世紀前半期の『四本堂家礼』の「講」に窺えるように、士族階層において龕（葬具）を「講」と呼ばれる集団が共同で所有していたことにちなむものと判断したい。先に見た『那覇の民俗』に見える新屋敷や泊の「コー（講）」の事例は、那覇ではそれが近年まで引き継がれていたことを示している。

地方への龕の普及をめぐる問題についても注意を向けておきたい。まずは、上江洲均が紹介する『久米具志川間切規模帳』（一八三二）の次の条文に注意を向けることとする。

間切中の人、死去の時、龕、天蓋を新しく作り調え即々用い捨て仕候に付、竹木の費は申すに及ばず、手隙の失墜物入有之、旁以て不宜儀に候。向後間切中模合にて龕、天蓋相仕立、格護致し置き、相用得候様可仕事。〔上江洲　一九八二　一九五、沖縄県立図書館史料編集室編　一九八九　二三五〕

すなわち、龕と天蓋を葬儀のたびごとに新たに作り使い捨てしている状況があるが、それでは竹木の費えであり、また手隙（労力）の失墜にもなるので、これからは「模合」で仕立てて共同で使用するようにしなさいという通達である。「模合」（講と同義であろう）と呼ばれる仲間で葬具を共同使用することを王府が奨励していたことがわかり、共同使用される龕は、長期使用に耐えられるような今日の組立て式に近い堅固なものであったことが推測できる。

また、この条文によれば、この通達が出された一七三一年当時の久米島では、今日的な甕の普及はいまだみられず、いわゆる山甕が一般的に使用されていたことが判明すると同時に、王府の政策によって、地方において甕や天蓋を部落単位で所有する状況が広まっていったことも推測可能になる。

王府の政策による甕の普及に関連して、以下の糸満市字与座の幸勢頭門中の伝承は、留意すべき資料となる。

首里王府の役人で〈栄元小〉に居住していた上里真三郎（百名三良）が、〈幸勢頭〉の先祖に甕を造らせたという。甕はコーともいい、〈幸勢頭〉の家号は甕勢頭の役職であったことに由来するという。（糸満市史編集委員会編　二〇一三　八三）

すなわち、この伝承は、王府の役人の指示によって甕造りが始まったことを示唆する資料とみなすことができそうである。なお、コーシルの「コー」は本来ならば「講」を宛てるべきであろうが、甕と講との関係が不明になっていたために、「幸」の字が当てられたものと考えたい。

那覇以外の地域で、甕所有に関わるいわゆる「講」が部落内に複数存在する事例については寡聞にしてその存在を知らないが、首里・那覇の中心地から地方へ甕が普及していくなかで、甕が部落共有である場合の甕に対しても「コー（講）」という呼称がなされたものと推測したい。

ところで、豊見山和行の指摘によれば、士族の就業に関する一七二一年の僉議のなかに、「巫覡」や「講作事」は特に賤業であるので、それを営む者は譜代・新参に限らず家譜を没収する（士身分を剥奪する）という内容の条文があるという（豊見山　二〇一一　一七九）。賤業としての「講作事」の内容が問題となるが、「琉球資料」の「節用集」という史料の「人倫」の部にも「講之作事」という語がみえる（那覇市企画部文化振興課編　一九九一　九七）（なお、この史料の存在については豊見山和行氏からご教示を得た。記して感謝申し上げたい）。「節用集」の「講之作事」は、それの前後に「盗人」「遊女」「豚切」「念仏」「京太郎」「穢多」「乞食」「非人」などの語があることからして、僉議の「講作事」と同様に賤業であることは疑い得ない。そして、豊見山は「講作事（葬礼業）」としているが、これまでみてきたように講には葬礼における龕の意味があることを考慮すると、葬礼業というよりも龕に関わる職業、すなわち龕担ぎを担った人々だと捉えた方がいいだろう。実際、伊波普猷が一九二七年の「南島古代の葬制」の中で、田舎では親戚の若者等が龕を担ぐが、首里・那覇には龕担ぎを職業とする「賤民」がいたことを報告している（伊波　一九七三（一九二七）　三六）ことを参照すると、講作事が龕担ぎである蓋然性はきわめて高いということになる。

おわりに

「講」という用語の琉球への伝播と普及をめぐる問題について注意を向けてみよう。「講」という語が日本から伝播したことは間違いないことだと思うが、一七世紀の半ばの八重山における仏教的講の存在や『琉球国由来記』の弁財天堂についての記事に「講」がみられること等から、「講」の流入は仏教の伝播に伴ったものだったと考えていいだろう。そして、「講」という用語は王府の関係機関において使用がはじまり、次いでは新文化受け入れの窓口であった首里・那覇地域に広まったと推測したい。旧首里・那覇地域のほとんどの村において、龕あるいは葬式の相互扶助に関してコーやコームエーという用語が使用されているという事実（那覇市企画部市史編集室　一九七九　四三～五四）は、そのことを裏付けていると思われる。王国の中心地に受容された「講（コー）」が漸次地方に普及していった結果が、近年まで各地でみられた「コー」をめぐる状況ということになる。

仏教起源である日本における講が、その後多様な講に展開したことは冒頭で確認しておいたが、琉球における講は、仏教的講、龕や葬儀に関わる講、家普請に関わる講の三種に限定されていることは一つ特徴として指摘できそうである。ただし、首里の山川では「相互扶助として西ゴー、東ゴー、与那覇ゴーがあり、座元にコーニンジョが集まり、コームエーが行われた。戦前までコームエーで一年に一回、正月一七日にコーアシビが行われた。この行事用具に、茶碗や飯椀などの食器や三味線などが組でそろえてあった」（那覇市企画部市史編集室編　一九七九　四六）という状況や、また、那覇の西村において「コームエー＝隣近所、親戚、同職友人から希望者を募ってユレーザムト（寄合座元）に集まり五十銭〜一円のコームエーが行われた。金を取る時は保証人を立てた。不幸があった時は優先的に金が廻された」（那覇市企画部市史編集室編　一九七九　五四）というのは、葬儀に関わる講から頼母子講的な講への新たな展開を示している可能性がある。

龕や葬儀に関する講と家普請と関わる講との関係についても注意を向けておきたい。龕や葬儀に関わる講が成立して後に、それが琉球内で家普請の講へと拡張したのか、それとも、家普請と関わる講は、龕や葬儀と関わる講とは異なる時期に別途に日本から伝わったものかという問題については、現時点では不明と言わざるを得ない。講という用語の伝来以前に、沖縄各地で家普請に関わる「講」的な相互扶助の労働慣行があった可能性は十分考えられるはずで、その点は、沖縄全域における講という用語の分布や「講」的な相互扶助の労働慣行をめぐる状況の把握とも関わって、今後の課題ということになるだろう。

さらに、講と模合が結合したコームエー（講模合）という用語の存在（事例③、事例⑩、首里の山川と那覇の西村の事例）にも注意を向ける必要がありそうである。田里修の指摘によれば、「模合」という用語は近世史料にも登場し、その初出は『球陽』尚敬二一（一七三三）年の「模合の法を定め、困窮士族に対する助けとした」という記事であるが、そこでの模合の意味は、今日の用法とは異なり、「給人」（王府から俸禄をもらう者）

たちのための備荒貯蓄のようなものだという（田里　一九八三）。さらに田里は、近世における頼母子講的な模合として、米模合、砂糖模合、山羊模合、豆腐模合、さらには労働力を対象にした人足模合、大工模合などがあったことも指摘している（田里　一九八三）。

この文脈で、事例⑥の金武町屋嘉において、講と同様な家普請に関わる組織をヤームエー（家模合）と呼んでいたこと、さらに、一八三一年の『久米島具志川間切規模帳』では、一七三六年の『四本堂家礼』における「講」と同じ意味で「模合」が使われていた点を想起しておきたい。模合をめぐるこのような状況にも注意しつつ、通時的視点からみた講と模合、さらには寄合（田里も指摘するように寄合が頼母子講的な模合と同じ意味で用いられることがある）との関係について検討することも、今後の課題ということになるだろう。

6　沖縄の婚姻

（1）沖縄の婚姻習俗をめぐって

一　結婚を意味する用語

結婚あるいは結婚式を意味する方言は、沖縄本島地域と奄美地域はニービチ系、宮古地域はササギ系、八重山地域はアイナーサーリ系である。宮古の池間島では、結婚のことをマギというが、マギは男女の性交の意味もあるという〔源　一九七四　五一八〜五二〇〕。

ニービチは「根引き」の意味だと思われるが、それに関連して、糸満市喜屋武の婚姻儀礼において、嫁迎えに行った花婿側の一行が花嫁方から出発する際に、一行の代表者が「ニーグーシサビラ」という言葉を発したという点に注意を向けたい。ニーグーシは、「根を壊す」すなわち「根を引き抜く」という意味であり、ニーグーシサビラは、「花嫁を引き抜いて、根元ごと生家から婚家に移し替えましょう」という意味だと説明されている。このニーグーシサビラという表現は、結婚式のことをニービチと呼ぶことにつながりがあるはずで、宮古の狩俣では、カクレヤーという支度宿にいる花嫁を花婿の家へ連れてくることをネビキという〔源　一九七四　五六六〕点なども関連資料ということになる。

宮古のササギの語義について定説はないようであるが、八重山のアイナーサーリのアイナーは花嫁、サーリは「連れる」の意味だとされる。

二　男女交際と配偶者の選択

配偶者の選択には、親決め型と自由恋愛型の二つがあるが、親決め型は首里・那覇の士族の文化で、地方の平民の村々での配偶者の選択は総じて自由恋愛型であった。ただし、源武雄の指摘によれば、平民の村である久高島、糸満、座間味では親決め型がみられたという〔源　一九七四　五二九〕。

自由恋愛型の村々では男女交際の場が発達していたが、結婚前の男女交際に関わるヤガマヤーについての『沖縄大百科事典』の解説に注意を向けたい。

沖縄本島中・北部地方およびその周辺離島にあった娘宿。ユーナビヤ、ブーナビヤともいう。気のあった娘たちが一定の場所に集まり、糸つむぎなどの夜なべをした。そこへ若者たちが遊びに来て、そのあと誘いあってモーアシビへ出かけた。大正年間まであったという。宮古島にもトゥンガラヤーと称する若者・娘宿があった。〔源　一九八三　七一六〕

この解説から、ヤガマヤーはいわゆる娘宿の性格があり、同時に結婚前の若い男女の交際の場であったことがわかる。

この解説文に登場するモーアシビ（モー遊び）も男女の交際の場である点はヤガマヤーと同じで、若い男女がモー（屋外の広場）に集まって語り合ったり、歌・三線を楽しむことをモーアシビと呼んだ。

相思相愛の男女が性関係をもつことについては寛容だったようで、伊波普猷は一九三〇年の論文において次のように述べている。

モーアソビにも弊害はあった。嫁入前に私生児を生んだめやらびもあるにはあったが、かわいい子を山産子（やまなしんぐわ）または垣間子（かちのみいんぐわ）と軽蔑させるつらさに、自然許婚〔婚約者〕以外の者には許さないという節制も行われた。相手の男もまたこれを保護すると称して、夜ごとに女の家に通って行き、アシヤゲその他の離れ座敷で同衾するが、女の両親は、やかましく言わないのみか、かえって安心して、これを大目で見、やがては農事の手伝などさせ、ついには娘の保護者として世間にも発表する。〔伊波　一九七三（一九三〇）　一九四〜一九五〕

源武雄も、伊波と同様なことを次のように述べている。

モウアシビで知り合ったら更に会う機会と場所を求めるのであるが、それが、夜ばいであった。夜中若者が娘の寝所へしのんでゆくことを、シヌビとか、ミヤーラビサグイとかいった。これは相思の男女が前もって打合わせて行うもので、合図があると娘たちは戸をあけて若者たちを招きいれた。（略）親たちは娘の寝所へ若者が夜な夜なしのびこんでくるのに気づいても、それを黙認していた。〔源　一九七四　五二七〕

このような結婚前の男女の自由な性愛は士族階層には全くみられなかったものであり、伊波普猷が報告する以下の伊江島の話（大意）には、士族文化と平民文化の違いがよくあらわれている。伊江島で教員をしたことのある友人から聞いた話だという。

伊江島では、二番座が主人夫婦の、一番裏座が長男夫婦の、二番裏座が次女あるいはその他の者の寝部屋で、年頃の長女がいる場合には、若者たちが「よばい」し得るようにと、一番座が彼女の寝部屋になった。そして長女が結婚すると、次女がそこに寝たという。最後の地頭代（現在の村長）は首里で永年奉公し儒教の感化を受けた人で、それを悪しき風習と考え、内鍵をかけて娘を守ろうとした。それに対して若者たちは大いに反発し、まずはその晩、地頭代の畑の芋かずらをことごとく刈り取って家の庭に積み上げた。主人はムッとしたが、翌晩も鍵をかけた。次の朝は、屋敷内のあらゆる水かめに人糞が入れられていた。それでもその晩も鍵をかけ、次の日の朝恐る恐る戸を開けると、目の前に龕（がん、死体の入った棺をのせて墓まで運ぶ道具）が置かれていたため、とうとう屈服し、一番座を解放して伝統の支持者たる若者のなすがままにまかせたという。〔伊波　一九七三（一九三〇）一九七〕

自由恋愛の場であったヤガマヤーやモー遊びは明治のある時期以降になると、官権の弾圧などによって廃れていくことになるが、それについては後段で述べることにする。

三　部落内婚をめぐって

沖縄では、シマ、ムラ、字、部落などと呼ばれる地縁集団（以下では部落を使用）は、政治的・経済的側面もふくめた多くの点において共同体としての性格を有していたが、結婚の相手は部落内に居住する男女の間に求められるのが一般的であった。以下でみていくように、部落外の男性との結婚を防ぐために、自部落の女性の他部落の男性との交際に対しては規制がなされ、部落を越えての結婚に関しては制裁が科された。

宜野座村の漢那部落では、他部落の男性とモー遊びをした女性は、戸主会の場に連れてきて、皆の前にひざまずかせて詫びをさせ、さらに罰金を課すこともあったという。また、糸満市の喜屋武部落で若者頭（青年会を終了した者で、四〇歳以下の男性から選ばれる）によって行われていたアラタミについて、以下のような報告がある。

「アラタミ」というのは未婚の娘の家を夜中に廻り、その存否を確かめ、留守の時は他部落の若者と遊んでいるものとみなし、事務所で部落の権威者が集まって（若者頭も含めて）話し合い罰金を言い渡すというような仕組のものである。普通三〇銭位の罰金が課された。〔琉球大学民俗研究クラブ編　一九六五　一六八〕

この報告によれば、若者頭によるアラタミは、喜屋武部落の女性が喜屋武以外の他部落の男性と交際することを取り締まるために行われていたことがわかる。筆者の二〇〇〇年代の聞き取り調査によれば、娘の家から支払われる罰金は、若者頭の運営費に当てられたという。このアラタミは月に一～二回の割合で行われ、若者頭は、訪問した家で「こちらは若者頭だが、娘は寝ているか」と問い、家族が「寝ているよ」と答えると、娘の名前を呼んで「声を聞かせてください」と返事をさせたという。アラタミは「改め」であるが、「検査」の意味で使われている。このアラタミの習俗があったのは戦前までで、戦後は行われなくなったという。

北中城村でも、チネーアラタミ（各戸改め）という慣習のあったことが報告されている。青年たちやニーセーガシラと呼ばれる役職の人が、夜遅く歳頃の娘のいる家を不意打ちに訪問し、娘の在、不在をチェックするというもので、不在の時には、一〇円または黒糖一丁を罰金として徴収したという〔北中城村史編纂委員会編　一九九六　三一九〕。

次に、部落をこえての男女交際が発覚した場合に関して、宜野座村松田部落では、大正初期までヤガマ札と呼ばれる札があったという。ヤガマ札は、新たにみつけた違反者に札を渡すまで日割の罰金を課すのはハル札、山札と同様であるが、未婚の女性のみを対象にしたという点で他の札とは異なる。ヤガマ札の対象となるのは、未婚の女性が他ムラの男性と親しく会話をしたり、一緒に歩いたりすること、夜間外出する際に提灯などの灯をつけないで歩く、といったことであった。

儀間園子の指摘によれば、一九〇二年九月一一日の『琉球新報』に、平安座村（うるま市）の「風俗改良会」において、「当村女にして村内に於て他村人と話しする時は毎日料金一銭の女取締札を以て取締する事」が議決されたという記事があるという〔儀間　一九八五　四五、五七〕。平安座村の「女取締札」も、宜野座のヤガマ札と同じように、女性と他部落の男性との交際を規制するためのものであったことがわかる。

一八八六年に沖縄各地の間切から沖縄県知事宛てに報告された村内法の資料があるが、金武間切村内法の四五条には、「他村他間切ノ者、当村ノ婦女ト姦通スル者ヲ捕押ル時ハ、科銭千五百貫文申付候事」とある〔奥野　一九七七　一三六〕。この条文でいう「姦通」は、不義の私通という意味ではなく、未婚の男女が性的に通じるという意味である。この条文は、当該村の女性と通じている他村あるいは他間切の男を取り押えたときには、罰金として千五百貫文を課すことができるというものである。金武間切村内法では、制裁されたのは他部落の男性だけであるが、大宜味間切の村内法の条文では、女性にも科銭が科されている〔奥野　一九七七　一八七〕。

宮古では自他部落間の男女の密通に対する制裁のことを婿持と称していたが、奥野彦六郎に従って、婿持の事例を二つあげておく。

事例1

婿持は上地・与那覇・洲鎌の三部落では特に激烈を極めた。自分の部落の娘が他部落の青年と密通していることがわかると、かねて注意しておって、いよいよ男が女の家に入ったときを見はからい、丈余のアダンの幹の中央にその葉やサルカチを結びつけて馬をつくり、大勢で家の周囲をとりかこんでその男をむりやりにこの馬につりあげてしまうのである。大抵午前一時、二時頃のことで、するとあそこのミヤラビの家で婿持があるようだというので、部落の老若男女が総出で見物する。その中を青年共は騒ぎたてて婿を上下左右にゆり動かしつつ歩き回り、共同井戸から流れ出る川の深い処などへ彼を投げ込み、はい出るのをまた突き込んだり踏んだりして半死半生の目にあわせた。〔奥野　一九七八　二五七〕

事例2

大浦部落では大正二、三年頃婿持をした。棒二本を交差してそれにアダンなどとげのあるものを結び、前後に密通の男女を乗せて青年総出で辻々をめぐった末、沼へ投げ込んだ。〔奥野　一九七八　二五九〕

四　馬酒・馬手間

金武間切村内法の第四四条には、「馬酒」という用語が以下の文脈で登場する。

他村他間切ヨリ村女ヲ貰ヒ受ケ妻ニセントスルモノハ、婿家ヨリ馬酒代トシテ、千五百貫文以上二千貫文以下徴収ノ上、妻ニ差免候事。〔奥野　一九七七　一三六〕

この条文の意味は、他村（他部落）あるいは他間切の女を妻にしようとする場合には、婿の家から馬酒代として千五百貫文以上二千貫文以下を徴収したうえで、その結婚を認めること、というものである。この条文に登場する馬酒代は、馬手間とも呼ばれ、沖縄の広い地域で見られた習俗であり、『沖縄大百科事典』では「馬手間」について以下のように解説している。

沖縄本島でおこなわれた婚姻風習の一つ。馬酒、馬乗り酒ともいう。娘の村（現行の字）外への流出を防ぐためにとられた罰金慣行で、村外の婿方から嫁方の村へ負担過重なほどの罰金を納めさせた。北部の村では、婿方が罰金を納めなければ、夜に女方へ通ってくる婿を捕まえて木馬（擬馬）に乗せ、村の拝所（ウガン）や共同井戸を拝ませたうえ村中を引きずりまわし、ひどい婿いじめをした。それを免れるために酒や金品を贈ったところから、馬手間などの名が生まれた。この慣行は宮古・八重山にはなく、地割制度のあった本島だけにしかない。地割制度のもとでは、税の負担は村（字）単位だったから、一人の娘が村外へ嫁ぐとなれば、当然労働力が減ることになる。その対価として馬手間を求める慣行が生じたものと思われる。〔源　一九八三　三一二〕

この解説によれば、罰金を意味する「馬酒」「馬手間」に「馬」が登場するのは、婿を木馬に乗せていじめる習俗があって、それを免れるために酒やお金の支払いで済ませたためということになる。

源は、馬手間は地割制度下における税の負担と関連があるとしているが、その点についてはより慎重な検討が必要かと思う。というのは、今帰仁間切の各村内法では、第三十九条に「当村ノモノ他村他間切ヘ出嫁スル時ハ、四十九歳マテ正頭米トシテ婿家ヨリ、毎年三斗宛村役場ヘ上納可為致候事（略）」という部落外婚に関わる税の負担についての規定がある一方で、馬手間（馬酒）については、第四十六条に別項目として規定されているからである〔奥野　一九七七　一六〇〕。

五　婚姻儀礼

源武雄は、琉球王国時代の文化の中心であった首里の婚姻風習の特色として、以下の五点をあげている。①モー遊びがなく、親戚の男女でも会話を交わすことは、不良行為として嫌がられていた。②家柄を維持するために、両方の親どうしが二人の婚約を決める許嫁風習が発達していた。③農村にみられた、婚約の酒盛がすむと、ニービチの儀礼をするまで男が女の家に通う風習がなかった。④嫁迎えや嫁入り行列がにぎやかであった。⑤花嫁花婿の共食共飲の固めの儀礼が、大きく取り扱われた。また、⑤については、嫁入り式の時、花嫁花婿は二番座の仏壇の間で並んで座り、まず水撫での儀礼をやり、次に盆に置かれた飯を三度ずつ手のひらに受ける共食の儀が行われる。その翌朝はハチウブン〔初御飯〕といって花嫁花婿は一つ膳におかれた握り飯と肉を共食し、盃を取りかわす。それから花嫁と花婿側の家族と盃を交わして挨拶する、という儀礼であったという〔源　一九七四　五三六〜五三七〕。

源はさらに、「首里風の地方への影響」という見出しのもと、以下のように述べている。

農村でも役職にあるものや資産家の人々、それから首里から都落ちをしてヤドリ部落を形成している人々の間には、首里風の婚姻儀礼が行われ、それを次第に農村部落の一般の人々も真似るようになった。模倣で一番目につくことは、婿入り、嫁迎え、嫁入り行列、夫婦固めの儀礼が仰々しく、にぎやかになったことである。〔源　一九七四　五三八〕

婚姻儀礼に関する源のこの見解を踏まえたうえで、それと関連する資料に注意を向けていくことにしたい。

首里の婚姻風習の特色として源があげた④と⑤は、婚姻儀礼〔婚礼〕の重視と言い換えることができるが、王府の為政者たちの婚礼重視の姿勢は、一七三二年に布達された『御教条』の次の一文によって知ることができる。

元服・婚礼は、上下にいたるまで、それぞれの分限に応じて重厚におこなうべきである。ことに婚礼は、夫婦の縁組みであり、人間にとって肝要な儀式である。この儀式を疎略におこなえば、女性の節義が軽々しくなり、はなはだよろしくない。女性の節義が正しく保たれる時こそ、親子の道もまた正しくおこなわれるのである。この点は、昔から聖人がとくと説くところである。いかに低い身分の者でも、女性としての節義の慎みをおこたらないことが重要である。〔高良　一九八二　五二〕

婚礼の儀式を疎略すれば女性の節義（貞操）が軽々しくなるという理屈で、婚礼の重要性を強調している点に注意したい。

『御教条』の布達から三六年後にあたる一七六八年の『与世山親方八重山島規模帳』には、関連する以下の一文がみえる。

百姓らでも縁組みは重要な礼節であるが、縁組みの約束がすめば内々にかかわり、子どもを一、二人出産して、婚姻の礼式を行なう者もいるという。これは風俗の乱れ、節義〔訳文では「礼節」だが、原文の語にした〕の妨げとなり良くないので、財力に応じていかにも重厚に行なうこと。〔石垣市総務部市史編集室編一九九二　六二〕

この条文は、八重山の百姓たちの間に婚礼を重視しない状況があったことを示しており、『御教条』と同様に婚礼の重視と女性の節義を結びつけて、婚礼を重厚に行うべきだとしている。

次に宮古の状況に目を向けたい。玉木順彦の指摘によれば、向裔氏家譜の中に向裔氏二世の下地親雲上朝宜が関わる一七四八年の池間島の婚姻についての以下の記事があるという。

（略）且村中往古より文之祭〔盆〕不致且婚礼之佐法無之蜜〔密カ〕ニ相通候而終夫婦相成且村中之者相果候砌□□（親類カ）縁者ニ而茂見舞相妨風俗□□（之乱カ）加教訓文之祭相始婚姻葬礼ヲ引改風俗能相成（略）。〔玉木　一九九六　五四〕

この記事によれば、当時の池間島には「婚礼の作法」がなく、内々に通じているうちに夫婦になるという状況であったが、下地親雲上が教訓を加えて改めさせた結果、婚姻の風俗がよくなったという。王府の意向を受けた地方役人が婚礼の奨励に関わっていたことがわかる貴重な史料と言える。

近世の庶民の婚姻習俗について知ることのできる史料は限定的なものに留まると思われるが、庶民の間では婚礼を重視しない状況が近年まで続いたことについては多くの指摘がある。たとえば伊波普猷は、一九三〇年の論文において、国頭村字奥に講演に行ったときに区長から聞いた話として次のように述べている。

> 許嫁同志〔婚約をした男女〕が二人で男の家の畑にいって、男が掘った芋を女がバケに入れて頭に載せ、二人で男の家にはいって行くと、父母兄弟がいよいよニービチだということを知って、大喜びで、早速これを親戚中に通知する。すると親戚の者は酒肴を持寄って、俄にお祝いが始まる。〔伊波 一九七三（一九三〇） 一九五〕

源武雄も、中央の文化に浴することのすくなかった山村や離島の婚姻儀礼は簡単だったとして以下のように述べている。

> 若者が酒をたずさえて友人もしくは自分の親といっしょに、娘の親を訪ねて結婚を申込み、その場で承諾を求めて持参の酒で娘の親と親子盃をやる。この親子盃がすむと両者の婚姻が成立したことになり、その夜から若者は夫として娘の寝所へ通うことを許されるのである。このような妻問い生活を長らくつづけ、子供が二、三人出来てから夫の家に入家する。それがユミ（嫁）ソーイ（連れてくる）の儀礼であるが、古風を保存したところでは、その時改まった披露宴などやらなかったという。〔源 一九七四 五三〇〕

以下にあげるのは、一九九五年に宮古の伊良部島佐良浜で、筆者が大正生まれの話者から聞いた話である。

同年輩の者同士が一緒に寝るトゥンカラヤというのがあり、学校の生徒たちもトゥンカラをしていた。

トゥンカラアグ（アグは友人の意）という言葉がある。男と女のトゥンカラヤは別々にあって、男たちが女のトゥンカラヤに押し掛けたりした。男女交際は自由だった。結婚の相談をトゥズウガン（妻を拝む）といい、一升ビン一本、タンナファクル一膳　本人と両親がトゥズを貰いに行く。トゥズウガンの時に持参する酒をアライディ酒といい、アライディ酒を先方が飲めば承諾したしるしで、拒否されれば、持参品は持ち帰った。トゥズウガンが済むと男は女の家に通うようになる。結婚式のことをササギユーイ（結婚祝い）といったが、ササギユーイをしない人の方が多かった。現在の結納や三三九度のような儀式めいたものはなかった。二、三名子供が生まれるまで実家で生活している女性もいた。長男ヨメとして女を男の家に連れて来る時、タコ、天ぷら、団子などをお膳いっぱい盛って女の家に迎えに行った。何年も別居生活（通い婚）をしてから、金が貯まった段階で分家する人もいた。

伊良部島でも、通い婚が行われ、婚礼や結婚祝いは行われない場合の方が多かったことがわかる。

六　近代以降の婚姻習俗の変化

琉球処分によって日本国家に組み込まれて以降の沖縄県では、沖縄独自の文化（風俗）を改めて日本本土風に改良していこうとする動きがみられるようになる。風俗改良運動と呼ばれるもので、明治一〇年代から始まるが、本格化するのは明治三〇年代であり、運動の中心的役割を担ったのは教育界であった。改良の対象になったのは、女子の服装、針突、方言などの他に、婚姻習俗と関わるモーアシビや馬酒なども含まれていた。まずは、一九三〇年の伊波普猷の以下の文章を引用する。

モーアソビは農村ではなくてはならぬ青年男女の娯楽機関であり、配偶選択の機関でもあったが、行政官や教育家のいらぬおせっかいで、一時代前に禁ぜられてしまった。さらぬだに娯楽の乏しい農村はその他の娯楽も大方禁ぜられた為に、住み心地が一層悪くなり、それに経済上の窮乏などが伴って、青年男女の海外に移住する者おびただしく、おまけに沿道村落などには、小料理屋が出来たりなどして、風俗はかえって悪くなった。（伊波　一九七三（一九三〇）一九四）

伊波が、風俗改良運動によるモー遊びなどの禁止に否定的な立場をとっていた点は興味深いが、それは措いておくとして、以下で関連資料に注意を向けていくことにする。明治一九年の金武間切の村内法四九条は次のような条文になっている。

平日家内ニ於テ、男女打合歌三味線致候義ハ勿論、二才共多人数集リ、右様ノ仕形有之時ハ、隣所又ハ与中ヨリ其取扱致シ候事。（奥野　一九七七　一三七）

条文の意味は、平日に屋内において男女が揃って歌・三線を行うことはもちろんのこと、若者たちが多数集まって同様のことをした場合には、「隣所」または「与」（組に同じ。砂糖組、地割組などが考えられる）の関係者が注意すること、になる。

この条文から、明治半ばの金武町において、ヤガマヤーやモーアシビを禁止する動きがあったことがわかる。その一方で、ヤガマヤーの禁止に対する若者たちの反発があったようで、若者たちが詠んだとされる次の歌が『金武町誌』に掲載されている。「やがまとみゆしや　官からやあらん　屋嘉の西兼久　根茎(ねすらか)枯り」。歌の意味は、「ヤガマヤーが禁止になったのは、御上（官）からのお達しがあったからではない、屋嘉の西兼久は、根から先まで枯れてしまえ」になる。「屋嘉の西兼久」とは、屋嘉部落にある屋号〈西兼久〉のことで、ヤガマ遊びの取り締りが行われた当時の村長であった伊芸金次郎の家だという。ヤガマが禁止になったのは村長の仕業だと考えた若者たちが、その憾みを村長に向け「村長の家は根から先まで枯れてしまえ」と歌ったということになる。この事件は明治三〇年前後だとされ、ヤガマヤの禁止に反発した若者たちが、「ウス太鼓祭」の前の太鼓の練習を理由に実行したヤガマヤ遊びに目に余るものがあったために、当時の地頭代（村長）の伊芸金次郎が内法をたてに厳しく取締ったとされる（金武町誌編纂委員会編　一九七三　二二四〜二二五）。

なお、金武町と隣接する宜野座村松田部落には、「ヤガマ　トゥミティシヤ　マンヌ　ユムジラガ（不明）ニスラ　カリレ（ヤガマを廃止したのはどこのどいつだ、根から先まで枯れてしまえ）」という、先の歌とよく似た歌が伝わっている。

婚姻習俗が廃れて行く様子について、以下で箇条書きで示すことにする。①〜⑤は『沖縄婚姻史』（一〇五〜一〇六頁）、⑥は新聞資料による。

①明治二八年、宮古島下地村の与那覇で婿持の制裁が科せられたとき、その制裁を受けた者が制裁者を告訴した。

②明治三五、六年頃、島尻郡役所が馬酒の廃止方を説得し、摩文仁村が廃止をきめた。

③明治四〇年頃、金武村で馬酒が廃止された。

④大正期に入ってから、勝連村では馬酒が脅迫罪を構成するということで廃止された。

⑤明治の終頃、宮古の宮国部落では婿持おこなった幹部が投獄されたが、それでも絶滅しなかった。大正四、五年頃にも婿持をやりかけたが、学校長の仲介をもはねつけ、警察の力を借りて漸くおさえ、男に二円五〇銭の罰金を課して落着した。

⑥大正五年の浦添村（現在の浦添市）で、字外婚に対して罰金を課したために警察沙汰になる事件があった。先に引用した一九三〇年の伊波普猷の文章からして、昭和初期までには多くの村でモーアシビは見られな

くなっていたと考えられるが、糸満市喜屋武では、警察や学校の教員などによる取り締まりがきびしくなる一九四三年頃までモーアシビが盛んであったという。地域によってはこのような例外があったことにも留意したい。

戦後の婚姻習俗の変化については、源武雄が以下の四点をあげているのが参考になる。①婚域の拡大変化、②婚前の男女交際と結婚の自主性、③神前結婚式の流行、④披露宴の盛大流行〔源　一九七四　五四八〜五五〇〕。これらに加えて、近年の現象としてのブライダル産業の関与のあり様についても注意を向ける必要があるだろう。

（2）久高島の「逃走婚」とイザイホウ

久高島の「逃走婚」については、柳田國男と折口信夫がともに言及している。以下は、現地での聞き書きによる折口の報告である。

盃事がすむと同時に、花嫁は家を遁げ出て、森や神山（御嶽（オタケ）と言ふ）や岩窟などに匿れて、夜は姿も見せない。昼は公然と村に来て、嫁入り先の家の水壺を満たす為に、井（カア）の水を頭に載せて搬んだりする。男は友だちを誘（カタラ）うて、花嫁のありかをつき止める為に、顔色も青くなるまで尋ね廻る。若し、三日や四日で見つかると、前々から申し合わせてあつたものと見て、二人の間がらは、島人全体から疑はれる事になる。勿論爪弾きをするのだ。長く隠れ了せた程、結構な結婚と見なされる。「内間（ウチマ）まか」と言ひ、職名外間祝女（ホカマノロ）と言はれて居る人などは、今年七十七八であるが、嫁入りの当時に、七十幾日隠れとほしたと言ふが、此が頂上ださうである。夜、聟が嫁を捉へたとなると、髪束をひつゝかんだり、随分手荒な事をして連れ戻る。女も出来るだけの大声をあげて号泣する。其で村中の人が、どこそこの嫁とりも、とう〳〵落著したと知る事になるのである。〔折口　一九七五（一九二四）一五七〕

柳田の報告には「このごろ向上会と称する青年団の骨折りで、遁げ匿れている期間は四日を越ゆべからずと申し合せ、女たちはむしろひそかにこれを喜んでいるということだが」〔『文庫全集』一　四三一〕という部分が含まれる。

折口が「逃走婚」と呼んだ久高島の婚姻習俗について、両者ともにイザイホウの七つ橋渡りや沖縄におけるノロ〔神女〕の独身制との関連で解釈しようとしている点に着目してみたい。七つ橋渡りとは、神女になるためのイニシエーションを受ける女性たちが、もし不倫を犯していれば神罰により橋から落ちて血を吐く等と伝えられる橋渡りの儀礼である。

　柳田は、国頭地方には今もって公然の夫を持ち得ないノロがいるとして、ノロに関わる伝説なども手がかりに、ノロは独身であるべきとの考えがかつてあったと推定する。そして久高島の逃走婚について「祝女でもないただの女には、無用の手数のようであるが、久高の島では実は全部の成長した婦人がカミンチュ〔神人〕である」と述べ、七つ橋渡りについても「七つの木の橋を滞りなく渡って、一人より他の男は設けなかったことを、神と村人との前に証明しえた刀自たちは、ことごとくその日から神に仕える女となり」〔『文庫全集』一　四三二〕と記し、神女の独身制の延長線上での解釈を示している。ついでに記すと、柳田の沖縄調査メモには「恩納ナベという女詩人、ヌールにはあらざるかとおもへども、夫あり、又情人をよめる歌ありといふ」〔酒井編　二〇〇九　六八〕という記述が見える。

　折口も「〔日本の古代の〕地方豪族の娘は、其土地の神の巫女たる者が多い。殊に神に関した事のみ語る物語の性質から見ても、此等の処女が、巫女であった事は察せられる。巫女なるが故に、人間の男との結婚に、此までの神との仲らひを喜んで棄てる様に見えては、神にすまなくもあり、其怒りが恐ろしいのである。其で形式としても、逃走婚の姿をとらなければならなかった」〔折口　一九七五（一九二四）一五六〕と述べ、久高島の女性たちが男との同衾を拒むポーズを取らざるを得なかったのは、神妻として自身が仕える神に対する遠慮からだったと解釈される。日本の古代にあったとされる「巫女の処女性」を参照して導かれる見解である。「とじ・かめゆん〔妻捜す〕」「とじ・とめゆん〔妻覓る〕」という男の方の婚姻を意味する沖縄語の表現は、逃走婚が沖縄で一般に行われていた痕跡ともされる〔折口　一九七五（一九二四）一五八〕。

さらに、七つ橋渡りについては「同時に、二人の夫を持って居る様な事がないかを試験するので、七つ橋と言ふ低い橋の上を渡らせる。此貞操試験を経て、神人となると共に、村の女としての完全な資格を持つ訳である。（略）此は、巫女が処女のみでなく、人妻をも採用する様になった時代の形で、沖縄本島でも古くから巫女の二夫に見ゆるを認められなかった事実のあるのと、根底は一つである」（折口　一九七五（一九二四）一五八）と述べている。「沖縄本島でも古くから巫女の二夫に見ゆるを認められなかった事実」に関しては、その根拠は示されていないが、陳侃の『使琉球録』（一五三四）の中の「人々は、神を恐れている。神はすべて、婦人を尸（よしまし）としている。およそ、二人の男を夫としたものは、尸としない。」（原田訳注　二〇一一　八二）という記事を読んでいた可能性が高い。

柳田や折口が見聞したように生涯独身を通したノロが存在したのは事実であるが、同時に、結婚しているノロもそれ以上の数いたことも確かな事実である。いうまでもなく、柳田や折口は、前者の方を本来の形とみなす立場に立つが、実証的な資料に基づく説得力のある議論とは言い難い。

日本と沖縄の民俗文化を同根のものとし、沖縄の現行の習俗に日本の古代の姿を見る視点が柳田民俗学には存したが、折口の場合は柳田以上にそれが顕著であり、久高島への言及のある論文名が「最古日本の女性生活の根底」であることがそのことを端的に示している。しかし、そのような方法論が疑われるようになってから年久しい。

宮城栄昌は、『女官御双紙』に見える高級神女に関して、神女七二人中未婚者はわずか九人しかおらず、聞得大君も一五人の内一三人が既婚者であることを指摘している。さらに、ノロの辞令書の中に「元ののろの子」や「元ののろの孫」への継承事例があることにも注意を向け、ノロの独身制を明確に否定している（宮城　一九七九　四〇九～四一四）。生涯独身あったノロがいたとしても、少なくても王府がノロ（神女）の独身を制度化したという事実は確認できない。

以下でその一端を紹介する倉塚曄子の巫女論も、柳田・折口的な巫女論への有力な反証たり得ていると思う。

日琉の天人女房譚を比較検討した倉塚は、日本の天人女房譚の子孫存続型の事例における子どもはすべてが男子で、子どもの父親はいずれも優れた身分の者（神なる王など）であり、天女はその男の系譜を神秘的に飾るために利用されているにすぎないという。そして、一方の琉球の天人女房譚の場合は、父親は凡夫でもよく（たとえば銘苅子）、肝心な点は天女から神女となるその娘への系譜の連続性（銘苅子の話では、天女の娘は尚真の夫人となり、その娘が初代サスカサ、二代目は初代サスカサからその娘へと、女の系統で継がれている）であることを指摘している。結局のところ、琉球の天人女房譚は神女の始祖神話であり、したがって、琉球の神女には日本の巫女のような結婚のタブーはなかったはずだというのが倉塚の結論である（倉塚　一九七九　八〜六〇）。

倉塚の考察を踏まえると、沖縄の神女就任儀礼においてイザイホウのように女性の貞操をことさらに強調する事例がほとんどないこと、換言すればイザイホウの特異性の方にこそ注意を向けるべきではないか。久高島で、二夫にまみえたことの許しを神に乞うペールリウガンという儀礼を、男性である根人が司祭するという比嘉康雄の報告（比嘉　一九九三　三六七〜三六九）も看過できない。なぜノロをさしおいて、男性の根人なのであろうか。イザイホウの儀礼過程における男性神役の関与をめぐる問題には、検討すべき重要な論点が潜んでいると筆者は考えている（赤嶺　二〇一四　三〇四）。

「巫女の処女性」が前提となり得ないとしたら、久高島の逃走婚をめぐる議論も未決着の課題として残ることとなり、別の視点からの検討が求められることになる。ここでは、この問題を十分に検討する用意に欠けるが、以下で見通しだけは示しておきたい。

筆者の調査によれば、沖縄の地方で一般に見られた未婚男女の社交の場であったモーアシビが久高島にはなく、直接話を聞いた明治末から大正期生まれの女性たちにとって、結婚相手は、ほとんどにおいて親が決めたものであり、有無を言わせぬ押し付けだったという。「二合　ヌ　ウザキヤ（二合の酒は）　ウヤヌドゥムスドール（親が結んだものだ）　フトゥバン　キリラン（自分には言葉もかけないで）　アファブッキャー（罵倒の言葉）」という歌は、結婚相手を勝手に決める親を恨んだ娘たちが詠んだ歌だと伝えられる。昔は、他島の男と一緒に歩いているのを見られると窃盗などの罪と同様に、イントウ（遠島か。島流し）になったという伝承もある。

大正末に久高島に渡島している折口信夫が、逃走婚に関して「若し、三日や四日で見つかると、前々から申し合わせてあつたものと見て、二人の間がらは、島人全体から疑われる事になる。勿論爪弾きをするのだ。」と報告していることは先に引用して示した通りで、そのことを踏まえると、久高島では、近代になって公権の指導・弾圧によってモーアシビが衰退した結果、自由恋愛をへての結婚から親の取り決めによる結婚に移行したとは考えにくい状況が見えてくる。ここで、「久高島の娘たちはクバの木の下の神様であるから、自由恋愛の対象にならない」という島の対岸の男たちが詠んだとされる歌を想起していいかもしれない。いずれにせよ、逃走婚の背後にある倫理が、自由恋愛による結婚の否定であることを押さえておく必要があるだろう。

久高島の婚姻をめぐるこの特異な状況は、どのように理解すればよいのであろうか。一つの可能性として想定できるのは、近世の王府の倫理政策の根幹にあった儒教イデオロギーおよびそれを基に形成された首里や那覇の士族階層の婚姻習俗の影響である。士族階層における婚姻文化が地方農村のそれと著しく異なっていたことについては、奥野彦六郎がつぎのように指摘している。

> 上層家門の間では若い男女の歌舞もなく、たまたま私通すれば制裁されるのであるから、その子女自らが性愛の赴くところにしたがって将来をちぎることは想像もできないが、また事実どこでも双方の親がその婚約をつかさどっていた。（略）百姓階級の場合と逆で、子女の自由結婚に対してたまに親が反対して結婚をはばむこともあった。〔奥野　一九七八　一一七〜一一八〕

百姓階級の子女は自由結婚であったのに対して、士族階層では「親が婚約をつかさどっていた」という指摘である。地方における婚姻習俗については、伊波普猷による以下の指摘も重要である。

> 地方における貞操観は、市街地に於けるそれとは余程赴きが違ふやうである。一時代前までは（今でもそういう所があるが）、前者に於ては、結婚した後に、他の男と関係する時に、または結婚せない以前でも他部落の男と関係する時に、初めて貞操問題がやかましくなるのであつて、結婚せないうちは、自分の部落内でなら誰と関係しても、貞操を破つたことにはならなかつたのである。それは昔は字が経済の単位であつて、納税も字の名でなしたから、かういう所では自他の区別即ち我が有(もの)人の有(もの)といふ観念が余り発達せないので、従つて物件視する女子に対する観念の発達せなかつたのも無理はないのである。ところが後者に於ては、土地の所有権が部落から家族に移つて、土地を私有する者が多くなり、其の上儒教などの感化を受け、女子の貞操に関する標準が段々変つて来て、「貞婦二夫に見えず」などといふ貞操観が出来るようになつた。〔伊波　一九七五（一九一八）五一〜五二〕

このように伊波は、地方の平民と士族階層（「市街地」）との婚姻習俗（貞操観）の違いを指摘しており、さらに、地方における「貞婦二夫に見えず」という貞操観は、本来は士族階層が保持していた儒教イデオロギーの感化によって形成されたものだというのは、極めて注目に値する見解といえる（土地の所有権との関わりについては、ここでは不問に付す）。

奥野や伊波の指摘に従えば、久高島の自由恋愛の否定は、士族階層の婚姻習俗と同様であったことになり、久高島と首里王府の深いつながりを勘案すれば、久高島の婚姻習俗に対する士族文化の影響という先の仮説は、必ずしも突飛なものとは言えなくなる。久高島の結婚式の祝宴において、王府と久高島との関係を表現した歌（夫婦の間に男子が生まれたら国王様へのご奉公、女子が生まれたら聞得大君へのご奉公をさせよう）が歌われてきた点も、この仮説にとって有利になるはずである。

7　食物から見た沖縄の葬儀

はじめに

沖縄の葬儀における食物の問題ついては、琉球大学民俗研究クラブの機関紙『沖縄民俗』や各市町村史の民俗編などに多くの報告事例を見ることができるが、管見の限り、葬儀における食物をめぐる問題に特に注意を向け検討を加えた論考は、酒井卯作の『琉球列島における死霊祭祀の構造』(酒井　一九八七)のみではないかと考えている。酒井の議論は主に枕飯に関することであるが、その内容については、本論考においても必要に応じて言及するつもりである。本論考では、沖縄の葬儀における食物をめぐる問題について体系的に資料を整理することを第一の目的とし、その上でいくつかの論点を提示することを目指したい。

一　葬儀と肉

沖縄の葬儀における食物に関しては、日本の各地の葬儀と共通する「枕飯」も重要な要素の一つであるが、葬儀に肉料理が登場するのが大きな特徴となっている。

『那覇市史・那覇の民俗』によれば、那覇では死者の枕元に供える味をつけない豚の三枚肉のことをシルベーシあるいはシラベーシと呼ぶという〔那覇市企画部市史編集室編　一九七九　六三〇〕。『嘉徳堂規模帳』（久米系家系の家礼で、一九世紀後半の記録）の「荼毘之事」にも、死者への供物として「白ばいし肉」が登場する〔法政大学沖縄文化研究所編　一九八六　四二〕。

琉球大学附属図書館の琉球語音声データベースのなかの「首里・那覇方言音声データベース」では「シラベーシ」が立項され、「料理名。葬式の際に死者の枕元に供えるもののひとつで、豚肉の角煮。三枚肉の油身のついたものを三、四センチ角に切って水煮する。味付けはしない。四九日まで供えられる。」とある。同じく「今帰仁方言音声データベース」でも「シルベーシ」が立項され、「死者を墓に送るとき、盛って供える豚の脂肉。大きくきざんで盛る。」とある。

南風原町喜屋武では、湯がいただけの豚の三枚肉と生の豆腐がセットになったものをシルベーシと呼び（写真3参照）、葬式の日の墓での納骨をはじめ、ナーチャミ、ナンカ、年忌などの機会に死者への供

写真3　南風原町喜屋武のシルベーシ

物として使用され、かつ、シルベーシは死者儀礼においてのみ用いられる用語であり、供物である。

糸満市喜屋武でも、湯がいただけの豚の三枚肉と豆腐がセットになったものをシルベーシと称している。墓に納棺あるいは納骨して後に、シルベーシを詰めた重箱が供物として墓前に供えられる。ニンブチャー（念仏者）が葬儀に関わっていた時には、シルベーシは墓での儀礼終了後に謝礼としてニンブチャーに与えたが、現在は葬式の手伝いをした班の人がその重箱を浜に持っていき、アミシティーガ（会葬者が、墓からの帰宅途中に浜におりて手足を潮水で洗うこと）を終えてから食べるという。

葬儀の供物としての豚肉のことをシルベーシ系の用語で呼ぶ地域はかなり広範囲にわたることがわかるが、管見の限り、宮古と八重山地域からはシルベーシについての報告はない。

シルベーシは、醤油などで煮染めずに色がついていないことが強調されることがあることから、シルベーシのシルは「白」である可能性が想定できるが、ベーシの語義については検討がつかない。

ところで、伊波普猷は、一九二七年の「南島古代の葬制」の中で、葬儀の肉に関して以下のように述べている。


那覇で金持の家になると、七十歳以上の人が死ぬ場合には、今日でも女子の会葬人だけに豚肉料理を主にした御膳を出すが、国頭郡では葬式が済んだ後で龕舁（首里那覇ではこれを職業とする賤民がかつぐが、田舎では親戚の若者等がかつぐことになっている）だけにこれを振舞うことになっている。しかし私の子供の時分までは、那覇附近の田舎で、会葬人全部にこれを振舞い、おまけに酒まで出した所があった。〔伊波普猷　一九七三（一九二七）　三六〕

この報告は、長寿者に限っての、会葬者への振舞いとしての豚肉料理についての指摘である。以下の久米島についての言及も、会葬者への振舞いに関するものである。

同治元年〔一八六二〕（略）頃までは、久米島では葬式の時に、牛や豚を屠って会葬人一同に振舞ったが、長寿者や金持の葬式の場合には、親戚縁者からの寄付などがあって、二、三頭位も屠ったので、会葬人中には暴飲暴食して、墓場附近に酔い倒れ、翌日帰宅する向きも多かったということである。〔伊波　一九七三（一九二七）三六〕

「牛や豚」とあるが、牛と豚をめぐる問題については後段で触れることにする。

西表島祖納でも、昔は老人が死んだ場合は必ず豚を殺して会葬者にふるまったという。〔琉球大学民俗研究クラブ編　一九六九a　三三〕

宮古地域に目を向けると、池間島にはダビワー（茶毘＝葬式豚）という言葉があり、かつては五〇歳以上の人の葬儀には、豚を屠ってその肉を共食する風習があったという〔沖縄県教育庁文化財課史料編集班編　二〇一八　四三六〕。飯島吉晴によれば、池間島ではダビワー儀礼をしないと地獄に行くといわれ、豚を食べるときにはこれは婆ちゃんの骨だとか、爺ちゃんの骨だといって食べ、このダビワーの風習の由来については、大昔は死人を食べたという伝承があるという〔飯島　一九八四〕。

周知のとおり、葬儀における豚肉食を屍肉を食した風習と結びつける民間伝承の存在については、伊波普猷が一九二七年の論考において紹介している。すなわち、伊波は「昔は死人があると、親類縁者が集って、その肉を食った。後世になって、この風習を改めて、人肉の代りに豚肉を食うようになったが、今日でも近い親類のことを真肉親類（マッシシオエカ）といい、遠い親類のことを脂肪親類（ブトブトーオエカ）というのは、こういうところから来た云々」〔伊波　一九七三（一九二七）三七〕と述べている。ただし、屍肉を食した習俗がかつて実際に存在したのかについては、伊波は見解を述べておらず、筆者にもこの問題を検討する用意はない。ここでは、酒井卯作が、伊波が紹介する伝承も含めて関連する伝承や習俗を「骨噛み」という用語で括ったうえで、多くの「骨噛み」

の事例を紹介しつつ、枕飯の共食の習俗とも絡めて興味深い議論をしていること〔酒井　一九八七　三四五〜三七六〕、および、萩原左一も「肉食の民俗誌」という論考において「食屍肉の伝承」についての検討を行っている〔萩原　二〇〇九〕点に注意を喚起しておくに留めることにする。

さて、これまで述べてきた葬儀と肉の問題についての資料を整理すると、死者への供物として肉〔シルベーシ〕と会葬者への振舞いとして肉料理の二つの要素があることがわかる。粟国島では、シルベーシという語は聞くことはできなかったが、煮た三枚肉を串に刺し、それを椀に盛ったご飯に立てたものを枕元に供えるというから、これも前者の例ということになる。

二　牛と豚

『羽地仕置』のなかに、葬儀に関する一六六七年の以下の通達がみえる。

田舎葬祭礼刻牛共殺大酒仕候儀前々よ里雖為禁止頃日猥ニ有之由候間弥稠敷可被申付候。〔沖縄県立図書館史料編集室編　一九八一　一六〕

すなわち、葬儀のときに牛を殺し、大酒を飲むことは以前から禁止しているにもかかわらず、最近はそれが守られていないので、もっと厳しく取り締るようにしなさいという通達である。

この通達からおよそ六〇年後の一七二九（尚敬王一七）年の『球陽』には、以下の記事が見える。

原、国俗、葬礼は大いに奢る。家の有無を顧みず、只家財を尽くし以て人目を耀かし、方めて孝を尽くすと為す。是れを以て、或は牛を宰し、或は猪を屠り、墓に在りては酒を客に侑め、家に回りては、赤飯宴を開き、以て親戚を待し、甚だ衷心を失ふこと為さざる所無し。因りて家敗を致す者比比たり。是に干て始めて罰法を立てて厳禁す。此れより陋俗乃ち変ず。〔球陽研究会編　一九七四　二八八〕葬礼がかつては「大いに奢る」状況であったところ、王府が「罰法を立てて厳禁」したために、「陋俗」（悪習）が改善されたという内容の記事であるが、ここでは、「羽地仕置」と同様に葬儀に牛の肉（および猪の肉）が登場していることに注目したい（赤飯については後段で触れる）。

これらの史料から、葬儀の際の肉料理にはかつては牛が用いられていたのが、次第に豚肉に取って代わられたのか、という論点が浮上する。一六九七年の『法式』の「田舎衆婚礼之事」の項目には、以前は牛を殺して祝いをすることがあったが、牛は耕作の助けになるものであるから今後は禁止するとあり、さらに「田舎衆葬礼之事」の項目には、肴は「豚以下」に、なるべくは魚・鳥にするようにしなさい、とあるので〔沖縄県立図書館史料編集室編　一九八一　六一～六二〕、萩原左一が指摘するように〔萩原　二〇〇九　一九九～二〇〇〕、王府の政策によって行事の際の肉料理は牛から豚に移行した側面があったものと思われる。

なお、一九六五年刊行の『沖縄民俗』一〇号の「喜屋武部落調査報告」には、「以前は裕福な家庭で、年寄り（六十才以上）が死ぬと牛を屠って部落民全員を招待してウリースージを行った。それらの肉（カーサジシという）をユーナガーサ（オオハマボウ）に包んで墓に於いて配った。」〔琉球大学民俗研究クラブ編　一九六五　一七二〕と報告されている。二〇一二年にそのことを確認するための聞き取り調査を喜屋武部落で行ったが、ウリースージについて知っている話者に会うことはできなかった。

三　枕飯

いわゆる「枕飯」の習俗は、沖縄の広い地域でみられるものであり、枕飯に対する民俗語彙としてはチチャーシウブン、カタチノメー、ムイムン（盛りもの）等がある。チチャーシウブンは、二つの碗に入れた飯を「つき合わせて（チチャーシ）盛ったもの（ウブン）」という意味であろう。カタチノメーは「形の飯」の意味で、盛り上げて形を整えることに由来する用語の可能性が考えられるが、酒井卯作は「人の形の意か」と注釈を施している（酒井　一九八七　三五四）。盛り飯に箸を立てる（二本立てる場合と、一本は横たえ一本は立てる場合がある）のも、日本各地の枕飯習俗と共通する。

枕飯の処理の仕方についての資料を整理すると、葬儀後に枕飯が食されない事例と関係者が食する事例に大別できる。まずは前者の事例をあげる。なお、文献からの引用は、大意を示す場合もあることを付記しておく。

(1) 食されない枕飯

事例1　糸満市喜屋武
枕元に飾られたチチャーシウブンとゆで卵は、出棺後に捨てる。

事例2　糸満市照屋
盛り飯の入ったお椀は、出棺後に石垣などに投げつけて割られる。

事例3　南風原町喜屋武
シルベーシとムイムン（枕飯）は、ユイミージョーキ（編み目のあらい箕）に入れ伏せた突臼の上にのせた状態でアマダイ（雨垂れ、軒）の下に置かれる。軒の下の食物はヤナムン（悪霊）にくれるもので、普段、ユイミージョーキから食物を食べてはいけない、アマダイの下では食事をしてはいけないと言われたのはそれにちなむ。ユイミージョーキの中の食物は葬式の日の夜に行われるムヌウーイ（モノ追い）儀礼

（チューフーシンカと呼ばれる龕を担いだ人たちが担う）[1]の際に、部落はずれに捨てられた。臼は、家から出ていくチューフーシンカによって蹴り倒され、チューフーシンカが出ていった後、家に残った女性が空の臼をアジン（杵）で激しく突いた。

事例4　東村有銘

死人の枕元に置くチヤーシウブン（マクラウブン）は箸二本を十字型に立て、シルゲーシと言って御飯には色を染めない。[2]四角切りにした生肉一切、塩少量、水などを枕元に置く。古くはチヤーシウブンは終わると捨てていたが、だんだん米も少い頃となると上の方ばかりを取って捨て、食べる様になった。〔琉球大学民俗研究クラブ編　一九六三　五九〕

事例5　久志村汀間

枕元の盛飯のことをアジャキナムヌといい、アジャキナムヌは墓地の入口で捨てる。〔琉球大学民俗研究クラブ編　一九六七　六二～六三〕

事例6　与那城村宮城

枕元にはカヂチヌメー（盛飯）に箸を十字に立てたものをおき（死が確認するとすぐ炊く）、香炉に線香三本を立てて供える。カヂチヌメーは葬列が出発した後で豚に食わす。〔琉球大学民俗研究クラブ編　一九六九b　三三〕

事例7　国頭村与那

マブイマーギという盛飯（箸を十字に立てる）と、カラスグワー（小魚）を仏壇と火の神以外の棚に供える。この供物はダビの時墓へ持って行き、その帰途老人が与那川へ捨てる。〔琉球大学民俗研究クラブ編　一九六九b　八五〕

（2）食される枕飯

つぎに「枕飯」を身内や関係者が食する事例についてみていくことにする。

事例8　南城市久高島

死者の枕元には、白位牌とマブルメー[3]（碗に盛られたご飯の上に、箸一本は横たえ一本は立てる）と呼ばれるものが飾られる。マブルメーは、出棺前に近親者によって食べられる。それを食べないと「死者が残念に思う」という話がある。

事例9　知念村久手堅

枕元には枕飯として、ムインウバイ（盛飯）、ミソ、シオ、肉を供える。葬式が済むと、龕を担いだ者の中から、ムヌウーヤー（魔除け役）といって、ボームチヤー（棒持ち）、ウスマチヤー（潮撒き）、ワイチリの三名を選ぶ。ムヌウーヤーは魔を追っての帰り、ヒンプンの前に置いてある枕飯を食べる。〔琉球大学民俗研究クラブ編　一九六三　一八～一九〕

事例10　久米島仲里村比屋定

箸を二本たてたカディチヌメー（盛飯）は、葬儀の後龕を担いだ人たちが食べる。〔琉球大学民俗研究クラブ編　一九六七b　三六〕

事例11　玉城村糸数

枕元には、枕飯（カドゥチヌメー）と小さな餅七コずつの二皿、豆腐三つ、魚三つを供える。枕飯には箸二本を十字にしてたてる。この供え物は龕担ぎが葬式を終えてから食べる。〔琉球大学民俗研究クラブ編　一九六七b　七八〕

事例12　粟国村西

枕飯（チチャーシウブン、リージンヌンバイ）を供えるが、これは三回取り替える。最初に、お碗に御飯だけを盛って死者の頭の方に置き、二度目には、新しい御飯とおかずを供え、三度目には、死者の頭の方にある白位牌を仏壇に移して、御飯をお碗に盛り、その上にお箸二本を十字にしてたて、仏壇に供える。これらの供え物は、葬列が墓地の途中まで行った頃、ダビに行かないで家にいる人々（特に老人）に分け与える。〔琉球大学民俗研究クラブ編　一九六八　三五〕

事例13　上本部村具志堅

仏壇には枕飯（ハサバイ又はヒッチミチヌハンメー）に箸二本を垂直に立て、お汁、おかず等を添えて供える。これは龕担ぎが食べる。以前はこれらの供え物のほかに米一升、豆腐豆一升、肉一斤を煮て供えた。この御馳走をサンジュラテイといい、野辺送りの時に婦人三名がそれを持って葬列と一緒に家を出て、途中で別れ、ハサと称する浜に行き、龕担ぎ四人とテインゲームチャー（天蓋持ち）を待つ。龕担ぎとテインゲームチャーは野辺送りを終えると葬具を納めるためガンヤーに行くが、その時は必ず浜を通り、途中のハサと称する浜でサンジュラテイーを食べる。〔琉球大学民俗研究クラブ編　一九六八　九一〕

事例14　与那城村宮城

葬式の出発前に出席者全員にトゥナイユーケーメー（これはユーケーメーとも呼ばれ、米と粟でつくった粥）と塩を廻す。それは箸を使わずに一口ずつすすりながらまわす。このユーケーメーと塩は死者の枕元にも供える。家によっては高齢で亡くなった人の葬式の時にはユーケーメーの代わりにオニギリを配るが、これはウバギーメー（産飯）と同じ意味である。〔琉球大学民俗研究クラブ編　一九六九b　三三二～三三四〕

事例15　勝連村南風原

枕元にスーゲーメー（ダビに使うおかゆ）を供える。この時「ナーミンミソーリヨー　ワッタンカミラヒー」（あなたも召し上がって下さい。私達も頂きましょう）と拝んでから親戚も碗に入れてミソ少量とを箸を使って食べる。仏壇にはカヌチリメー、又はカタチリメームンという盛飯に箸を十字に立てたものと、ダーグムチ（モチ米のダンゴ）奇数個二皿とを供える。これはダビの夜のタマガイゲーシ（霊魂祓い）の時火をつけた人が、その儀礼が済んでから食べる。〔琉球大学民俗研究クラブ編　一九七〇　九五〕

以上、枕飯を捨てずに食する事例をあげてきたが、食べる主体としては、身内（事例8・12・14）の他に、龕を担いだ人（事例9・10・11・13）、あるいはモノ追い儀礼に関わった人（事例15）というのが目立つ。『那覇市史・那覇の民俗』によれば、枕元の供物は、現在では食べる者がいないので捨てているが、以前は子供たちに与えていた〔那覇市企画部市史編集室編　一九七九　六二九〕というから、身内が食した事例ということになる。これらの人々は、一般の会葬者に比べて死の忌み（死のケガレ）に深く関与しているという共通性があるが、これに関連して、枕飯の共食についての以下の柳田の見解について注意を向けておきたい。

特殊な関係にある人々のみは、進んでこの「枕飯」と相饗をしなければならぬ約束があつた。湯灌その他で納棺の世話をすべき者、及び「窪め」もしくは「床取り」などゝ称して、墓地の準備にかゝる者、火葬の行はれる土地では火屋の番人の類、斯ういふ人たちはどうせ穢れるのだから、食事ばかり用心をする必要もないという投げ遣りの意味で無く、本来は一度死者と同じ群に加はるべき人々にその役を勤めさせたのであつて、後に卑賤の者や特別の恩誼を負ふ者が、其職分を引き受ける風を生じた時代より前は、寧ろ喪屋に入り且つ忌の飯を食ふやうな続き柄の者であるが故に、斯ういふ任務にも就いたわけである。〔『全集』一〇　四〇四〕

この柳田の見解は、死の忌みに深く関与している人々が「忌の飯」を食することには必然性があった、というふうに理解することができるだろう。

さらにこの文脈で、柳田の以下の指摘も参考にしたい。

人が死んだ場合の力餅がある。（略）出棺に先だつて血族の者が、一升枡の裏底で切つて食べる餅がある。それを力餅とも又「度胸だめし」とも謂ふさうである。（略）所謂湯灌や穴掘りの役に当つた者が、一口飲む酒を力酒と謂ひ、或は又出棺に先だつて力飯を食ふ例が此附近にもあるから、是は生き残つた者に力を附け、もしくは忌に負けることを防ぐ手段、即ち「食ひ別れ」の一つの形式とも見られぬことはない。〔『全集』一〇　三九〇～三九一〕

身内や龕担ぎ、モノ追い儀礼に関わった人が枕飯やシルベーシを食する背景には、柳田の言う「力餅」「力酒」「力飯」などと同様の観念があった可能性が考えられる。これに関連して、久高島の「道の力」にも注意を向けてみよう。

久高島では、葬式の日の夜に行ういわゆるモノ追い儀礼をヘーフーと称している。ヘーフー儀礼は、死者を寝かせてあった部屋で行われる。身内の者一人（死者を浴びせた際に死者の頭を支えた人で、通常は配偶者や子どもなどがその役に当たる）が、準備されたムイメー（盛り飯）と碗に立てられた餅九個を前にして座し、その周りを七人（死者の近親者）が囲む。このムイメーと餅は「道の力」と呼ばれ、死者がグショ（後生、あの世）に行くための力になるという。枕飯（マブルメー）も「道の力」であると語る話者もいる。

七人は、「道の力」の周囲を反時計回りに七回まわるが、棒を持って床を叩く人、弓矢を持つ人、潮水をまく人、板片（棺箱をつくった残りもの）を叩いて音を出す人、といった役割がある。回る際に、一人がヘーフーというと、残り全員がハリフーといって応答する。部屋の中を七回まわると正面から外に出るが、棒を持つ人のみは台所側から出る。そして、台所側から出た人は棒をその場に捨てて、竹の先に板片の付いた紐を結びつけたものを手に取り、弓矢を持つ人を先頭にして全員がムラはずれに向かう。全員裸足で、板片の付いた竹をもつ人はそれを振り回して音を出す。ボーンキャーと呼ばれるムラはずれに着くと、弓矢をはじめ、持ってきたものをそこに捨てる。家に戻ったヘーフーの一行は、先述の「道の力」を全員で食べる。これを食べないと、「ハゴーサして（きたないと感じて）食べないのか」と死者が思い悲しむので、必ず食べないといけないとされる。

「道の力」は、死者がグショ（あの世）に行くための食料（力）になるという考えがあることに注意したい。今帰仁村与那嶺では、死者の枕元に供えられる枕飯の膳（枕飯・素麺の汁物・冷水）のことをミチヂカラと称するというが〔萩原　二〇〇九　二五五〕、ミチヂカラは、久高島の「道の力」と同じ用語だと理解していいだろう。さらに、酒井卯作の報告によると、那覇市の高原村（那覇市には字高原はないので、沖縄市の誤りか）では枕飯をタビヌチカラ（旅の力）と呼び、葬式の夜にモノ追い人が食べたとされるが〔酒井　一九八七　三四九〕、「道の力」と「旅の力」には共通するものが認められる。

それに関連して、宮古の平良市島尻の事例も興味深い資料である。すなわち、島尻では、死者の枕元に供える箸を立てた御飯のことをンツパンマイと呼んでおり、ンツとは道、パンマイは御飯もしくは弁当を意味し、道行きの弁当という意だという〔琉球大学民俗研究クラブ編　一九七六　二二二〕。ンツパンマイは、「道の力」「旅の力」と同じ含意のある言葉であることがわかるが、ンツパンマイがどのように処理されたかについての記述は見当たらない。

さらに、宮古城辺町砂川の事例にも目を向けたい。砂川では、枕飯のことをンツダツパンマイと称しているが、これは、あの世に旅立つための弁当という意味だという。これを供える際には「ンツダツパンマイユパタンツキャーファイユトゥリ　カムユバウガミ」（出立ちの飯を腹一杯食べて、神をば拝みたまえ）と唱えるとされ、ンツダッパンマイは死者の魂が食べると言われる。ンツダッパンマイの御飯は、イミズヤー（喪家）の米を使用してその家の釜で親類の女性達が炊くが、喪家の家族の食事は親類がもってきたという。ンツダッパンマイは、野辺送りのときにピーフガサァ（クワズイモの葉）に包んで墓内に入れたが、現在では、食器に入れたまま墓内で死者の頭の前に置くという（琉球大学民俗研究クラブ編　一九七〇　三八）。

このンツダッパンマイも、「道の力」「旅の力」に連なるものであることがわかるが、これまでの事例と違うのは、墓まで運ばれ死者に直接供えられるということである。

久高島と高原村では「道の力」「旅の力」は、身内や葬儀に深く関わった人たちが食していたが、その場合には、死者に代わって身内や関係者が食べているということになろうか。一方、柳田の「力餅」「力酒」「力飯」などについての指摘を踏まえると、死者にとっては「道の力」や「旅の力」であるものが、生者がそれを食すると、それは生者にとって「力飯」としての効果を発揮するという考えがあった可能性も考えられる。

なお、柳田の論考「米の力」では、ミチノリキという民俗語彙が以下のように紹介されている。

讃岐の三豊郡の山村などで、ミチノリキと謂ふのは枕飯よりも前に、いよ〳〵助からぬときまったときに、末期の水と共に食べさせる飯だといふ（瀬川氏報）。死人はすぐに立つて善光寺に参るので、斯ういふ途の力が必要だつたのである。（『全集』一〇　三九四）

さらに、「葬制沿革史料」に「ミチメシ：肥前平島などの例では、枕飯を死人の道飯といっている（桜田君）」（柳田國男　一九九〇（一九三四）六六五）とあるのも、関連資料ということになる。

最後に、「力餅」「力酒」「力飯」などに関連して、イミゲーシという用語に注意を向けたい。粟国島では、串に刺した三枚肉をご飯の上に立てたものと水を死者の枕元に飾り、それは後で身内が食べることになっている。会葬者にも三枚肉と御飯をもたせるが、その際に「イミゲーシしなさい」と声をかけるという。また、金武町字屋嘉では、葬式後の三日目にイミゲーシというのを行うという。イミゲーシの内容は、一合の御飯を炊いたものを集まった近親者で一口ずつ食べ、塩もなめるというものである。

粟国と屋嘉のイミゲーシは同じ用語であり、「イミ（夢）を返す」すなわち死者の夢をみないように、死者がそれを望んでも拒否するということの表明だと思われる。肉や米を食することによって死者と対抗する力を得る、換言すれば、肉や御飯を食することによって死者との縁を断ち切る[4]、という考えがあったことを窺うことができる。

四　ケガレの創造性

ここでは、関根康正が「ケガレの創造性」と呼んでいる問題に注意を向けたい。死と関わるケガレ観念について、関根は以下のように述べている。

近年、葬式に際して清めの塩を止める傾向が一部にみられる。その理由として死のケガレなどを問題にするのは死者への冒瀆であるとする意見もみられたりする。日本の民俗文化が把持してきたケガレ観念とは、そのような底の浅い民俗観念なのだろうか。もしそうだとしたら、なぜかくも長く遵守されてきたのであろう。（略）今日否定的観念に閉じ込められているケガレ観念には、その一見の様相に反して、実は死すべき運命の下にいる人間が耐え難き死をいかに受容し乗り越えていくか、そのために人々を結集する力として働く積極的な意味があったのではないかと、推測させる。〔関根　二〇〇七　一七〇〕

さらに、インドにおける葬儀の事例を基にして「ケガレの創造性」について、次のように述べている。

葬送儀礼などの儀礼行為を仔細に観察していくとそこには明瞭にケガレの創造性とでも呼ぶべき事態が表現されている。たとえば、死者の手に九穀の籾を握らせ、そのケガレの伝染した籾を翌年蒔く種籾に混ぜると豊作をもたらすとされ、儀礼に組み込む。死後七日目から一五日目に行われるカルマーディという服喪儀礼の一齣に、死者の出た家（ケガレのかかった服喪の家）で用意された一盛りの食事を子供たちが率先して食べることがある。この儀礼的行為の意味は、この食事を摂った子供は健やかに育つというもので、ケガレのかかった食事が子供の生命力を亢進するとは意味深長である。〔関根二〇〇七　一七三～一七四〕

関根のこの見解を参照して、沖縄の葬儀についての資料に注意を向けると、八重山の西表島祖納では、「葬儀の時の供え物は病弱の子供が食べた。これを食べることにより病気をとり除くことができるとされている。」〔琉球大学民俗研究クラブ編　一九六九ａ　三三〕という報告が注目される。さらに、波照間島の「枕飯をゼンノメシといい、釜からオハツをとって死者に供え、若干を棺の中に入れてしまえば、残りは誰が食べてもよく、これを食べると健康になる。」〔酒井　一九八七　三四八〕という事例や、奄美大島の西古見部落では、枕飯を人に知られぬように食うと病気をしない〔酒井　一九八七　三四七〕という報告も注目に値する。なお、酒井卯作によれば、「忌の飯」を食することで病気が治るなどの良い結果をもたらすという俗信は、日本本土の広い地域に亘って分布しているという〔酒井　一九八七　三七一〕。

また、関根康正は、出典は不明であるが、沖縄の「クロフジョウはアクを持っていってくれるから、早く罹りに行かねばならない」という観念をケガレの創造性の一例としてあげている〔関根　二〇〇四　一三五〕。

さらにこの文脈で、「ケガレの創造性」に関わると思われる日本本土の葬儀における漁民の習俗に注意を向けておきたい。新谷尚紀は、半農半漁のムラである高知県幡多郡大月町西泊の葬儀（四十九日）について、以下のように報告している。

四十九日には一升餅をつく。小さく四九個につくり四十九餅という。これは関係者に配るものであるが、そのうちの一個はこの日の墓参りの前に屋根を越えるように投げあげる。屋根にとどまっていた死者の霊もその餅に乗って仏のところに行けるという。ところで、この餅は、拾ってもっていると海で悪い例にとりつかれないといって、船に乗る人の妻などが争って欲しがり、船主のところへもっていく。弔旗も漁師はふんどしにすると縁起が良いという。〔新谷　一九九七　一五三〜一五四〕

さらに、波平恵美子も、水死体を「エビスさん」と呼び、水死体に出会ったら必ずそれを拾わなければならず、拾えば豊漁をもたらしてくれるという長崎県壱岐郡勝本浦における信仰に注目したうえで、高谷重夫の研究〔高谷　一九四二〕に依拠しつつ、漁村において、死に関するケガレが豊漁をもたらすという日本各地の事例に注意を向けている。すなわち、葬儀用具を漁具として使用すると豊漁（五島）、墓石を欠いてオキバコに入れて出漁すると豊漁・イトケー（生前に作る、戒名が朱書きされた位牌）を持っていくと豊漁（壱岐）、葬式の時棺を担ぐ人に出す手拭いをかぶって漁に行くと漁が良い・家に死人がある時は漁が良い（周防見島）、葬式に用いたさらし木綿を腰に巻いて行くと良い（幌別）、人の死骸の夢を見ると良い（甑島）などの事例である〔波平　一九八四　一七五〕。

最後に沖縄についても、一九九〇年に平安座島（うるま市）で聞いた話を覚書として記しておきたい。平安座島のウミンチュ（漁民）は、お産のあった家には一週間はあえて行くことをしないが、葬儀には進んで参加するのみならず、我さきにと龕担ぎをさせてもらうようにと申し入れをしたという。龕担ぎをした御礼に葬家からもらった酒（一升瓶二本）で祈願をすれば、大漁になるという考えがあったためだという。

五　葬儀と赤飯

沖縄本島地域では、旧暦八月一〇日前後にシバサシと呼ばれる行事が行われてきた。シバサシは、ススキと桑の枝を束ねたもの、あるいはススキの枝の先端をまるく結んだものをシバと称して、それを家の軒などにさす行事である。

このシバサシ行事の由来譚は、同内容のものが『琉球国由来記』（一七一三）や『球陽』の尚敬王二三（一七三五）年の記事に見ることができるが、ここでは、伊波普猷が紹介している「年中儀令」（作成年代不明）の中の由来譚を引用することにする。

> 往昔兼城按司之女、八月之間致死去候付、金峯に葬る。次後三日其家招魂通語之為、覡巫を頼、赤飯を霊前に備へ、祭礼を行ふ。此時安平田と云者右家に参り、死後の女蘇生すと告ぐ。家人親戚大に喜び、皆往て見れば、果して蘇生す。早速覡巫をして外間崎に往き、桑枝薄株を取来て妖気を払除て、一同家に帰り、右の赤飯を以て饗親族賀蘇生、此事達聖聞是より以後、王殿下諸人之家に至り、其事に倣て桑枝薄株を屋簷之間に指し、又赤飯を作つて薦神霊贈親族妖気を除て賀礼を行ふ、と鄧氏家譜序に相見得候。（略）（伊波　一九七三　四五）

ここでは「次後三日其家招魂通語之為、覡巫を頼、赤飯を霊前に備へ、祭礼を行ふ」という文言に注目したい。すなわち、葬儀から三日後にユタを依頼して「招魂通語」（死者の魂をユタに憑霊させ死者をしてユタの口を借りて語らせる）の儀礼を行う際に、霊前に赤飯が供えられているのであるが、これは、今日の赤飯の習俗からして不可解である。年忌の二十五年忌や三十三年忌を祝事として捉え赤飯が登場することはあったとしても、死後三日目の儀礼に赤飯が登場することはまずはあり得ないことである。

この点については、『嘉徳堂規模帳』に参考となる資料が載っている。上江洲敏夫も指摘していることであるが〔上江洲 一九八四 六八〕、『嘉徳堂規模帳』の「洗骨之事」のなかに、「世間では洗骨儀礼を祝儀と考え、紅物を準備するむきもあるが、これはことの道理を知らなすぎるものであるので、紅物は一切使用してはならない」という一文がある〔法政大学沖縄文化研究所編 一九八六 五六〕。洗骨儀礼に紅物を使用してはならないという考え方は、今日の我々の感覚と合致するものではあるが、シバサシ由来譚で死後三日目の儀礼に赤飯が登場していたこととは相反することになる。

この問題については、板橋春夫の「葬儀と食物―赤飯から饅頭へ―」〔板橋 二〇〇二〕が参考になる。板橋によれば、日本本土の広い地域にわたってかつては葬儀に赤飯が登場する事例がみられたが、赤飯は慶事の食物という印象が強い結果、葬儀では序々に使用されなくなったという。板橋は葬儀の赤飯についての柳田國男の見解も紹介しており、柳田によると、赤飯の赤色は物忌み生活に入るときと物忌みが明けて日常に戻るときの境目の象徴としての色彩で、その時点の重要さを自ら印象づけるためにわざわざ赤色を使用したという。

沖縄でも、かつては葬儀に赤飯が一般的だったところへ、日本本土と同じ道筋をたどって変化が生じた可能性が想定できる。

六　長寿者の葬儀と食―久高島のンバギ―

長寿者の葬儀に限って豚や牛の肉食を振舞うという事例が散見されたが、長寿者の葬儀の食物の一例として久高島のンバギについて報告したい。

久高島では、一定年齢以上の男女が死亡したときにンバギと称する餅およびご飯が会葬者に配られた。ンバギが配られるのは、死者が男性の場合は五〇歳以上ということでほぼ一致しているが、女性死者の場合には、ヤジク以上、シュリユリタ以上、六〇歳以上と話者によって説明が異なっている状況がみられた。ヤジク、シュリユリタとも、年齢階梯的構成をとる女性の村落祭祀組織上の階梯を示す名称である。

現在では、香典としてお金を持参するのが一般的であるが、かつては葬式のある家にはムラ中の家々から米が届けられ、ンバギはその米でつくられたという（現在、お金の香典のことをンバギと称している）。届けられる米の量は親族関係のあるなし、あるいはその遠近などによって異なり、「一升持ち」とか「五合持ち」とかという表現があった。なお、ンバギの準備は葬家ではなく近所の家にて親戚や隣近所の人々によってなされたが、このことは別火の習俗によるものではなく、ンバギ以外の料理は葬家で煮炊きされたという。

ンバギが配られるのは会葬者全員に対してではなく、男性は五〇歳以上、女性はヤジク以上（別の説明では六〇歳以上）であったという話も聞けた。また、同じンバギとは称しても、男には餅（月桃の葉で包む）だけ、女には餅とご飯（碗に入れたものを抜いて型取りをしたもの）が配られたという。

一九八〇年代時点においては、ンバギが配られるのはミアムトゥと称されるノロや根神などの高位の神役を出す家と、若干の神役の家に対してだけであった。ある神役の人は、ンバギが届いたら、「極楽道をお通りください」と唱えながら股間を三回通してから食べたという。また、ンバギが届けられたある神役の家では、それを神前に供えて「〇〇（家号）の誰が死亡しました」と、神に報告してから食べるという。なお、一般の会葬者にンバギが配られなくなったことに関して、ある話者は、縁起が悪いとして人々が食べたがらなかったからだと説明している。ある話者は、ンバギを食べるとき「あなた一人でヤクはもっていって、他の人にはヤクがかからないようにしてください」と唱え、ひとつまみちぎって捨ててから食べたという。ミアムトゥの一つのある家では、ンバギが届けられても食べずに捨てているという。

以上記述してきたところのンバギと、産育習俗に関わるンブギー（生まれた日の儀礼で、ンブギーメーと呼ばれるご飯が供物になる）あるいはンバギー（誕生後に日を選んで行われ、名付けの儀礼などが行われる）〔赤嶺　一九九三　四四八〜四四九〕との間の語の類似性については多くの人が認識しており、複数の話者が、この類似性は人間の誕生と死は、結局のところ相互につながる現象の一環であることを示すものとして理解している。

おわりに

以上、沖縄の葬儀における食物をめぐる問題について資料の整理を行い、合わせていくつかの論点の提示を試みてきた。体系的な資料整理がなされていない状況下にあって、本論考の作業はそれなりに意義があるものと考えるが、一方では、資料の渉猟が十分ではなく、重要な見落としがあるのではないかという危惧もある。「ケガレの創造性」を含めたいくつかの論点の提示も行ったが、今後これらの論点についての議論が深まるきっかけに本論考がなることを期待したい。

註

（1）チューフーは、輿を担ぐ人を意味する「轎夫（きょうふ）」の訛音だと思われる。

（2）「御飯には色を染めない」というのは不可解であり、色をつけない肉料理のシルベーシの話が混入している可能性がある。

（3）マブルメーのマブルの語義（メーは飯の意）に関しては、マブルハミという言葉と関連づけて考えると、ある程度の推測は可能である。死者を棺箱に入れる際に、死者の頭を支える近親者によって「マブルハミナイミソーリ」(マブルハミになってください)という言葉が唱えられる。ハミは神の意だから、マブルハミは、マブルと「守る」が通音することからして、「守り神」である可能性が高い。そうだとすれば、マブルメーは「守り飯」ということになり、邪悪なものから死者を守るための飯という観念があったことが想定できる。

(4)死者との縁を断ち切ることに関係する習俗に注意を向けておきたい。まずは、糸満市字喜屋武の事例であるが、死者を家から送り出す直前に、家の後継者に予定されている死者の長男などが家の後方に行き、手に持った薪などで家屋をたたきながら「この家は私の家である」と口上を述べたという。また、同じく喜屋武での四十九日の夜に行われるヤーザレー(家浚い)の習俗も興味深い。指名された参加者数名が、薄を束ねたもの(先を丸く結ぶ)や竹竿などで壁や床をたたいたり、大豆や浜から拾ってきた珊瑚のかけらなどを投げつけたりしながらすべての部屋をまわり、最後は玄関から外に掃き出す所作をする。部屋をまわるときに、「あっちに行った、こっちに行った、ここに籠もっているぞ」、「あなたはもはや家族の一員ではないから、ここから出ていきなさい」、「家族や親戚に夢見させることもしないでくれ(夢にあらわれないでくれ)」などと言いながら行ったという。さらに、糸満市兼城においても、戸主が死んだ場合、出棺の際に跡継ぎとなる人が仏壇の後ろに行き、「イヤーヤ、クマヌチョーアランドー(あなたはここの人ではないよ)」とか、「ナマカラ、クマヌヤーヤ、ウンジュガムノーアラン、ワームンルヤル(今からこの家はあなたのものではないです、私のものですよ)」と唱えながら足で壁を三回叩いたという〔糸満市史編集委員会編二〇一一　八九〕。

8　屋敷と門

沖縄の屋敷は、一般的に、方形をなし、石垣や生け垣などで囲まれ、フェーンケー（南向き）という表現もあるように南側（民俗方位、以下同様）にジョーと呼ばれる出入口（以下では「門」）が開いている。屋敷の門は通常は一ヵ所であるが、複数の門を有する屋敷の事例があり、本論考ではそれに注意を向けることにする。

研究史を振り返ると、島袋源一郎が一九三七年の論文「琉球列島に於ける民家の構造と其の配置」において、「「のろくもい」など神職の出入する門即ち祭祀用の門と、家族の出入する門とは画然たる区別をしてあるのが多く見受ける」〔島袋　一九三七年　一五三〕と述べている。鳥越憲三郎も『琉球宗教史の研究』において、「琉球では何処の村でも、ノロ家とか根所とか神事に関係のある家には、日常使用する門のほかに、屋敷の横手にもう一つ別の門を設けている。それを「御神の御門（うかみのうじょう）」という。この門は平常の日には決して使用しない。祭の日にのみ用いられるが、神としての巫女達はこの門から出入りする」〔鳥越　一九六五　一二九六〕と述べている。以下において、具体的な事例をみていくことにする。

まずは久米島の事例から。南側に開いている正門以外に南西側に別の門が開いている事例は、久米島全体に少なくない。兼城部落では、南門は男性が、南西門は女性が使用するという説明が聞けた。西銘部落の上江洲家では、日常生活では賓客以外の親戚や近隣の人々は南西門を使用し、正月の年始の挨拶などあらたまった機会には、親戚縁者も正門を使用したという。上江洲・西銘の両部落には、同様の事例は少なくなく、南西門は畑仕事への行き帰りに使用するという話も聞けた。牛馬などの畜舎は屋敷の西側に位置しているのが一般的だから、牛馬の出入りのためには南西門は便利がいいという事情も関係しそうである。

上江洲部落の旧家である西銘オヒヤ家は、南西側、南側、東側の三ヵ所に門がある。正月と盆そして祭事以外の日には南門と東門は扉で閉じられ、日常の出入りには南西門が使われる。南門と東門が閉じられる理由として、月経中の女性が出入りすることを防ぐためという説明が聞かれた。南門は、正月と盆の時に家人や来客の出入りに使われる。

上江洲部落では、西銘オヒヤ家の他に、南門に加えて南東側に門を有する家として西平家がある。両家とも、上江洲部落と西銘部落の六月ウマチーにおいて重要な位置を占める旧家であり、六月ウマチーにおける両家の関わりと門の使用法について、筆者

写真４　西銘オヒヤ家の南門とローカヤ

の調査と伊従勉の論文「沖縄久米島の稲祭祀祭場の仮設性について」（伊従　一九八七）を参考にしながらみていくことにする。

六月ウマチーには、西銘オヒヤ家の庭に、ローカヤと呼ばれる仮設の日陰小屋が南門に隣接する場所に設置され、ローカヤが祭場となる（写真4）。ウマチーの時の当家での儀礼で神女に捧げられる神酒は、南門から運び入れられる。西平家では、屋敷の南東側に隣接する「西平アサギ」と呼ばれる場所に祭場となるローカヤが設置される。南東に開いている門は、西平家からローカヤへの供物などの運び入れの際に使用されるもので、日常生活では使用しない。

写真５　西銘オヒヤ家の東門から出る神女

六月ウマチーでは、トゥヌマーイ（殿廻り）と呼ばれる、ノロを筆頭にした神人による祭場巡りが行われる。トゥヌマーイに使用される道は「神道」と呼ばれ、自動車が通るような道路もあれば、屋敷と屋敷の間を走る細い通路である場合もある。西銘オヒヤ家は、「朝神」（オヒヤと呼ばれる旧家を巡る儀礼）に関わるが、西銘ノロ殿内を出発したノロ一行は、西銘オヒヤ家の東側の道を下ってきて、西銘オヒヤ家の東門から入ってローカヤで儀礼を執行する。当家での儀礼が終了すると、東門から出て、西平家に向かう（写真5）。

「夕神」（蔵あるいは蔵下（グワッチャ）と呼ばれる祭場を巡る儀礼）は、当間蔵下から始まるが、それに先立ってノロ一行が西銘オヒヤ家に立ち寄って座敷内の火の神を拝する。移動の経路は、朝神と同様に東門から入るが、儀礼終了後は南西門から出て当間蔵下に向かう。

西銘オヒヤ家と西平家の事例から、東あるいは南東側に開いている門は、日常生活で使用されるものではなく、神事用としての性格を有していることがわかる。西銘オヒヤ家では、東門のことをアガリヌウジョー（東の御門）と尊称している。久米島では、西銘部落と上江洲部落以外にも同様の性格をもつ事例があるのか、二、三カ所の部落で調査を試みたが、確認するには至っていない。以下では、久米島

写真6　伊江島の〈メーナガイードゥン〉の東門（左奥）

以外の地域に目を向けて、複数の門を有する屋敷の事例をさらにみていくことにする。

伊江島では、旧暦七月にウプユミ（大折目）という数日かけて行われる行事があり、行事の一環として、久米島のウマチーにおけるトゥヌマーイとよく似た、神女たちによる旧家あるいは拝所巡りが行われる。一九八〇年代初頭の調査によって、数カ所の祭場があるなかで、二つの屋敷に正門以外の門があって、祭祀の場面で神女たちが使用していることが確認できた。

一つは〈ウプチニン〉という家で、屋敷は南門以外に屋敷の北東角をはさんで北側と東側の二カ所にそれぞれ小さく門が開いている。神女たちは北側門から屋敷内に入り、屋敷内の北東隅で儀礼を行い（北東隅の一角にユナと呼ばれる海石が敷かれ、バケツに入っている水を神女が汲むしぐさをする）、それが済むと東側の門から出て行く。もう一例は〈メーナガイードゥン〉という旧家で、南門の他に東門がある（写真6）。南門から入った神女たちは、家屋の前の庭での儀礼を済ませると、東門から出て行く。この東門はハニシンジョー（カニシンジョー）という名前が付き、日常には使用されない。名前の由来については、かつてハニシンジョーという村があり、その村と関係があるらしいという話が聞けたが、ジョーは門の意味だから、ハニシンの意味が問題ということになる。

次に、八重山の波照間島の事例に目を転じたい。波照間島の名石部落にある石野家の屋敷は、南側の正門とは別に、東側と西側のそれぞれに屋敷囲いの石垣が途切れるかたちで門が開いている（写真7）。東側は道路に面し、西側は隣接する屋敷につながるかたちになっていて、かつては、隣接する他の二つの屋敷にも、同様の門があったという。この場合、三つの屋敷をつなぐ道があったという見方もできる。石野家で話を聞いたところ、「名石御嶽の神が通る道」という伝承が残されていたが、実際の祭祀場面でそれがどのように使用されたかは不明である。

石野家に関してもう一点注目したいのは、石野家の屋敷内の南東側に、屋敷地よりも一段高くなったサスケと呼ばれる空間が存在することである。波照間島では、いわゆる「床の間」のことをブザスケというが、サスケは座敷のことかと推測される。石野家のサスケは、かつて冬至の日に公民館で村行事が行われたときに、公民館役員による行事の「二次会」が、このサスケで催されたという。まさにサスケは座敷として使用されたことになる。ここで石野家のサスケについて言及したのは、次のことに関係するからである。

波照間島に〈ゲートホーラ〉という家があって、その家の屋敷にもサスケがある。そして、この屋敷にも南門以外に東門があるので、サスケの存在と複数の門の存在に関連があるのかどうかが課題となる。いずれにしろ、名石部落の事例は、「神事に係わる門・道」という点で、久米島の西銘オヒヤ家と西平家をはじめとして沖縄本島地域の事例と共通性があることがわかる。

写真７　波照間島石野家の東門

ところで、名石部落の三つの屋敷をつなぐ道に関しては、以下で述べる八重山の廃村遺跡についての考古学の成果にも目を向ける必要がありそうである。小野正敏によると、八重山の村落遺跡の年代を残された陶磁器の分析から推定すると、次の四つの段階に区切れるという。①一二世紀末～一三世紀の村で、屋敷囲いの石垣をもたない村。②一四世紀後半～一六世紀初めの村で、石垣による屋敷割りが見られるが、道路がない村。③一七、一八世紀の近世陶磁器が散布する村。④現集落に直接つながる村。

ここで注目したいのは、②の段階の道路がない村で、この段階の村は「サイズもまちまちな不整形で不均質な屋敷が細胞群のように連結し、石垣の一ヵ所を狭く切った出入口によって屋敷から屋敷へと通過していく」〔小野　一九九七　八二〕という形態になっているという。すなわち、名石部落に見られた隣接する三つの屋敷をつなぐ「神の道」は、この道路のない村の形態と少なくても形のうえで一部共通することになる。屋敷の門をめぐる問題について検討するにあたって、留意しておきたい資料である。

9　沖縄の家の神をめぐって

（1）トゥハシリ考

はじめに

沖縄の家祭祀において祭祀の対象になるものとして、仏壇で祀られる祖霊、火所で祀られる火の神、床の間で祀られる床の神、それにトゥハシリなどがある。その中で特に注目されてきたのは火の神である。火の神についての論考は多く、火の神の出自、火の神の更新、中国の竈神信仰との関連、産育・婚姻儀礼との関わり、火の神の移灰、地域的変差の問題など、様々な角度から論じられてきた。祖霊信仰についても、一定の研究の蓄積がなされてきている。床の神については、沖縄本島のいくつかの地域で、かつての穴屋構造の家屋には床の間はなく、したがって床の神は祀っていなかったという伝承が聞かれ、一般の家で祀るようになるのは比較的近年のことと思われる。ただし、八重山地域の床の間で祀られる神については一応別に考えたい。一方、トゥハシリについては、これまで断片的な資料報告はあったが、家の神として体系的に論じられることはなかった。本論考では、トゥハシリに焦点を絞って論じたい。

一　トゥハシリをめぐる習俗

我部祖河文書（名護市字我部祖河の旧家の家蔵文書）の中に、明治初葉に作成されたと考えられる「毎年諸祭り記」がある。家祭祀執行のための覚書として所蔵家の家長によって記されたもので、その中に「戸はすり」という語が登場する。正月元旦、正月初歳日、正月一五日、田植付初、田植首尾、一〇月種子取時入などの家祭祀の際に、火の神、仏壇、床などと共に「戸はすり」が祭祀の対象になっている。また、この「毎年諸祭り記」の現代語訳とも呼べる「家内記録」が第二次大戦後に関係者によって作成されているが、その中では、戸はすりは「十柱（トバシラ）」と書き改められている。

この史料を紹介し分析した小川徹によれば、トハシリは、今日の民間解釈では十方すなわち十柱の神を拝む場所とされているが、それは附会的な説明で、トハシリとは家の出入口のことだという〔小川一九七七〕。しかし、トハシリをめぐる各地域の習俗を調べていくと、トハシリの性格は家の出入口としてのみ理解できるほど単純ではないように思える。小川の見解に関連して言えば、トハシリを家の出入口として解釈した場合、それはたとえば盆の精霊を迎えたり送ったりする単なる儀礼執行の場なのか、それとも、家の出入口の神とも呼ぶべきものの存在を想定すべきなのかという問題がある。というのは、もし後者であるとすれば、小川が言うように旅立ちの祈願の時拝むのは納得できるとしても、何故正月とかその他の年中儀礼で拝む必要があるのだろうか。それについての小川の見解は必ずしも明確でない。

トゥハシリという語は、沖縄本島およびそのいくつかの周辺離島で使用されており、地域により、あるいは同じ地域でも伝承者によって、トィハシルあるいはトゥハシラとも発音される。そのことは、トゥハシリの語源について考察する際一つの問題点になると思うが、ここではふれないことにする。地域によりあるいは同じ地域でも家によって、トゥハシリの香炉があることもあればないこともある。西原町棚原では、かつて各家とも一番座の表入口にトゥバシルの香炉があったが、現在はいくつかの旧家を除いて置かれなくなっているといい〔琉球大学民俗研究クラブ編　一九七六　二二四〕、南風原町喜屋武においても、かつてはほとんどの家の一番座あるいは二番座の出入口にトゥハシルの香炉があったが、ユタにトゥハシルは拝まなくてもいい、あるいはトゥハシルの代わりに床の神を拝むべきだと指導されたりして、トゥハシルの香炉を置かない家が多くなっている（図1）。この二部落の事例だけで断定することはできないが、おそらく現在はトゥハシリの香炉のないその他の地域においても、かつてはトゥハシリの香炉があったものと推測される。次に、より具体的な事例に基づきトゥハシリの性格について考えていきたい。

　玉城村船越では、仏壇のある二番座の出入口のことをトゥハシルという。トゥハシルの香炉はない。盆のウークイ（お送り）儀礼のとき、仏壇での拝みが済んでからトゥハシルに

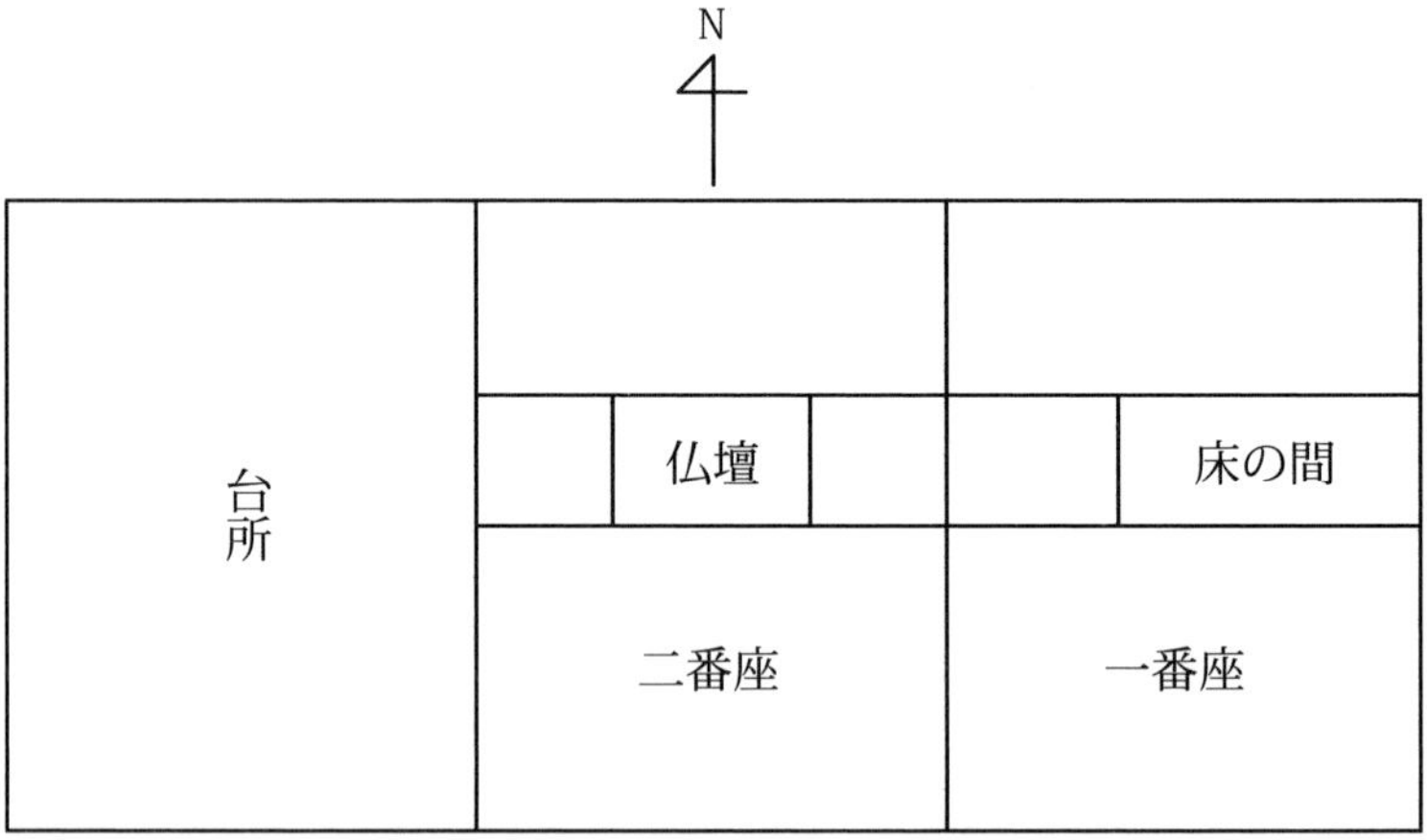

N
台所
仏壇
床の間
二番座
一番座

図1　沖縄の民家の間取りの基本形

台を置いて仏壇の供物と香炉をその台の上に移し、香炉に線香を立てて外に向かって拝む。盆以外にトゥハシルで儀礼を行うのは、マブイグミなど祈願対象が屋外にあるときで、一般の年中行事でトゥハシルが祭場になることはない。南風原町喜屋武のある家（トゥハシルの香炉はない）では、クチグトゥが入っている（クチグトゥとは口事で、他人が家族の悪口を言うこと。クチグトゥが入るとその家族に災いの生じる恐れがある）というユタのハンジが出たら、トゥハシル（二番座の出入口）でそのクチグトゥを追い出す儀礼をするという。西原町棚原では、八月一一日のヨーカビーの時、祀る者のない迷い霊や悪霊をなだめて送り返すために、トゥバシルにヨーカビージューシー（雑炊）を供えるという〔琉球大学民俗研究クラブ編 一九七六 一二四〕。以上あげた事例から言えることは、トゥハシリは家の出入口のことを意味し、それ故にある種の儀礼の行われる場所になっているということである。トゥハシリに特定の神が祀られているわけではない。

次に久高島の事例をみてみよう。久高島では、南向きの家の一番座の南島隅（現地の方位観で言えばウマヌファ＝午の方向）の棚に置かれている香炉のことをトゥパシリあるいはトゥパシリの香炉と称している。トゥパシリという語は、その香炉が置かれている空間を示すものなのか、あるいは香炉そのものに対する名称なのか、人々自身明確には意識していない。トゥパシリのことをトゥパシルあるいはトゥパシラという人もいる。儀礼の際は、棚から降ろされた香炉に線香を立てその香炉に向かって祈願がなされる。トゥパシリだけが祭祀の対象になる儀礼はないが、通過儀礼や年中儀礼などほとんどすべての家祭祀において、火の神および床の神とともに拝まれる。拝みの順序は、火の神→トゥパシリ→床の神である。

さて、久高島のトゥパシリについて一般に考えられているのは、トゥパシリには、その家の女性がイザイホウの時に勧請したタマガエーヌウプティシジを祀っているということである。イザイホウとは、一二年に一度の午年に行われる村落祭祀で、それを契機に三〇～四一歳までの女性が村落祭祀組織に加入するいわゆるイニシエーション儀礼である。そのイザイホウの際新加入者たちは、島に七つあるいは九つあるとされる御嶽の神（タマガエーヌウプティシジはその総称）を、各自の家のトゥパシリに勧請し祀るのである。トゥパシリでの祭祀（写真８）は、そのタマガエーヌウプティシジに対して行っていると人々は説明する。

では、トゥパシリで祀られているのは、タマガエーヌウプティシジだけであろうか。トゥパシリの香炉は、実はイザイホウを契機に設置されるのではなく、家を創設した段階で設置される。すなわち、二、三男が分家し、その家の主婦がまだ村落の祭祀組織に加入していない（イザイホウを経験していない）段階でも、その家にはトゥパシリの香炉があり、家祭祀において祭祀の対象になっているのである。したがって、タマガエーヌウプティシジとは異なる別の神がトゥパシリで祀られていると考えなければならないはずである。久高島では、トゥパシリが家の出入口として説明されることはほとんどなく、したがって、トゥパシリでの祭祀が外界の諸神への遥拝

写真８　トゥパシリでの祭祀（久高島）

として意識されることもない。しかし、タマガエーヌウプティシジを勧請する以前のトゥパシリでの祭祀が何を対象になされているかについての人びとの説明は曖昧模糊としている。その点はさておくとして、トゥパシリで何らかの神が祀られているという点だけをここでは確認しておきたい。

南風原町喜屋武のトゥハシルについては先にもふれたが、ある家では、正月やその他の折目（ウイミ）（盆と彼岸は除く）の時に、火の神や仏壇とともにトゥハシルを拝んだといい、それはトゥハシルヌウカミガナシに対する祈願であるという。トゥハシルには明らかにある種の神が祀られていたと考えてよい。別のある話者は、トゥハシルの神は台風などの時に家屋を守ってくれる神であると語っている。さらに中城村伊集でも、一番座の戸口をトゥハシルと称し、そこにはトゥハシルヌカミのための香炉が置かれていて、毎月の朔日、一五日には火の神の次に拝まれるという（琉球大学民俗研究クラブ編　一九七七　一二五）。

このように、トゥハシリにある種の神が祀られていることは、いくつかの事例によって例証されるのであり、トゥハシリは、本来単なる家の出入口ではなかったと思われる。そのことは、たとえば一番座にトゥハシルの香炉がある南風原町喜屋武のある家では、盆の精霊送りの儀礼をする二番座の出入口のことはトゥハシルとは称していないこと、また、同じく喜屋武の事例で、二番座の出入口にトゥハシルの香炉があったが、二番座の出入口で行う盆の精霊送りの時にトゥハシルの香炉を拝むことはなかったということによっても傍証されるであろう。

トゥパシリにて神が祀られているとすれば、それは如何なる性格の神であろうか。次にその点について考察を進めていきたい。

二　トゥハシリと柱

まず久高島の建築儀礼からみてみよう。久高島の建築儀礼は、①地ならし、②手斧(ティーン)立て、③柱立て、④床の祝い、⑤シュビの祝い、の順序で行われる。①は土地神から屋敷をもらう御願、②は起工式、③は柱を立て始める時に行う儀礼、④は床の間を作った時に行われる儀礼、⑤は落成式である。

この一連の建築儀礼の中で特に柱立ての儀礼に注目したい。柱立ての儀礼において、「トゥパシリの柱」と呼ばれる柱が特別の役割を果たしていることは、トゥパシリの性格を考える上で極めて重要である。「トゥパシリの柱」とは、図2に示したように、トゥパシリの香炉のある方向に立つ柱のことを指し、柱立ての儀礼はこの柱を立てて祈願をするのである。改築の時は、火の神、トゥパシリ（「トゥパシリの柱」が立てられ、その前にて）、床の神の三カ所にて祈願を行うが、新築の時はトゥパシリの柱だけが拝まれる。新築の際の新家のトゥパシリの香炉は、柱立てに使用されるため、それに間に合わせて準備しなければならないという。以上のことからして、トゥパシリが柱と

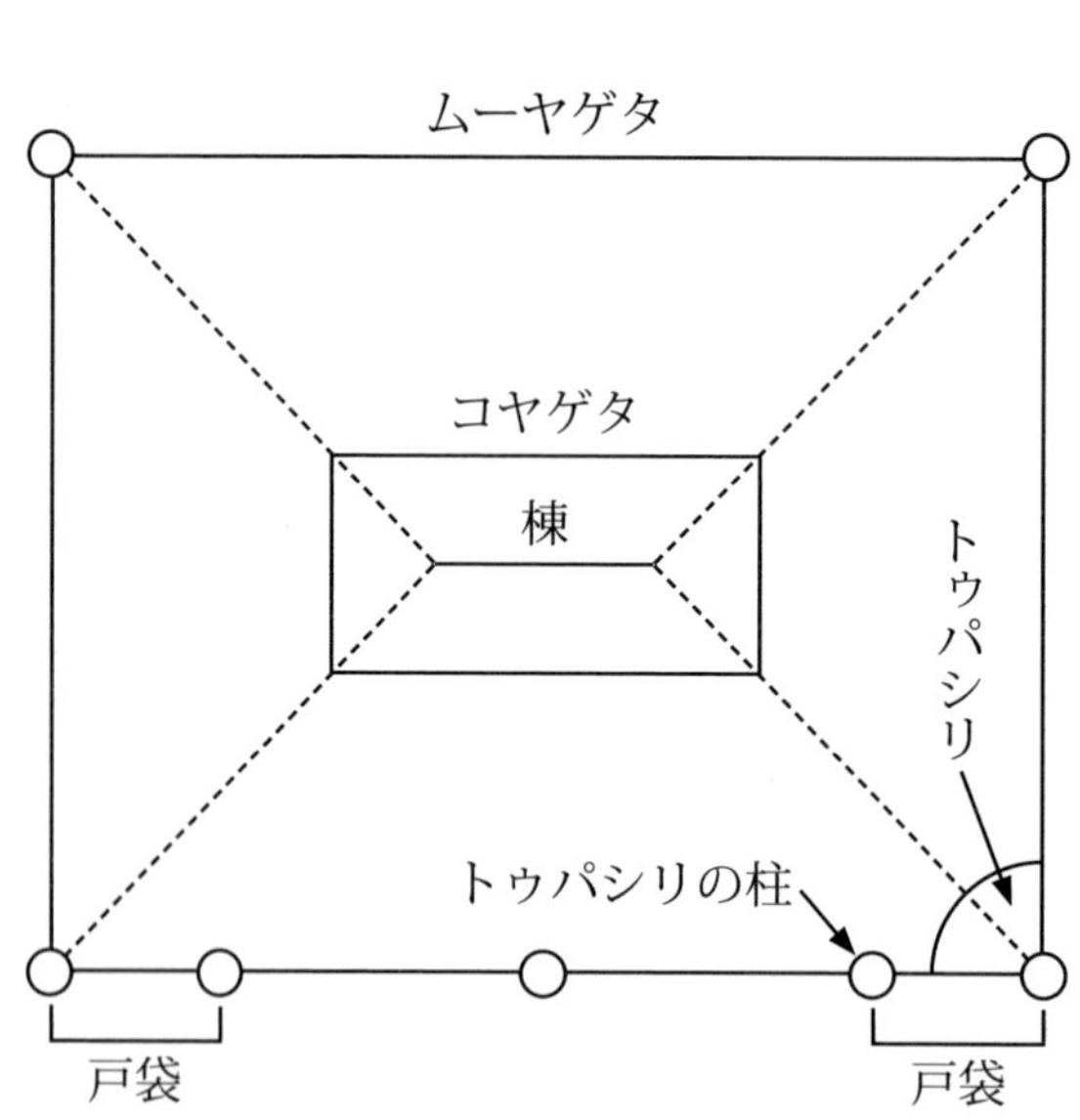

図2　久高島のトゥパシリと「トゥパシリの柱」

関係していることが理解されよう。実際、ある話者がはからずも語ってくれたように、一番座の隅の棚に置かれている香炉が儀礼の際に棚から降ろされると、それはちょうど「トゥパシリの柱」の前に位置することになる。トゥパシリでの祭祀はその柱に対してなされているのではないか、というのが筆者の見解である。「トゥパシリの柱」が意味ある柱であることは、手斧立ての儀礼の時、かつては「トゥパシリの柱」に使用する材木を横たえそれに対して祈願したという点にも窺える。

トゥハシリと柱の関係は、次の事例によっても示唆される。南風原町喜屋武のある家では、一番座の南東隅に立つ柱（この家には縁側があり、縁側の内側に立つ柱）の前にトゥハシルの香炉があり、トゥハシルの拝みはこの柱に向かって行ったという。さらに、次に述べる佐敷町小谷の事例も興味深い。

小谷では、仏壇のある二番座の出入口のことをトゥハシルと称し、トゥハシルと相対する庭側の空間をナカジンと呼んでいる。トゥハシルの香炉があるが、儀礼の時以外は邪魔にならない場所に片づけておく。ほとんどの年中儀礼には、火の神、仏壇とともにトゥハシルも拝む。さて注目したいのは、トゥハシルでの拝みの時、「ナカジンヌカミガナシ、今日は○○の行事です。○○を供えますのでどうぞ受け取って下さい」という意味の唱詞を唱えるということである。ナカジンヌカミガナシというのはナカジンの神の意であり、トゥハシルでの儀礼で祈願の対象になっているのはナカジンの神なのである。私の会った話者は、ナカジンとトゥハシルは同じだと明言していた。

ナカジンとトゥハシリの同一性は、久米島仲里村比屋定で、屋敷の拝みの時、「祈願はまず北の隅から東、南、門、トハシラ（家の真正面）という順で行う」（琉球大学民俗研究クラブ編 一九六七b 四六、傍点引用者）という報告によっても示唆される。また、ナカジン拝み（後述）のない久高島のある神人（カミンチュ）は、久高のトゥパシリでの拝みは本島のナカジン拝みと同じであると語っている。

ではナカジンとは何であろうか。小谷もそうであるが、その他の多くの地域においても、屋敷の御願の時、ナカジン拝みと称して二番座の前の庭から家の中に向かって拝む儀礼がある。ナカジンは、その儀礼の行われる場所をさすものとして解釈されることもあるが、そうではなく、本来は家の中柱を意味していたことは次の点よりほぼ確実である。一二月のムーチー（鬼餅）の日に、子供たちがムーチー小屋（ヤー）グァーと呼ばれる小屋を作り後でそれを焼くという行事が各地にみられるが、円形の小屋の中心に立つ中柱のことを佐敷町ではナカジンと称している。ナカジンを中柱と解すれば、「屋敷神は屋敷の四隅とナカジン（略）」（佐敷町史編集委員会編　一九八四　三六二）、「屋敷神は屋敷の四隅と中柱（略）」（佐敷町史編集委員会編　一九八四　三一七）といった記述も納得がいく。ナカジン拝みの時、拝みが家の中に向かって行われるのも道理なのである。ナカジンが「中陣」と当てられることもあるが、「中芯」であろう。

このように、トゥハシリと柱の間にナカジンを置いてみると、トゥハシリと柱の関係はいよいよ明白になってくる。再説すれば、トゥハシリで祭祀の対象になっているのは、久高の場合は「トゥパシリの柱」であり、小谷では中柱なのである。ではなぜ柱が祭祀の対象になるのであろうか。次にその点について考えてみよう。

三　柱と家の神

結論から言えば、柱が祭祀の対象になるのは、家の神が柱に宿るという信仰がかつてあったからだと考えられる。そのことは、建築儀礼やその他の柱をめぐる習俗から言えるのであり、たとえば八重山の黒島では、屋根の葺上げ式の時、家の中柱にユイピトゥガナシと称す神を祀り、大工の棟梁と家造りを手伝った結の人々の代表責任者が中柱を囲んで神に謝意を表わすヤータカビ（家崇び）の祝詞をあげ、三三回礼拝するという〔真栄田・他編　一九七四　三九五〕。西表島祖納には、大黒柱で祀るユピトゥンガナシに関する起源説話がある〔真栄田・他編　一九七四　一四一〕。また、竹富島で、柱立ての儀礼の時に、中柱の下にカニ、木炭、昆布、卵を埋めるという習俗〔上勢頭　一九七六〕も、中柱に家の神が宿るという信仰と関係があるものと思われる。

八重山ほど明確ではないにしても、柱に神を祀る信仰が沖縄本島地域にもあったことは、分家する際、本家の火の神と仏壇および中柱を拝んだという北中城村熱田からの報告〔琉球大学民俗研究クラブ編　一九六六　一二七〕や、柱立て儀礼の時、柱にしめ縄を張って大工が祈願するという津堅島からの報告〔琉球大学民俗研究クラブ編　一九六一　一五〕などによって示唆される。また、久高島の柱立ての儀礼で供物に扇が含まれるが、扇は本来神霊の依代であったという説に従えば、この儀礼にも柱に神霊を祀り込める意味があったものと推測される。さらに、新調した着物を中柱にかけてから着るとか、産育儀礼で子どもの足の裏を中柱にあてるとか、また、部落内に死者が出た時、重病人のいる家では重病人の足を中柱にしばりつけるといった風習は、中柱に宿る家の神の加護を願う意味があったものと思われる。

ところで、久高島および南風原町喜屋武のある事例では、何故中柱でない他の柱がトゥハシリと結びついているのであろうか。速断は避けねばならないが、本来は中柱であったものが、後に変化したかたちだと推測している。現在、どの柱を称して中柱とするかは、地域により、個々の話者によっても異なる場合が少なくないが、それは家屋の形態が変化・発展したためで、沖縄の民家の最も古い形態だとされる中柱構造の家では、柱は四周と中央にあるのみで、その中央の柱が文字通り中柱であった〔鶴藤　一九七二　三七四〕。家の中心に立つその中柱に家の神が宿ったのが本来のかたちで、家屋形態の変遷により、中柱および家の神の宿る柱についての観念も分化していったものと考えたい。そして、家屋形態の変化は、中柱に宿る家の神に対する信仰の衰退にも少なからぬ影響を与えたのではなかろうか。

おわりに

本論考を閉じるにあたり、今後の課題として残されていると思われる問題を箇条書きで示しておく。

①トゥハシリの語義について。古謡研究などでは、地方ウムイなどに出てくるトハシリは、十走り（戸）と解されているが、本論考で述べたように、トゥハシリでの祭祀が柱を対象にしているとすれば、語源的にも柱と結びつく可能性はないか。

②『三国名勝図絵』に出てくる戸柱大明神は沖縄のトゥハシリと関連がないかどうか。

③沖縄本島地域のトゥハシリの分析結果を、宮古、八重山および奄美地域の家の神の問題に照射して論じること。

④久高島における火の神とトゥパシリ。久高のノロ家および根所では、火の神と同じように、あるいはそれ以上に、家のトゥパシリに相当する香炉が重要な位置を占めている。

⑤本論考の結論を踏まえて、沖縄の建築儀礼について再検討する。中柱ではなく、棟木に神霊を祀り込める儀礼をするという報告もある。

なお、今後の課題として挙げた①②④については、拙稿〔赤嶺　一九八六〕でとりあげて若干の検討作業を行ったことを付記しておく。

（2）宮古の家の神

本論考の原題は「家のフォークロア―沖縄・宮古の場合―」〔赤嶺 二〇〇二〕で、筑波大学大学院でお世話になった宮田登先生の追悼論文集『心意と信仰の民俗』に掲載されたものである。本論考冒頭に宮田登の論考への言及があるのは、それ故であることをご諒承されたい。

はじめに

宮田登は「日本人の伝統的な住居（すまい）としての家は、その中に住む人々と、かれらを守る神々が同居しているといって過言ではなかった。（略）家とは、まことに人と神の共生し合う住居であったのであり、そこで展開する民俗は、すなわち神と人との交流関係を示すものに他ならない」〔宮田 一九八三 一四四～一四五〕と述べている。本論考では、宮田のこの指摘を踏まえつつ、沖縄・宮古の家のフォークロアをめぐるいくつかの側面について粗描しつつ、そのなかから若干の問題提起ができればと考えている。

一 史料にみえる家祭祀

一七〇五年に編纂された、宮古に関する『御嶽由来記』という史料の中の「嶋中祭祀之事」に、「五六月甲午節祝の事」として「右日ハ諸人未明ニ川江参リ水をあミ面〻相応ニみき作リ先祖霊前家の神かまの神へ祭申候」という記述が見える。さらに、「九月中ニ世の為たかへ之事」にも同じく「右祭ニは諸村家〻より御花取つかさ村さはくりニテ其村嶽〻江祭上ケ来年世か不うあらせ給ひと願申候百姓中もみき作り先祖霊前家の神かまの神祭五穀の種子を植始祝申候事」とある（平良市史編さん委員会編　一九八一　三五）。また、一七一三年に編纂された『琉球国由来記』巻二〇の宮古の「島中祭祀の事」においても、二月の「麦初祭之事」と四月の「米・粟初祭之事」について「右二祭ニハ、諸村家々ヨリ麦・米・粟之初ヲ取リ、ツカサ・村サバクリニテ其村嶽々祭祀ス。百姓中モ神酒作リ、先祖霊前・家ノ神・竈ノ神へ祭奠仕也」（外間・波照間編　一九九七　四八三）と同じパターンの記述がみえる。

これらの史料から、一八世紀初頭の宮古においては、各家には「先祖霊前」「家の神」「かまの神」の三神霊が祀られていて、主だった年中行事にはそれらが祭祀の対象になっていたことが推定できる。ここで、「先祖霊前」は家の祖先、「かまの神」は竈神のことを指していることは間違いないとして、「家の神」の実体が何であるのかが問題となる。以下では家祭祀において儀礼の対象になっている神霊について多良間島の事例を中心に述べつつ、この「家の神」の問題ついても検討していくこととしたい。

二　ヤヌカン（家の神）

多良間でヤヌカン（家の神）と称しているのは、いわゆる竈神のことである。竈神を「家の神」と称する事例は与那国にも見られ、事例がさらに増える可能性がないとは言えないが、管見のかぎりで知られているのはこの二例のみである。先に揚げた一八世紀初頭の史料には「家の神」とともに「かまの神」が揚げられているので、史料でいう「家の神」は、竈神以外にもとめられるべきであることは論を待たない。竈の神を「家の神」と呼ぶことの背景については、竈神や「家の神」の問題について通時的視点から考察する時に重要な意味をもつことになるかもしれないが、ここではこれ以上立ち入って検討する余裕はない。

さて、ヤヌカンの設置について以下の伝承が聞けた。建築儀礼のヤーフクヨー（家葺き祝い）のときに台所に石を三個鼎立させ（それが竈になる）、大工の棟梁がそこで火を燃やす。その石（竈）の上にススキの茎でつくったミニチュアの梯子が飾られるが、ヤヌカンは、その梯子を伝わっておりてくるという。竈神が天上から降臨するというのは、類例があまり知られていないことからして、道教の影響だとされる年末年始の竈神の上天・下天の話からの類推が作用している可能性が高いように思われる。ヤヌカンが三名の姉妹神で、中央の石が次女のアニカマドゥ、向かって右側が三女のウトゥガマ、左側の石が四女のウットゥカマドゥだという伝承〔多良間村史編集委員会編　一九九三　二三三〕も、他地域では見出しにくい希有な伝承であろう。

多良間のヤヌカンは、マブルクミとかタマスウカビ[1]と呼ばれる（特に子どもの）身体から遊離した霊魂の身体への収納にも密接に関わっている。子どものマブル（霊魂）が抜けていると判断した時は、ユタやその家の年長女性がチマタ（辻）まで子どもを連れ出す。そこで小石三個を拾い、子どもの名前を呼びながら、「ついてきなさい」と言いつつヤヌカンの前まで連れてくる。ヤヌカンの前には普段はめったに食べられない豆腐や魚汁、御飯、粟のおにぎりなどを飾っておき、拾ってきた三個の石もヤヌカンの前に置く。線香を立て、子どものマブルがどこにも遊びにいかないようにと願い、その場で子どもに御馳走を食べさせる。小石三個は子どもの懐に入れてくるというから、その小石にマブルを付着させるという考えが窺える。なお、所在不明のマブルを辻で拾うこの方法には、辻空間の象徴性が窺えて興味深い[2]。マブルが遊離した場所が特定できればその場所でタマスウカビを行い、ヤヌカンの前で同様な儀礼をする。

また、林や海岸などで遊んできた子どもに湿疹などが出ると、それは魔物などの作用によってできるカダマキだと判断されることがあった。カダマキができると、屋根の四隅から茅を数本抜き取り、それをヤヌカンの前で燃やして裸にした子どもの全身をあぶり、同時にヤヌカンに対して今後魔物などの障りが子どもにおよばないようにと祈願したという。

さらに、出産の時の後産（あとざん）をシャコ貝に入れてヤヌカンの裏に埋めたという伝承もある。原野などで方角がわからなくなった場合には、石三つを竈形に鼎立させ、その中に枯葉などを入れて燃やす真似をし、「道に迷っていますので火の神様助けて下さい」と祈願したという話もあるが、家庭におけるヤヌカン（火の神）の機能の拡張として理解できるかもしれない。

三　カンタナ（神棚）

多良間では祖先を祀る祭壇のことをカンタナ（神棚）という。祖先を祀る祭壇を神棚と称するのは宮古の一般的特徴で、死者をしてカム（神）と称する語法に関係する。

一七六八年に出された『与世山親方宮古島規模帳』には「荼毘之儀於墓所神人別れ与て一門親類縁者差屯酒肴持参亭主方よ里は料理相調致馳走候由甚以不宜候間右躰之仕付屹与可召留事（傍点引用者）」（平良市史編さん委員会編　一九八一　六三二）とみえる。「神人別れ」は死者と生者との別れの儀礼であり、「神」が死者で「人」は生者ということになる。上の史料では、葬式の日に墓所で行われているが、伊良部島の佐良浜の資料で補足すると、佐良浜ではカンピトゥバキャーと称し、葬式の日かあるいは二、三日内に家にてこの儀礼をするという。ユタが司祭する儀礼で、死霊がユタに憑依して思いを語る場面を「カンヌクイ（神の声）を拝ます」といい、ここでも、死者のことが神と表現されている。佐良浜では、最後に供物を屋外に出して死霊を送るが、死霊と村人が遭遇しないように通りを監視するという。

死者のことを「神」と表現する宮古の習俗に注目する仲松弥秀が、「かつて死者は即（三十三年忌を待たずに）神になった」という見解をはじめとした独自の祖霊信仰論を展開しているのは周知の事実である〔仲松一九七五、その他〕。その仲松の考えに対し酒井卯作は「仲松氏の考えは、儒教の神の概念と日本神道の神の概念をとり違えていないかどうか。沖縄でいう神はほとんど儒教によるもので、それは仏という意味以上のものではない。四本堂家礼にみられるように、宮古島ではとくに仏壇を神棚と呼んだり、マブイ別しを神人別れと呼んだりして神という考え方が濃厚であるが、その一方では野辺送りのことを、昔は「捨てに行く」とか、「葬地は人に知らせるものではない」などともいい、もちろん年忌などはなかった」〔酒井一九八七六〇二〕と批判的な見解を述べている。ここではこの問題に深入りする余裕はないが[3]、いずれにしても、死者を神と表現する習俗がなぜ宮古地域にだけ特徴的に見出せるのかは、依然として解明されずに残されていることだけは確認しておきたい。

ところで、「三十三年忌祭りが終わったら位牌から文字を消し、ウブダティとして香炉を別に設ける」という報告がある〔多良間村史編集委員会編　一九九三　一三三五〕。ここでいうウブダティの香炉は、カンタナに向かってカンタナの右側最上段に置かれている。通常の民家は民俗方位の〈南〉向きになっているので、ウブダティの香炉は一般の祖先を祀る香炉よりも優位にあたる〈東〉側にその場所を占めることになる。

沖縄では、三十三年忌を契機に死者は神になるという説明が広く流布しているが、ある古老は、ウブダティについて次のような説明をしている。三十三年忌のことを三十三ニンク（年忌）ともニンクユーズ（年忌祝い）とも言い、ユタを頼む。対象となる祖先の名前を紙に書き写し、カンタナの下のテーブルに飾り、位牌に記されていたその祖先の名前は消去する。名前の記された紙に対して家族や親戚が礼拝し、終了すると紙を燃やし、その灰をウブダティの香炉に入れる。ウブダティに上げないと、あの世で下男のように使われ、ウブダティに上げると天国に昇るという話である。先日私の家で四人まとめてのニンクユーズをしたが、四人とも死後三十三年以上過ぎており、百年を経過している死者もいた。

この説明で興味深いのは、必ずしも死後三十三年目の年にニンクユーズをして死者をウブダティに上げるわけではない、という点である。それについて話者は、ニンクユーズには二、三〇名を招待し、会席料理でもてなし、記念品ももたすので、経済的ゆとりがないとできない、と説明する。一方別の話者は、婚家の夫の両親が死後三十三年以上経過しているが、自分の存命中は、二人をウブダティに上げるニンクユーズをやるつもりはなく、それは、自分の死後に長男がやるべきだと考えている。ウブダティに上げてしまうと、死者が遠くに行ってしまったみたいで寂しいからだと彼女は言う。彼女も先の話者と同様に、ニンクユーズを済ませた祖先の霊は天に昇ると考えているが、それ以前の祖先の霊はと問うと、位牌に居ると言う。この点は、別の男性話者が、一般の祖先に対しては毎日お茶と晩酌の酒も供えるが、ウブダティの香炉に対してはそれはしない、と語っていることに関連しそうである。

ニンクユーズを経てウブダティに祭祀場所を移すことにより祖先の霊格が変化するわけであるが、「ウブダティに上げる」とか「ウブダティに上げないと下男のように使われる」といった表現からして、その変化が昇格であることは間違いない。では、その昇格がいわゆる「祖先のカミ化」と同義であるのかについては不明としか言いようがない。ニンクユーズによって祖霊が昇天すると語ったある話者は、「人は死ぬとプトゥキ（仏）の座に行く」とか「ニッラの神の座につく」という表現があると教えてくれた。後者は、ニンクユーズを待たずに祖先は神になる、という観念の存在を示唆している。ニッラは、沖縄本島地域の海上他界を示すニライに連なる言葉であろうが、多良間の場合は（宮古の他の地域にもみられるが）洞窟からもぐって行って到達するような地下他界を意味しており（赤嶺　一九八九b）、死後はそのニッラで神になるというわけである。いずれにしろ、死者をカミと表現する語法も含めて、祖霊のカミ化や他界観に係わる伝承が錯綜とした状況にあることが窺われる。

三十三年忌を契機に祖先が神になるという観念は先述のように広くみられるが、多良間のように、三十三年忌を契機に位牌の文字を消し、祭祀場所（香炉）を区別するというのは希有のことであり、ウブダティに相当する儀礼装置の存在は寡聞にして多良間以外には知らない。

このウブダティについて酒井卯作は「多良間では、湯灌させることをミジウヤーシュンというが、死後三日めに家内の飲料水を捨ててその水甕を洗い、新しい水にいれかえる。この新しい水を「ミジウブ」という（『宮古島学術調査研究報告』一三二頁）。調査者によれば、これに「水産」という漢字をあてているのは正しいと思う（略）三十三年忌の行事もウブタテと呼ぶ。年忌の行事は後になって流行したものであるが、しかし死者儀礼の最終的な行事にウブ（産）という表現を用いるのは、それを機会に、死者が再び生に回帰することを意味していなかったかどうか」（酒井　一九八七　四〇二）と興味深い見解を提示している。[4]

四　マブル

マブルは、家ではなく以下に述べるように個人に係わる神霊である。多良間では個人がマブルを信仰するようになることを「マブルをトモ（供）する」と表現する。その際には、ユタを依頼しての儀礼が行われるのが一般的である。「六一歳になるとマブルをトモする」という説明も聞いたが、個人差があるようで、四〇歳の頃にトモした例や八五歳にという例もある。若い年代でマブルを信仰するようになるのは極めて稀である。マブルをトモするのは男女を問わない。マブルは香炉によって表象されるが、その香炉の置かれている場所は、一番座であったり、二番座であったり、一番裏座であったりするが、「祖先（神棚）より上（通常〈東〉側）」に置くべきであるという点では意見は一致しているようだ。マブルは人間の霊魂をも意味するが、霊魂との直接的関係は不明であり、個人の守護神という以外にその実体はつかみにくい。行事のたびごとに、ヤヌカンやカンタナとともにマブルを拝み、年明けの最初の家長の生年の干支の日と年末最後の干支の日には、家長が自分のマブルに対して家族の一年の健康とその感謝の祈願をする。人が死ぬとそのマブルもあの世にもっていく（灰の一部を紙に包み棺箱の中に入れる）という。

大工が職能神としてタイシュク（帝釈？）[5]を祀る例があったというが、それはマブルの香炉で祀られ、また産婆も自分のマブルを拝んでから仕事に出かけたという。

このマブルは、宮古の他の地域にも類例が見られる。伊良部島の佐良浜では、多良間のマブルに相当するものをマウと称し、ユタのアドバイスなどを契機にマウを祀るようになる例が多い。香炉によって表象されるのも多良間と同様で、祀る場所は二番座であったり裏座であったり一定しない。ある事例では、大工の棟梁になったのをきっかけにマウを祀るようになり、その後自治会長になってからは自治会長に係わるマウにもなっているという。豆腐屋を始めたのをきっかけにマウを祀るようになったという事例もある。ムヌスー（物知り、ユタ）も「ムヌスー個人のマウ」を祀っているという。佐良浜でも、マウを祀っていた人が死ぬと四十九日のときにマウの香炉を墓にもっていって捨てる。マウは、個人の守護霊であるという以外にはその実体が不明である点も、多良間と共通していると言えそうである。

なお、佐良浜では、カンタナ（神棚）で祀られる祖先のことをマウカンと呼んでいる。個人が信仰するマウと祖先を意味するマウカンは、非常にまぎらわしいが、私の会ったある話者はマウとマウカンは違うと明言していた。しかし別の話者は、マウの香炉を置くマウダナ（マウ棚）の説明で、「個人のマウカンを祀る棚」と説明しており、判然としないものが残る。祖先のことをマウカンと称する例は、大浦部落〔鎌田一九六五　一八七〕や島尻部落〔琉球大学民俗研究クラブ　一九七六　三五〕にも見られるのでなおさらである。

大浦部落のウマリニーもマウ信仰の一種のようである。大浦の民家で祖先を祀るタナの中にウマリニーと呼ばれている香炉を見たが「個人のウマリニーは、昔はサス（神職）になってから信仰した。私の夫の場合、私がサスをやっているから夫もウマリニーを信仰している。今は歳をとったら皆がウマリニーを信仰するようになっている。夫婦そろってウマリニーを持っている場合はミュートゥ（夫婦）マウという」と説明された。

一方、城辺町友利のマウ（あるいはマウガン）は様相が異なる。友利でも、身体の不調などを契機にユタのアドバイスなどを経てマウを信仰（マウカミという）するようになるが、そのマウがムトゥと呼ばれる拝所の神を実体としている点が多良間や佐良浜と異なっている。自分がマウとすべきムトゥの神を決める場合には、両親や祖父母などが信仰していた複数のムトゥの神を候補とした神籤によって決定される。友利の場合には、結果として、あるムトゥの神をマウとして信仰する人たち（ニブスと称している）が一種の氏子集団のようなものを形成することになる。なお、屋敷の東側空間に「マウガンのイビ」と呼ばれる石があって、それは海から拾ってくるという。

このマウ信仰のありかたは、友利に近接する砂川部落では若干異なった状況にある。すなわち砂川では、ムトゥと呼ばれる拝所の神をマウガンとしてトモすること、および自分のムトゥを父母や祖父母の信仰していたムトゥの中から神籤によって決定することは友利と同様だが、神籤が出生時の名付けの時に行われるという点が異なる〔琉球大学民俗研究クラブ編　一九七〇　一二〕。砂川ではしたがって、すべての人がいずれかのムトゥに所属するという、より明瞭なかたちでの「氏子集団」が形成されることになる〔馬淵　一九七四（一九六五）　三七六～三七九〕。

宮古全域を対象にしたマウやマブル信仰の実態の把握につとめ、その比較検討を進め地域的変差の意味の解釈を目指す作業は今後の課題ということになる。

五　棟の神

ある話者によると、棟の神のことを多良間では「ウプグル・タカグルのカンガナス（神さま）」、人間のことを「ウプグル・タカグルの中のバタムスガマ」と称するという。バタムスガマとはお腹の中にいる虫（蟯虫の類？）のことで、棟の神に守られた家の中に住む人間をお腹の中の虫にたとえたものである。彼女の母は、朝起きるといつもこの言葉を唱えていたという。天井のない茅葺きの家屋の棟の部分の所だけに板が張られていたのは、棟の神が女神で、下から覗かれないための措置だったともいう。ウプグル・タカグルは、大グル・高グルかと推測できるが、グルの語義については不明である。

棟上げの時に、棟木に紫微鑾駕（しびらんが）という字を書くのは沖縄各地と同様で、多良間でのこの習俗は「多良間に来た沖縄の人が教えたらしい」と伝承されている。棟木の両端に「霜柱、貫氷、雪桁」（霜柱、氷の貫に雪の桁）「雨垂木、露葺草」（雨の垂れ木に露の葺き草）という文字も書かれた。明治三〇年代に島に学校が建築された時に、沖縄から来たアカンミシュという大工が大工の技術や道具を多良間に伝えた、という話にも注意を向けておきたい。棟に塩とパナユニ（花米）を紙に包んでつるすということもあった。また、屋根が葺き上がった段階での甍祭りと呼ばれる儀礼があり、豚をつぶし、その耳皮と頭皮をきざんだものを重箱に入れて甍の上に供え、屋根葺き作業の中心になった人が祈願をしたというが、棟の神との関係は不明である。さらに、壊した家屋の棟木を屋敷外に出してはいけない、という伝承もある。「棟の神は、家の守護神である。家を解体するとき棟梁が司どり、お供えものをしてお告げ申し上げ、新築工事が終了したら、またお供えものをして神のご降臨を仰ぐ行事をする」〔多良間村史編集委員会編 一九九三 二三四〜二三五〕というが、これも詳細は不明である。

家屋の棟が特別なものとして観念されていることを窺うことができるわけだが、しかし、棟そのものが家祭祀において儀礼の対象になっているわけではない。大工の棟梁経験者によるつぎの話に注目したい。一九三七年頃、茅葺きの家を壊して瓦葺きの家を建てる際に、茅葺き家屋の「棟の神」と「ウカマの神」にこれから壊しますのでという案内と工事安全の祈願をした。中柱は棟の神に通じているということで、棟の神に対する祈願は家の中で中柱に向かって行った。

「中柱は棟の神に通じている」という表現は、中柱が棟を支えるという家屋構造のありかたに因むものである。城辺町友利で聞いたところによれば、中柱のことをンニカミバラ〔棟を頂いている柱〕とも称する。多良間で、棟上げの儀礼は中柱に対して行うという事例があったが、ここにも中柱と棟の連続性がみてとれる。パラタテニガイ〔柱立て願い〕について「上棟式」のことである〔多良間村史編纂委員会編 一九七三 二五九〕と説明していることにも両者の連続性を窺うことができそうである。なお、日本本土の建築儀礼においても、「建築儀礼の中心は棟上げで建前ともいい、今日、建前といえば棟上げをさすが、本来は柱立てをさしたものと考えられ、古くは「立柱上棟」と称し、両者は一つの儀式であった場合が多い」〔大塚民俗学会編 一九七二 二四〇〕と指摘されて点にも留意しておく必要があろう。

中柱と棟のいずれに比重が置かれているかということが問題になる。中柱を拝むのはそれが棟木に接続しているからだろう、とある話者は言うが、後に検討するように中柱信仰の方がより本質的であると筆者は考えている。

六　ウマヌファ（午の方）の神

「午の方（ウマヌファ）の神」とは、「宮古で信仰の対象となっている方位神の一つ。ユーヌカンともいう。午（南）の方向に鎮座すると信じられている神。正体はあまりはっきりしないが、一般にはユー（豊穣）をもたらすとされている。村によっては、村から南の方角に当たる場所に御嶽を設置し、この神を遥拝している場合が多い。また、家のレベルでも信仰されており、その場合は、母屋または屋敷の南隅に、この神を遥拝するための祭壇が設置されている」（本永　一九八三　三一二）と一般には説明されているものである。

多良間のパルマッツー（畑祭り）というかつて行われていた行事は、五、六月頃に家単位で日選りをし、自分の所有するすべての畑において、畑の神に感謝する儀礼であったといわれるが、畑の真中で南に方向に向き、ウマヌパヌカンガナス（午の方の神さま）あるいはウマヌパヌユーヌヌス（午の方の世の主）に感謝する儀礼であったというから、「午の方の神」の観念を認めることができる。

また多良間では、午の方の角がチマタ（辻）に接している屋敷の場合、その角の部分に樹木を植え石垣などで囲い、それをベツカフツ（別の屋敷）と称してそこへの立ち入りを慎んでいる。屋敷の午の方の角のもつ意味について Beillevaire Patric は、多良間では「午の方の神」はユー（豊穣）をもたらす存在であると同時に、場合によっては悪い影響をも及ぼす両義的性格のものと認識されていて、屋敷の午の方の空間にたとえばウジガミ[6]と呼ばれる祭壇を設置する事例があるのは、午の方からの悪影響を防ぐための措置であると解釈している〔Beillevaire　一九八六　八〇〕。しかし、「午の方の神」の両義性については具体的にそれを示す資料が乏しく、少なくてもベツカフツに関しては、「午の方の神」という観念に辻という特殊な空間の要素が複合することによって生じる事態に対する措置であるはずで、両義性という視点で解釈できるかどうか、なお検討を要する問題かと思われる。

城辺町友利では、家屋内の午の方位（民俗方位の〈南東〉隅）に祭壇を設けそこに香炉を置いてユーヌカンを祀っている。このユーヌカンの香炉は家屋建築後の吉日に設置され、家祭祀の折りに家族の繁盛、食物の恵み、豊作などの祈願をし、年に一回六月には日選りをして「ユーヌカンの願い」という儀礼を行うという。また、雌牛の角を拾うと縁起がよいとされるが（水が入っているとなおさらで、その水は飲むか頭にかける）、その角やあるいは畑で拾った曲玉をユーヌカンに供えるとか、油で料理したものはユーヌカンの供物にしてはいけない、などの伝承がある。隣接する砂川部落においても、友利同様に午の方向にユーヌカンの祭壇が設置されているという〔琉球大学民俗研究クラブ編　一九七〇　二六〕。

宮古における「午の方の神」と係わる民俗事象は枚挙に暇（いとま）がないほどだが（家屋建築において午の方の柱から立て始めるなど）、なぜ宮古においてのみそれが突出して現出しているのかは不明と言わざるを得ない。さらに、友利や砂川のように家屋内に祭壇を設けている地域とそうでない地域が存在していることの意味についても残されている課題であり、さらに、祭壇がある場合、それは後述する「家の神」との関連はどうなるか、という点についても検討していく必要があるであろう[7]。

七　床の神と中柱

多良間の床の神について「トゥクヌカムも家の守護神である。床の間にお出になり、別に依代はない。毎年お正月に床飾りしてお供えする。新築して床の間が出来たとき、床の間にお供えして小宴を催しそれ以外は行事はない」という説明がなされることがある〔多良間村史編集委員会編　一九九三　二三五〕。しかし、ウズンバラヤーと呼ばれる掘立て小屋形式の茅葺き家屋は床の間空間がないのが一般的であったことからして、床の神についての観念はさほど古いとは考えにくい。一五歳の時に茅葺きから瓦葺きの家屋に変わったという一九一二年生まれの話者によれば、床の間ができたのは瓦葺きの家になってからだという。鶴藤鹿忠も、戦後なってまでも床の間のない家が多良間に存在していた事例をいくつか紹介している〔鶴藤　一九七二　一三二〕。

先述の『多良間村史第四巻資料編三民俗』も指摘するように、現在正月に床柱（床の間の一角に立つ材質のよい太めの柱）によって表象される床の神を拝むのが一般的であるが、床の間のなかったウズンバラヤーの時代には、正月には家屋の真中に立つムヤーバラ（中柱）を拝んでいたという事例を確認することができる。このことは「ムヤ柱は（大黒柱）は家を支える中心で（略）家の完成後、酒等を供えるほか正月に一家の繁栄と幸福を祈る場所である」〔琉球大学民俗研究クラブ編　一九八六　三二〕という報告とも符合する。一九一二年生まれの話者は、かつて旧暦三月と六月に中柱を対象にした家祭祀があったことをかすかに記憶していたが、瓦葺きになってからそれが行われなくなったという。中柱が特別な意味を帯びた柱であることは、養子を迎える際の儀礼であるヨーシブンニガズの時に中柱を拝む、という報告〔琉球大学民俗研究クラブ編

一九八六　五三〕からも確認することができる。さらにある話者は、一月と一二月に、両親が中柱の前で飯台に先述したマブルの香炉をのせマブルのニガイをしていたことを記憶していて、ムヤーバラは特別な柱だったと述懐している。

中柱の重要性は、建築儀礼の内容からも窺える。まず、ヤーフクヨー（家葺き祝い）の時に、棟梁によって中柱に対する祈願が行われる。[8] また、ヤークヨーから数えて三ヵ月目のミツキヌヨー（三月祝い）と三年目に行われる儀礼においても、棟梁が中柱に向かい三合花（粟あるいは米）、塩、酒、酒の肴、ミズパナ（椀に水を入れたもの）を供えて祈願をする。[9]

以上のことからして、かつては中柱が祭祀の対象になっていたものが、床の間の出現によって中柱から床の間あるいは床柱に祭祀対象が移行していった過程を想定することができよう。じっさい、近年行われた家の落成式において、棟梁が中柱ではなく床柱を拝んだという事例があるし、先述したように、正月儀礼では中柱から床の神（床柱）へ祭祀対象が移行した例を確認することができるのである。これに関連して、着物を新調した時に「ムヤーバラの神様、立派な着物が新調できましたので、これを着る人は健康で長命にして下さい」と唱える習俗があること、さらに、大工は正月に大工道具を中柱の前に飾って拝んだといわれていることも指摘しておきたい。

結局のところ、一八世紀初頭の史料に記載される宮古の「家の神」は、多良間における資料に即して判断するかぎりおいては、中柱によって表象される「家の神」であった可能性が高いと思われる（その「家の神」が、ヤヌカン以外のどのような名称で呼ばれていたかは未決の問題として残るが）。以下においては、この仮説に係わる多良間以外の資料について検討していきたい。

八　宮古の家の神

多良間以外の地域でもヤーヌカン〔家の神〕という名称〔観念〕が見いだされることを筆者の調査や報告書などによってまずは確認しておきたい。

（1）現在床柱を立てる時に祝いがある。家で酒宴をする時に床柱に酒を注いでから飲み始めるが、そのさい「ヤーヌカン」と唱える〔平良市西原〕。

（2）ヤーヌカンには正月や宮古節の時におにぎりを供える〔池間島〕〔野口　一九七二　二六九〕。

（3）家屋の落成式のニガイは二番座でするが、その時に「トゥクルヌカン、ジャウ〔門〕のカン、ヤーヌカン、ウカマのカン」と唱える〔伊良部島佐良浜〕。

（4）伊良部島の屋根葺き祝いに謡われる「オコザラピャース」という歌謡に「ういてんの、やぐみの、みおぼき〔尊い天帝、崇高な、おかげで〕／やーぬかん、たすぎがんの、みおぼき〔家の神さま、助け神の、おかげで〕／おかまがん、みむりがんの、みおぼき〔かまど神、三守神の、おかげで〕」と「家の神」〔と「かまの神」〕が謡いこまれている〔大川　一九七四　一五五〕[10]。

（5）城辺町与那覇の家屋の落成式に謡われる歌謡のなかに「家の神ば　家の威霊（しず）を名を揚げて」という意味の歌詞がある〔外間・新里編　一九七八　一二二〕。

このヤーヌカンが、家祭祀の脈絡の中でいかに表象されているかが問題となるが、以下にあげる事例は、多良間と同様にそれが中柱においてであることを示唆している。

（6）柱を立て家の骨組みができあがった段階で中柱に対してニガイ〔願い〕をする。家の落成式の時も二ガインマ（司祭者）が中柱に向かって拝む儀礼があった。中柱の次にウカマガンも拝んだ。中柱はいうならばヤーヌカンである（池間島）。

(7)（野口　一九七二　一〇六）の図中で、中柱に対して「家の守護神」と表記されている（池間島）。

(8) 家をつくる前のヤシキダミの儀礼に、屋敷の四隅と真中を拝む。家の落成後に中柱を拝む。落成して三年目の祝いの時にも中柱を拝む（平良市島尻）。

(9) どんなニガイ（願い）でもカンタナがあればそれに対してするが、カンタナのない家では中柱に向かってする（伊良部町佐良浜）。

(10) 家でのニガイの時、ユタが供物の一部を中柱と竈神に供える。（伊良部町佐良浜）

(11) 中柱のことをムムバラといい、家でカンニガイ（神願い）をする時に、カンタナがあればカンタナに対して、カンタナのない家では空き缶などに灰を入れたものを臨時の香炉とし、ムムバラに対して行う。（平良市大浦）

(12) 平良市大浦では「マウをかみる、祀るようになると香炉と一対の花立を用意し、大黒柱（ムミカミバーノ神ともいい、これはヤーヌカン（家の神）で、あがめなければならぬという）の左側に祀る。」（鎌田　一九七六　二一七）という。「ムミカミバーノ神」は「棟を頂く柱の神」すなわち「中柱の神」である。

さきの平良市西原の事例（1）ではヤーヌカンが床柱と結びついているが、西原では落成式に棟梁による中柱に対する儀礼があるという資料も得られていることから判断すれば、多良間と同様に、儀礼の対象が中柱から床柱に変化したと考えるべきであろう。

ところで、次の島尻の事例はどうであろうか。

(13) トゥクルヌカンは、カンタナの先祖の香炉で祀られている。カンタナがなければ、トゥクルヌカンの願いは中柱に向かってする。器に砂などを入れて臨時の香炉とする。家屋の落成後に中柱を拝むが、それは目には見えないトゥクルヌカンに対する拝みである（平良市島尻）。

トゥクルヌカンとは「所の神」で宮古に特徴的に見られる「屋敷の神」に対する名称とされるが、島尻ではそのトゥクルヌカンが祖先を祀るカンタナの香炉に重合し、カンタナがなければ中柱によってそれが表象されているというのである。この点は島尻についての「神人によれば、トゥクルヌカン（略）とは、場所的にいって家の中心、家屋の中柱の方に存在するといわれる。先祖のイパイ（位牌）の置かれるタナ（カンタナともいう）があればそれに重合し、タナがトゥクルヌカンとなっている。タナのない（位牌のない）家は、家屋の中柱（略）がトゥクルヌカンの場所をあらわすのだという」〔琉球大学民俗研究クラブ編　一九七六　三四〕という報告とも符合する。

さらにそれに関連して同報告書には「パッタキムーン（嫁乞い）のときに嫁の家のカンタナを婿方の者が拝み、ユミサーイ（嫁入り）の日に嫁方の者が婿方のカンタナを拝む。カンタナのない家はヤーヌカン（トゥクルヌカンの中柱か？）を拝む（傍点引用者）」という、看過できない記述もある〔琉球大学民俗研究クラブ編　一九七六　三四〜三五〕。また、島尻では「カンタナを拝むときは、先祖のカンとかヤーヌカンなどと唱えて拝む」という話も聞けた。

以上を整理すると、島尻では、カンタナ（神棚）にある香炉はその家の祖先のみではなく同時にトゥクルヌカンあるいはヤーヌカンをも表象し、カンタナのない家（分家など祀るべき死者のいない家）では、トゥクルヌカンあるいはヤーヌカンが家屋の中柱によって表象されていることになる。事例⑾の大浦の場合も、祖先と家の神が重合している事例として位置づけることができるはずである。

家の祖先と「所の神」が同じ香炉で表象される状況は狩俣でも見られる。すなわち狩俣でも、トゥクルガンを祀る香炉が特別にあるわけではなく、それは家の先祖と一緒にカンタナで祀られていて、たとえばニガインマと呼ばれる職能者が家族の一年間の健康祈願をするときに、カンタナの香炉に対して「トゥクルガンガイ　サイシティ（所の神にお願いして）」という唱詞を唱えるという。カンタナのない家ではトゥクルガン専用の香炉があるはずだと聞いたが、事例は未確認で、その祭祀が中柱に対してなされるのかどうかについても確認できていない。

以上のことから、家の祖先（神棚）、ヤーヌカン、「所の神」、中柱が相互に関連しあっている状況を想定することができる。ヤーヌカンと中柱の関連については先に見た通りで、以下では家の祖先とヤーヌカンあるいは「所の神」が重合している状況をめぐる問題についてコメントしておきたい。

先に見たように一七世紀初頭の宮古では「先祖霊前」「家の神」「かまの神」が家祭祀において祭祀の対象になっていたことが想定できる（宮古全域にもれなくあてはまるかどうか若干の問題は残るが）が、一七世紀初頭にはすでに行われていた家における祖先祭祀が、はたしてどの程度古い時代まで遡ることができるのかという問題に注意を向けておきたい。

沖縄における祖先を表象するものとしての位牌が、まずは王府官人層の間で受容され、後に地方役人の指導などによって民間へと普及していく状況が『球陽』や「八重山島諸記帳」などの史料により確認できるが（平敷　一九九五、赤嶺　一九九七）、問題は、位牌が普及する以前には家レベルにおける祖先祭祀は行われていなかったのかということである。酒井卯作は、旧家の神棚にクバの団扇二本を安置してある事例に着目し、位牌以前にクバの団扇を祖先の依代的なものとして祭祀の対象にしていた可能性に言及しているが、結論は保留している（酒井　一九八七　五三〇〜五三三）。

さて、宮古については「与世山親方宮古島規模帳」（一七六八年）に「百姓等之儀年忌吊折目之祭祀等者取行申由候得共惣而位牌之備無之孝行大形ニ相見得不宜候間（略）」とある〔平良市史編さん委員会編　一九八一　六二四〕。この史料によれば、当時の宮古では、位牌は備わっていなくても、年忌や折目の祭祀（文脈からして家での祖先祭祀であろう）は行われていたことになり、位牌の普及と家における祖先祭祀の有無については一応は別途に考える必要があることがわかる。

近年の民俗調査においても、位牌はなくても仏壇に香炉だけを置いてそれに対して祖先祭祀を行っている事例があるという事実が想起される。久高島では、位牌はおろか位牌や香炉を安置する祭壇（仏壇）さえも近代に入ってまでも備わっておらず、ただし祖先祭祀専用の香炉はあって、通常は箱などに入れて生活の障碍にならぬ場所に片づけておいた。そして、盆や年忌などの祖先祭祀を行う機会には二番座の出入口あたりに出して線香を立てる用となし、香炉の前に供物を供えて外に向かって拝んだという[11]。

では、位牌なしで家における祖先祭祀を行っていた久高の事例が、位牌普及以前の状況を示すものとして一般化できるかということになると、以下の理由により一定の留保が必要であると考えている。

『球陽』巻一六尚穆王三〇年（一七八一）の条に、「五月十七日、名嘉村親雲上の善行を褒奨す」として、以下の記事が載っている。

与名城郡伊計村は、原来、忌辰・節祭並に挙行せず。上届丑年、平安座村前名嘉村親雲上、南風掟に任ずるの時、両総地頭、其れをして伊計村下知役たらしむ。名嘉村、屢〻其の村に往きて以て教示を加ふ。又時に男女を喚集し、嘱して曰く、子孫たる者、父祖の忌辰併びに節祭の礼を知らずんば、是れ人間の本心を滅し、誠に然るべからざるなりと。（略）百姓漸次感発し、是の歳七月、始めて盆祭を行ひ、（略）。名嘉村、己の資を折費し掛物神主七十一軸を設造して、各人に分与す。此れより正・七月併びに忌辰・佳節に逢う毎に、即ち祭祀を行ふ（略）〔球陽研究会編　一九七四　三九二〕。

「神主」とは位牌のことで、名嘉村親雲上という人物が伊計村に位牌を普及させ、その結果「正・七月併びに忌辰・佳節に逢う毎に、即ち祭祀を行ふ」ようになった、という内容である。正・七月は、一月の十六日と盆のことで、忌辰は年忌のことであろうから、位牌の普及が家における祖先祭祀の成立と連動していることがわかる。

さらに、一八世紀初頭の記録とされる「八重山島諸記帳」の中に、「当島近代迄百姓等父母之位牌を竪跡弔ひ並正七月二八月之祭礼不相知処宮良肝煎を以大地中並離々迄下知いたし位牌竪右祭礼させ孝行之道を勲功に教導候故末々迄無懈怠相勤来候也」とある〔野田編 一九四〇 三五〕。ここでいう「正七月二八月之祭礼」とは、文脈からして、祖先祭祀に係わる正月の十六日、七月の盆、二月と八月の彼岸のことだと推測されるので、先の『球陽』の史料と同様に、祖先祭祀の対象となる位牌が役人の指導でもって普及し、それに連動して家における祖先祭祀が成立していく状況を読みとることができる。

宮古における家の祖先とヤーヌカンが重合している状況について考察するにあたっては、沖縄全域における家の祖先祭祀をめぐる如上の事情に留意しておく必要があることを強調しておきたい。宮古の池間島のある話者からは、戦前までは祖先を祀るカンタナ〔神棚〕もなければ祖先祭祀に係わる香炉も存在しなかったという話が聞けた。

つぎに「所の神」の問題についてだが、島尻では、「所の神」が家の祖先を祀る香炉や中柱によって表象されるという状況があった。しかし、これは宮古全域において一般化できるものではなさそうである。たとえば「家の神」が祖先〔神棚〕あるいは中柱と重合していると判断された大浦では、トゥクルヌカンはそれらと重合することなく屋敷の寅の方の角に祭壇があって別個の存在となっている。上野村の野原部落でも、屋敷の東側にトゥクルガンの祠がある〔青柳・他編 一九八七 一四八〕。また、屋敷神が屋敷の四隅と結びつく事例も少なくない。たとえば城辺町友利の家の落成式後に行われるヤシキダミ（屋敷のため）の儀礼では、屋敷の四隅と入口（二ヵ所）を拝み、その際ヌサガマという実の入った貝あるいは釘を四隅に埋め、さらに四隅と入口にはビンク（ハマユリ）を植えるという。池間島でも、トゥクルダミの儀礼の時に四隅を拝みそこに十円玉を埋めると聞いたが、野口によると、棟上げのまえに豚を殺し、頭を玄関の前に埋め、四足は家の四角に埋めて家の繁栄を屋敷神に祈願するという〔野口　一九七二　二六九〕。

このように「所の神」が祖先や中柱と重合している島尻の事例は他の地域では見出しにくいのである。では、島尻の「所の神」は通常理解されているような意味での「屋敷神」のことかというと、必ずしもそうとは言えないところがあるのは要注意である。先にも引用した報告書によると、島尻では屋敷神のことをヤスクヌスともいい、それは主に屋敷の四隅の神をさし、東（民俗方位の〈北東〉？）の隅がトゥラヌパ（寅の方）と呼ばれる生命の神に係わる所で四隅のうちでも特に重要であり、そこだけにニビと呼ばれる石が置かれ、ウマリニーササギという儀礼が行われる場所になるという〔琉球大学民俗研究クラブ編　一九七六　三四〕。この屋敷の四隅で表象される屋敷神と中柱によって表象されるトゥクルヌカンの関係について同書では、家を新築する前に屋敷の中央でトゥクルヌカンタカビという儀礼が行われることをも指摘し、後者が「ヤスクをも統括する中心になっているようである」と述べ、ヤスクヌスの四隅に対し、トゥクルヌカンは屋敷の中心という捉え方をしている。屋敷の中心であるゆえに、それが中柱に結びつくということでもあろう。

狩俣の状況もみておこう。ヤシキダミ（屋敷のため）という儀礼では、屋敷の四隅と入口、竈神を拝するという。島村恭則は「狩俣の人々によると、そもそも「トコロガン」というのは、その屋敷地の守り神で、屋敷の北東隅に祀られるもの」であると報告しているが〔島村　一九九三　一九四〕、これも四隅の屋敷神という観念に連なる資料としてとりあえず理解しておきたい。

一方で狩俣では「所の神」がカンタナの祖先の香炉と重合している状況もあった。残念ながらそれと中柱との関係については先述の通り不明であるが、関連するかもしれないトゥクルフンという儀礼に注意を向けておきたい。トゥクルフンは「所を踏む」の意で、家屋の建築を始める前に神職の女性たちが屋敷で円陣になって、あるいは屋根を葺く作業の前に中柱の囲んで行われ、落成後三年目にもトゥクルガン（カンタナの香炉）に線香を立ててトゥクルフンの儀礼をするという。さらに、年の初めに神職者たちの家で、あるいは結婚祝いなどの席でも行われ、謡われる歌は室寿ぎ歌である（新里　一九八三　八八八）。トゥクルフンが屋敷神と関係あるとすれば、「中柱を囲んで」といったことからして、四隅よりも中心に結びつくと推定されるが、しかしそれ以上は何とも言いがたく、屋敷神との関係というよりも、もっと呪術的な意味あいをもつ儀礼として理解すべきかもしれない。

この中心と四隅という問題は、宮古以外の他の地域との比較を促すことになる。沖縄本島地域でのヤシキヌウガン（屋敷の拝み）の儀礼では、屋敷の四隅に加えてナカジン拝みというのがあるが、ナカジンは中芯で、中柱の立つ中心に対する拝みだと思われる。その点も含めて沖縄の民家や村落世界観における四隅と中心のシンボリズムについては別稿（赤嶺　一九九九）で論じておいた。

なお、宮古の「所の神」については、来間島では「各屋敷の東の隅にかならずユーノス神が祀られており、これはツクルとか、トコロノカミとかいわれている。分家した際には、南の浜から石や砂を取って来て祀る」（牛島　一九七一　三三四）というユーヌカンと習合しているらしき事例や「家を新築したり、アパートや貸家などの新しい住居に移った時トゥクル神を仕立て、泥棒、動物、嫌な客などから家を守ってもらう。すでにトゥクル神を持っている場合は以前の住まいから抜グバ（抜いできて）新しい住居に移す」（滝口

一九九一　五九〕という特定の土地から移動しても機能するという報告など、さらに検討を要する課題を残している。

結び

宮古において中柱で表象される家の神の観念があるとすれば、その神の実体といったものは何であるのかが問われねばなるまい。沖縄の家の神の問題については、八重山諸島の資料にもとづき建築儀礼の分析を中心に論じたことがあって、そこでは本来両義的な力をもつ樹木霊が「力の馴化」という過程をへて家の神に転化するという仮説を提示した〔赤嶺　一九九二・二〇〇〇、本書第二部第九章（3）〕。宮古に関しては、八重山の諸事例と同じ視点で分析できそうないくつかの資料は得られるものの、八重山に見合うほど十分な資料が得られていない状況にあって〔建築材料となる樹木を供する山に恵まれた八重山とそうでない宮古という違いも背景にあるかもしれない〕、現段階でこの問題を宮古の資料で検討することは断念せざるをえず、今後の課題として残しておきたい。

宮田登は、日本本土の家のフォークロアを論じた論考の文末を「女―ナンド―ナンド神―かまど神―祖霊の帰結するところに、コスモロジーとしての「女の家」の存在がある。一方、男―ザシキ―神棚―仏壇に示される、外来要素の拡大・伸張がそれに対立し、「女の家」の世界を浸食している状況が、現代社会における家のフォークロアとして顕著となった」と結んでいる〔宮田　一九八三　一七〇〜一七二〕。

この宮田の指摘に対して、沖縄側からあるいは本論考の成果からどのように応答することが可能であろうか。「おなり神の島」たる沖縄側からの最も有効な応答の一つが、「構図Ｉ〔西側と北側とに較べて東側と南側がもっと神聖で優位に立ち、前二者が女性の側、後二者は男性の側―引用者）と構図Ⅱ（西側と南側に較べて東側と北側がもっと神聖で優位に立ち、前二者が男性の側、後二者は女性の側―引用者）とのこのような対照は、社会的諸事項では男性が女性に優越し、宗教的事項では女性が男性に優越するという、琉球での一般的傾向を特に反映することが、明らかであるように思われる」という馬淵東一の見解〔馬淵　一九七四（一九六八）四三二〕であろうことを確認することでもって本論考をひとまず閉じることにしたい。

註

（１）「魂をウカビする」という表現だが、ウカビとはどういう意味か。道などでヘラや鎌を拾うと、それは鍛冶神のものだから私物化してはならず、心あたりのある人はいないかと口コミで情報を流すことになる。落とした本人がそれを受け取りに行くことを「ウカビに行く」という。お金などをなくし、それを拾った人から受け取るときも同様に「ウカビに行く」と表現される。このことからして、ウカビには「うやうやしく頂く」という意味があることがわかる。

（２）沖縄の辻の象徴性については、〔宮田　一九九九　一八～二二〕および〔赤嶺　一九九八　一四四～一四五〕を参照のこと。

（３）この問題については〔赤嶺　一九九八　一七五～二〇〇〕も参照のこと。

（４）久高島で一定年齢以上の男女が死亡したときに、ンバギと称する餅およびご飯が会葬者に配られる。一方、子どもが生まれた日をンブギー、その日準備されるご飯のことをンブギーメー（メーはご飯の意）といい、さらに名付けの日に行われる一連の儀礼のことをンバギーという〔赤嶺　一九八九ａ〕。酒井の見解を検討するさいに留意すべき資料である。

（５）図像などが特にあるわけではない。手始め（起工式）などの建築儀礼の折りに家主から棟梁に贈られる三合花（米）、酒、酒の肴などがタイシュクに供えられた。

（6）いくつかの旧家筋の屋敷にウジガミと呼ばれる祭壇があって、年中祭祀の折りにその家や関係者によって拝まれる。沖縄の士族門中の中国的な名称をウジ名（氏名、たとえば麻氏）というから、ウジガミのウジはそれとの関係で理解すべきで、多良間に数多くいた士族系統に係わるものと推測される。

（7）この問題に関連して馬淵東一は「宮古島では、家の守護神を拝するため、住屋の南東隅に特別の棚を設けていることが稀ではない。これは他の島々における一番座敷の祭壇と比較できるかもしれない。しかし、その分布はむしろ散発的で、また、その神の性質や機能は、いまこのように比較を行なうには、あまりに曖昧である」〔馬淵　一九七四（一九六八）　四三六〕と述べている。

（8）ヤーフクヨーには、他にヤーコーヨーズ（家を買う祝い）という儀礼が行われる。家が完成してこの儀礼が済むまでは、単に棟梁が家を建てているのであって、誰それの家であると言ってはいけないと注意されたという。祝いの座で、口頭で入札を行い、家主が高値をつけて落札し棟梁から買い取る手続きをする。落成式の日に棟梁から儀礼的に家を買う儀礼は与那国にもある〔赤嶺　二〇〇〇、本書第二部第九章（3）〕を参照のこと）。

（9）新築して三カ月目の儀礼が済むまでは、祝いの座には出てもいいが葬式など不浄の所へ行ってはいけないと聞いたが、『村史』では、ミツキスヌショウズバリ（三カ月の精進晴れ）という用語が紹介され、「三カ月に謹慎を解く。家を造って三カ月目に酒、肴、水のはなを供えて謹慎を解くお祈りをする。三カ月間は葬式やお祝いにも行かず謹慎するようになっているからである」と説明されている〔多良間村史編集委員会編　一九九三　一〇二〕。また「与世山親方宮古島規模帳」（一七六八）に「家致普請候時朔日祝並三年祝与てみき酒ふた抔殺村中相揃致呑喰候由無益之造作ニ候間可召留事」〔平良市史編さん委員会編　一九八一　六三〇〕とあるので、落成後の三年目の祝いが当時から宮古で一般的に行われていたことがわかる。なお、「朔日祝」とは今日のヤーフクヨーのことであろう。

（10）伊良部島の佐良浜では「新築した家は三年間は神のもので、ヤーヌカンはまだ鎮座していない。三年祝いの時にヤーヌカンは来る。三年祝いの時に屋根の茅の一部あるいは棟瓦一枚を取り替える。また、棟に下げてあった米、塩、昆布も取り替える。三年祝いまでは、位牌を横にずらしておき、三年祝いのときにもとに戻す。ヤーヌカンは棟に宿る」という資料も得られているが、この資料をどう位置づけるべきかは現段階では検討がつかず今後の検討課題として残しておきたい。

(11)久高島のこの事例は、祖先は家に常在するものではなく、かつ祖先祭祀にあたって家の中に迎え入れないかたちで祖霊に対処するというふうに理解できるとすれば、古い時代の祖霊に対する観念を窺う資料として興味深いものがある。

（3）八重山の家の神と建築儀礼

はじめに

伝統的民家の多くは、一種のミクロコスモスとしての性格を有している（エリアーデ・ミルチャ一九八五）。沖縄の民家ももちろんその例外ではなく、屋内・屋敷空間には種々の神霊が祀られ、特定の場や物はその位置や方位などに応じて独自の意味や価値が付与されている。本来均質であるはずの物理空間に意味の差異化が生じている、と言っていいだろう（写真9参照）。家屋の建築とは、そのような意味でのひとつのコスモスを創りだす営為に他ならず、その過程でなされる諸儀礼が、人々の世界観・宇宙観などとの関わりで注目される所以である。

最初に西表島祖納の建築儀礼の事例を紹介するが、八重山諸島の建築儀礼について一定程度の概観

写真9　八重山の民家

を与え、そこから問題を抽出することを目的としている。なお、以下の記述では、参照文献を示したもの以外の資料は、筆者の調査によって得られたものである。

一 西表島祖納の建築儀礼

(1) 地鎮祭

今日では地鎮祭という言葉が使われているが、かつては地鎮祭のことをジナラシあるいはジーヌニガイ(地の願い)と称したという。一九九一年に新築した話者の話によると、ニガイを専門にする人(ツカサではない)を依頼し、屋敷の真中に四角形に立てた竹を注連縄で囲み、その中にサカキを立て、注連縄の外に塩、花米などを供物して祈願したという。かつては、ユーリミーナという貝殻や鉄類のかけらも供物にしたといわれ、鉄片は、後で中柱の礎石の下に埋めたという。また、ケガレが屋敷内に入ってこないようにするために、屋敷の周囲に注連縄を張り巡らしたという。その日に、その家の属する御嶽に参拝したという話も聞かれる。

(2) 柱立て

柱は中柱から立て始めるが、その際に儀礼が行われる。ユシトゥンガナシと呼ばれる木の枝と茅一束を中柱にくくりつけ、棟梁と家主が主体となってその中柱に対して祈願をする。生花、お茶、餅、塩などが供物になる。中柱にくくられたユシトゥンガナシと茅は、落成式の日までそのままの状態で置かれる。

(3) 棟上げ

棟梁が棟に紫微鑾駕（しびらんが）という字を書き、棟梁と家主らが中柱に向かって祈願をする。棟の上に三名ほどが上（のぼ）り、家主の年齢に見合った数の餅に小銭を入れたものを下に投げる。その餅を食べると新しい家にあやかると言われた。また、棟に弓矢、槍、吹き流しを立て、昆布、塩、にんにくを白布に包んで結ぶことも行われたという。

(4) 落成式

落成式のことをアラヤヌヨイ（新家の祝い）と称し、ユイマールで手伝ってくれた人々を招待する。主婦が火の神とザトゥク（床の間）に対し、酒と一鉢の品を供物にして、家の繁栄の祈願をする。次に、中柱の前に花米、餅、塩、お茶、吸物などの供物を供え、棟梁と家主が中心になって祈願をする。この一連の祈願のなかでは、中柱に対するものが一番重要だという。

中柱に対する祈願が済むと、つぎにヤータカビ（家崇べ）の儀礼が行われる。一座の男たちが立ち上がり、左記のヤータカビの歌が歌われる。歌唱法は、棟梁が中柱からユシトゥンガナシと茅をはずして手に持ち、それを振りながら一節ずつの歌詞を先唱し、それに続いて残りの者がそれを復唱するというかたちをとる。以下に揚げる歌詞は、祖納在住の那根武氏所有の「新築落成祝」と記された資料に依る。必要に応じてかっこ内に訳文をいれた。

家たかび（その一）

1　今日ぬ日ば　むとばし　ホーイ　ショガラ　ホーイショガ

2　黄金日ば　にちぎし　ホーイショガラ　ホーイショガ

3　大山ぬ中から　ホーイショガラ　ホーイショガ
4　底山ぬ内から　ホーイショガラ　ホーイショガ
5　キャンギ柱　とりだし　ホーイ　ショガラ　ホーイショガ
6　イゾキ柱　とりだし　ホーイショガラ　ホーイショガラ
7　大里ぬ　真中に　ホーイショガラ　ホーイショガ
8　神里ぬ　真中に　ふくらに　ホーイショガラ　ホーイショガラ
9　大家・新家作りやる（大屋・新家をつくりました）　ホーイショガラ　ホーイショガ
10　ばぬだみど　さにさる（私さえも嬉しいのに）　ホーイショガラ　ホーイショガ
11　ブアマ神　みひんだら（伯母神はなお嬉しいでしょう）　ホーイショガラ　ホーイショガ
12　ブナリ神　ゆくんだら（姉妹神は更に嬉しいでしょう）　ホーイショガラ　ホーイショガ
13　うやかざし　めひんだら（ウヤカザシはもっと嬉しいでしょう）　ホーイショガラ　ホーイショガ
14　大工主ん　ゆくんだら（大工主は更に嬉しいでしょう）　ホーイショガラ　ホーイショガラ
15　ユシトンガナシ　めひんだら（ユシトンガナシはもっと嬉しいでしょう）　ホーイショガラ　ホーイショガ

家たかび（その二）

1　大里の真中に大家作くてあんでそ　ウリヨヌ　ナリバムイ
2　丸金ば　ビシシばし　びし作くあんでそ
3　角金ば　柱ばし　たて作くいあんでそ
4　バンズン金ばヌキばし　ヌキ作　くてあんでそ
5　角金ば桁ばし　あぎ作くてあんでそ

6　カクナンジャばウタチばし　あぎ作くいあんでそ
7　カク黄金は棟桁ばし　あぎ作くいあんでそ
8　マルンガニばキテばし　かき作くいあんでそ
9　スリンガニはユチリばし　組み作くいあんでそ
10　ミドリがやは羽ばし　ふきかぶしあんでそ
11　マルンガニばキブクばし　締み作いあんでそ
12　シルイトば　締み縄ばし　締み作いあんでそ
13　カンダシカばマルザばし　さし作いあんでそ
14　タマシダリは編むぬばし　うしかぶしあんでそ
15　クルイトば　カキナばし　かき作いあんでそ

歌詞の内容は、（その一）で山から材木（キャンギ柱、イヅキ柱）を伐りだしてきて村（大里、神里）に運ぶ様子が歌われ、（その二）では、家造りの具体的な様子が歌われている。歌詞に登場する「うやかざし」は後段において考察の対象になる床の間で祀られる家の神のことであり、ユシトンガナシも後の考察においてキーワードになる言葉である。ヤータカビの歌を歌い終えると、棟梁が手にしていたユシトゥンガナシは子の方向（寅の方向という説もあり）の柱もしくは桁に休ませるという。

次に、ツカサ（司）を中心にしてアーパレーの歌が歌われる。同じく那根武氏所有の資料に従って、以下に歌詞を紹介する。

1　今日が日ど　さにさる
2　黄金日ど　いそさる

3　大家　新家　作りやる
4　大家　新家　祝どす
5　ばぬだみど　さにさる
6　ブアマ神　めひんだら
7　ブナリ神　ゆくんだら
8　うやかざし　めひんだら
9　大工主ん　ゆくんだら
10　ユシトンガナシ　めひんだら
11　踊りぬ　かいさぬ
12　ガラぬき　ぬきしようり
13　マダマぬき　ぬきしようり
14　ぬきしぬ　かいさぬ
15　とういしぬ　ちゅらさぬ

このアーパレーの歌も、ツカサが先唱したものを一座の者が復唱するかたちをとる。アーパレーの歌が終わると、つぎにイオトゥイ（魚取り）狂言が行われる。杖を持った老人とモッコを担いだ伴役の二人が登場し、中柱から始まって、四隅の柱の「柱ぼめ」をする。その時の唱詞は次の通りである（かっこ内は四隅の柱に対して）。

1　ナカバラ（チヌバラ）ヨ　ナカバラ（チヌバラ）
　中柱（隅柱）よ　中柱（隅柱）

2　スラミリバ　スラカイシャ

　先の方を見ると　先の方が美しい

3　ニーミリバ　ニーカイシャ

　根元の方を見ると　根元の方が美しい

4　アリリバ　アリンチカン

　蟻もつかず

5　ムシリバ　ムシンチカン

　虫もつかない

6　ヤーニンズ　ソーニンズ

　家族全員

7　ケンコウ　アラチタボリ

　健康にさせて下さい

これらの唱詞を述べて後に、各々の柱の根元にて紙で作られた魚を老人が杖（モリ）で突く所作をし、モッコを下げた二人がそれを拾う。老人は魚の名前を並べ上げたりして一座の者を興に誘うという。イオトゥイ狂言が終わると祝宴となる。

（5）落成式後

落成式後の一年目、三年目、五年目、七年目には、棟梁やユイで手伝ってくれた人々を招待してのいわゆる家屋の誕生祝いをするが、その際にも中柱が拝まれる。星動の指摘によれば、この儀礼はヤァーパラヌヨイ〔家柱の祝〕と称されている〔星　一九八一　一五三〕。

二　中柱と中柱信仰

祖納の建築儀礼を概観してわかるのは、中柱がある種の特別な意味を帯びた柱であることである。すなわち、鉄片を中柱の礎石の下に埋め、柱立てや棟上げの儀礼においては中柱が祈願の対象になり、イオトゥイ狂言での「柱ぼめ」でも、四隅の柱も対象になるとはいえ、まずは中柱から開始されていた。また、落成式においても重要な儀礼が中柱に対して行われ、さらに、落成後の家屋の誕生日の儀礼で祈願の対象になるのも中柱であった。ここでは、八重山諸島の中柱をめぐる習俗について、建築儀礼以外の場面にも目配りをしながらみていくことにする。

ところで、そもそも中柱とは家屋のどの柱を称しているのだろうか。興味深いことに、沖縄本島から八重山諸島にかけての伝統的民家の間取り構造には共通性がみられる。それを図示したのが図3であるが、表の東側から一番座、二番座、まれに三番座があり、そして各々に裏座がある。台所はおお

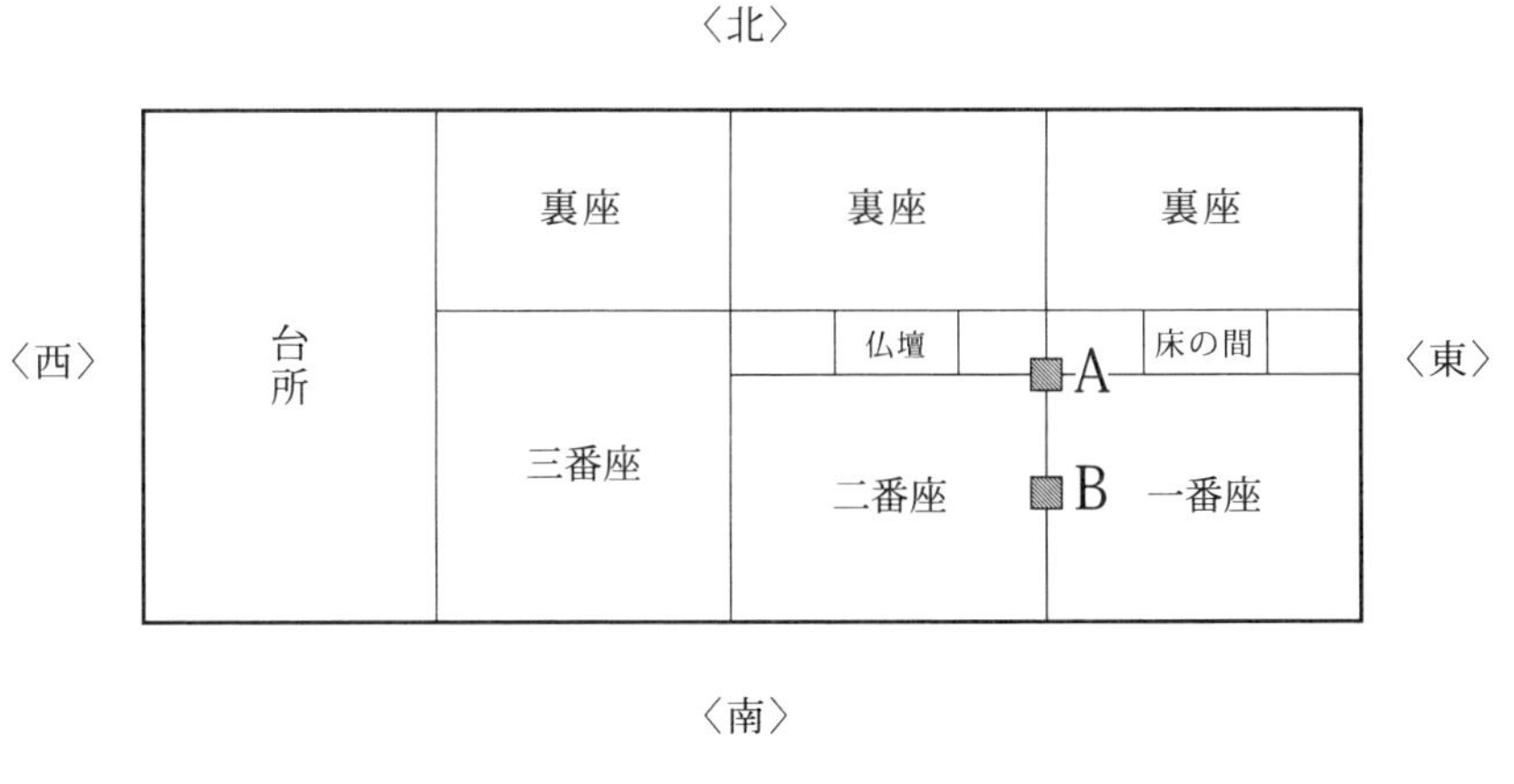

〈北〉

台所	裏座	裏座	裏座
	三番座	仏壇	床の間
		二番座　A　B	一番座

〈西〉　〈東〉

〈南〉

図3　民家の間取りと中柱

むね西側に位置し、かつては別棟であった。一番座にはいわゆる床の間があり、二番座には祖先を祀るいわゆる仏壇がある。

それぞれの部屋の機能について、小浜島で落成式の日に行われる部屋の「名付け」儀礼を参考にして説明したい。小浜では、名前を尋ねる人をターラー、名付けをする人をキムザーと称し、ターラーは酒を、キムザーはユイピトゥと呼ばれる直径五センチほどに束ねた茅を持ち、各部屋を巡りながら名付けをしていく。以下が各部屋の名称（機能）である。

一番座は「祝事がある時に、皆が集まる座敷」、一番座の入口は「偉い人や福の神をもって来られる方が出入りし、この家庭にいいことばかり迎えさせる場所」、一番裏座は「この家の長男が嫁を連れてきて、子供をつくる場所」、二番裏座は「この家の諸道具が集まっている場所」、三番裏座は「味噌瓶、醤油瓶、塩俵などを置いて、自由に使う場所」、三番座の入口は「島の一般の人々が用事で尋ねてきた時、ここから入って色々な話や交際をする所」、二番座は「焼香やお盆の時に使う仏壇のある部屋で、祖先を大事にして幸福を迎える所」、二番座の入口は「島の有志（村役員）や少し位の高い人がこの入口から入って来て、ユイマールなどの相談をする所」。

さて、このような民家においてどの柱が中柱なのだろうか。じつは、調査を進めるなかで、中柱だとする柱は家によって異なる場合があることがわかってきたが、最も多かったのは、一番座と二番座の境に立つAかBの柱であった。家によって中柱の認識が異なるのは、以下で述べるように民家の発展と関係していると思われる。

鶴藤鹿忠によれば、近年まで庶民の間で主流であった穴屋と呼ばれる掘立て小屋式の民家の基本形は四隅と中心に柱が立つ「中柱構造」であり（図４・写真10参照）、鶴藤は、その中柱構造の家屋からの発展経過につ

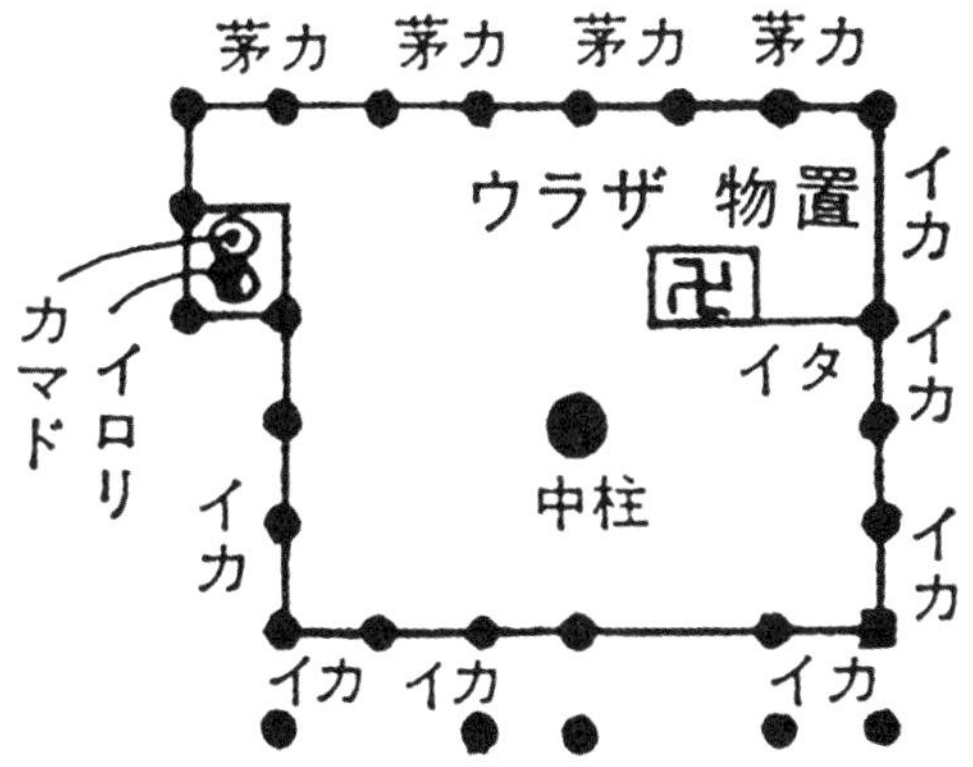

図４　中柱構造の家屋（竹富島）（鶴藤鹿忠『琉球地方の民家』84頁）

写真10　中柱構造の家屋（竹富島）（鶴藤鹿忠『琉球地方の民家』84頁）

いて以下のように述べている。

琉球列島における中柱構造の掘立屋（略）の家では一室であるが、家族生活のうえから中柱のところに竹の網代編み、または板、あるいはカーテンなどで一応間仕切りをして前、後の室に分つのである。更に前室を左、右に仕切って一番座、二番座とし、裏座はそのままにしてあって、三室となる。ついで裏座に間仕切りを入れ四間取りへと発展していく。〔鶴藤　一九七二　三七四〕

鶴藤が中柱構造と呼ぶ家屋においては、部屋は一室で、中柱は文字どおり中心に位置して棟を支える柱ということになる。この形式の家屋が基本形であることは、波照間島に伝わる以下の神話（大意）によっても確認することができる。

世の始まりの時、兄妹のふたりがミシクの洞窟に隠れ、油雨の大洪水に耐えて生き延びた。最初に生まれたふたりの子はボーズと呼ばれる毒魚で、洞窟から出て島の上に上がったところで、妹の脇の下からムカデが生まれた。さらに高所に上り「巣」をつくり、そこではじめてアラマリヌパーという女子が生まれた。ふたりはこの後「四つ指す」という星座をモデルにして、四つの角に柱を建て、さらに真中にも一柱建てて、最初の家・屋敷をつくり、ここでカナという名の男子が生まれた。現在の波照間の住民は、このアラマリヌパーとカナの子孫であるという。〔住谷・クライナー　一九七七　二四八〕

以上のことを踏まえたうえで、中柱をめぐる習俗についてみていくことにする。まずは、石垣市大浜の建築儀礼の事例に指目したい。大浜では、ヤータティニガイ（家立て願い）の時に、中柱が立つ場所を中心とした一間四方の四つの角に、葉を付けたままの竹を立て、その周りを注連縄で囲む。注連縄の中で、酒、蟹、ハモル（貝名）などを供物にしてツカサが願いをする。また、シンダティ（手斧立て、大工の仕事始め）の儀礼においても、前述の注連縄で囲まれた中柱が立つ場所に向かって、棟梁が大工道具を並べ、工事の安全を祈願する。さらに、ヤーツクリヨイ（落成式）の時に、中柱にユイピトゥを縛る。ユイピトゥとは、棒に茅をしばったものである。そして中柱の前に蟹、貝、花などの供物を並べて、家主が中心となって祈願を行う。祈願後、蟹は解放し、その他の供物は中柱の側に埋める。また、落成式後の一年目、三年目、五年目、七年目にも儀礼が行われるが、その際にも中柱が拝まれる。

石垣市四箇では、ティンダティ（手斧立て）の儀礼において、ナカパラ（中柱）を横たえ、その前に大工道具、塩、グシ（酒）、花米などを供えて、棟梁が祈願をする。祈願の後、中柱に墨を打ちチョーナ（手斧）でけずるまねをする。また、中柱を立てる時に、ツカサを依頼して儀礼が行われるが、それを「ナカパラ（中柱）のニガイ」といい、蟹その他を供物にして中柱に向かって拝む。落成式にも中柱を拝む儀礼があり、さらに、落成式後の三カ月目、一年目、三年目、七年目、一三年目の各々に、ヤーヌタンカー（家の誕生日）と称する祝いをするが、その際にツカサが中柱を、ザートゥク（床の間）、火の神と共に拝む。祈願が終了すると供物は中柱の側に埋める。

柱立ての儀礼、落成式、落成式後の家の誕生日のいずれかに、あるいはその内の複数の機会に、中柱が儀礼の対象になる事例は、上記以外でも、石垣市平得、石垣市新川、新城島、西表島網取（山田 一九八六 一四三～一四四）などで確認できる。

次に、建築儀礼以外で中柱が関わる習俗に目を向けてみよう。

石垣市平得では、毎年一回八月に、家屋と家族の健康願いを中柱に対して行うが、それを「ナカバラのニガイ」と呼ぶ。この儀礼は、その家の戸主の生まれ年の干支の日に行うという。

石垣市宮良では、ツツヌカンヌニガイ（土の神の願い）というのがあって、屋敷の四隅をネ→トラ→ウマ→サルの順に拝み、さらにペーダ（門）、ナカズンも拝む。「ナカズンは屋内の中柱（一番座と二番座の境）に対して、ネの方向に向かって拝む人もあれば屋外から内向きに一番座と二番座の境目に向いて拝む人もいる」という〔琉球大学民俗研究クラブ　一九七七　五〇〕。ここでも中柱あるいは中柱が立つ場所が儀礼の対象になっている。

同じく宮良の五月の庚の日に行われるスクマンカイ（スクマ迎え）の儀礼では、稲穂を一株刈り取ってきて、それを家の主に中柱（中柱でない場合もあるようである）に結わえるという〔琉球大学民俗研究クラブ　一九七七　六八〕。

波照間島の産育儀礼の中に、生後二日目に、母方の祖母から初着物をもらう儀礼があるが、それを子供に着させる前に、他の人からもらった衣類と一緒にナーパラ（中柱）に吊すという〔住谷・クライナー　一九七七　二六七〕。西表島祖納では、部落内に死者が出た場合には、重病人にいる家では、その重病人の足を中柱にしばりつけるという点も〔琉球大学民俗研究クラブ　一九六九　五三〕、関連資料として注意したい。一九二〇年生まれの新川出身の話者によると、伝染病が流行った時に、中柱に巻いた麻縄をお守りとして子どもたちの身につけさせることがあったといい、また、台風や地震のときに、自分の父親が中柱を抱いていたことを記憶しているという。

さらに、西表島祖納や新城島のシツ祭りでは、トシヌバン（年の晩）と呼ばれる祭りの前日に、シツカズラ（節葛）という蔓草を中柱をはじめとした家の柱々および屋敷内の木々、水がめ、農機具などに巻くという習俗がある。対象となるのが中柱のみでないとはいえ、上記の諸事例との関連からして注意を向ける必要がある。

以上のことから、建築儀礼やその他の儀礼的場面においても、中柱が儀礼的意味を帯びた柱であることが理解できる。八重山の人々に何故中柱を拝むのかと問うてみても、期待したような答は返ってこないが、中柱の前に供物を供え中柱に向かって祈願をするのであるから、中柱になんらかの神霊が宿っていると考えた方が自然である。中柱信仰の背景に何があるのか、以下では、この問題に焦点を絞って検討していくことにしたい。

三　ユイピトゥガナシ

中柱信仰の背景を検討するにあたって、説話や建築儀礼に登場するユイピトゥガナシに注意を向けてみたい。ユイピトゥガナシは、地域によってユピトゥンガナシ、ユシトゥンガナシなど語形に変異がある。筆者は、ユイピトゥ、ユピトゥン、ユシトゥンなどの間に想定される音韻論的変化の過程について述べ得る立場にはないが、ここでは論証抜きにユイピトゥが本来の形で、ユピトゥンやユシトゥンはそれの変化形あると仮定しておきたい。八重山では、家造りの際に労力を提供し家造りを手伝う人のことをユイピトゥ（結人）というが、以下で見ていくように、説話に登場するユイピトゥガナシも、祖納の事例にも窺われたように、山から木を運ぶなど家造りを手伝う存在であることがこの仮定を支持してくれる。

ところで、以下で引用する文献には、ユイピトゥガナシに「寄人加那志」という漢字を当てたものもあり、筆者も以前、ユイピトゥは寄人で、ユイピトゥガナシは柱（中柱）に寄り付く神霊であろうと推察したことがあった〔赤嶺　一九八六　七〕。沖縄本島地域で、たとえば海からの寄り物のことをユイムンと称することから、ユイピトゥも寄人であろうという発想であった。しかし、この発想はどうやら誤っているようである。というのは、沖縄本島方言では日本語の mari（鞠）が mai になるように、日本語の r 音は欠落するという性質があるが、八重山方言にはそれが当てはまらず r 音がそのまま残るということがわかっているからである（波照間永吉氏からご教示を得た）。したがって、鞠のことを八重山方言ではmariといい、その他にも、鳥のことを沖縄本島地域ではtuiというのに対して、八重山ではturiになる。そのことからすると、日本語の寄人（よりひと）は、八重山方言ではr音が欠落したユイピトゥにはならないということになる。

さて、最初にとりあげるのは、「小人伝説」という項目で『沖縄文化史辞典』に掲載された西表島祖納の以下の話である。

昔、西表島の租納部落にひとりの貧しい若者がいた。住むに家なく、着たきり雀の乞食同然のあわれな姿で、誰も相手にしてくれない。赤子の時に両親を失い、お爺さんに養われたが甲斐性がないので、お爺さんにもきらわれて家を追い出されてしまった。悲しさのあまり若者は泣きながら、無茶苦茶に山奥を歩きまわり、泣き疲れて洞穴かと思われるばかりの大木の虚（うろ）にたどりつき死んだようにねむった。何時間たったかわからぬが、ふとどこからか声がする。「若者よ悲しんではいけない、元気を出して懸命に働けば、きっとお前は幸福になれる。お前はこれからすぐお前が生れたお父さんお母さんの屋敷に帰って見るがよい」。ハッと若者は起き上がった。木の虚（うろ）からさすすがすがしい朝の光に、若者は元気を取りもどして山をかけ下り、自分の屋敷にいった。ところがどうだろう、屋敷は草一つないまでに掃き清められ、屋敷の真中に大きな大黒柱が一つ立っている。これはどうしたことか、昨夜の夢といいこれはただごとではないぞ、と若者は物陰に隠れて、しばらく様子を見ているとたくさんの小人がエッサ、コラサといろいろな材木を運んで来る。物に憑かれたように若者が小人の後を見え隠れにつけていくと、だんだん山奥へ入り、驚いたことにたしかに昨夜一夜の宿を借りたあの大木の虚（うろ）へ入っていくではないか。彼は夢ではないかとじっと目をこらしていると今度は小人たちがエッサ、コラサと建築材料をかついで麓へとどんでいった。彼は木のほらの入り口へ近づき、そして梢を見上げると、それは西表の樵夫達がジンピカレーといっている木（和名、ヤンバルアワブキ）であった。若者はその一枝を折り取って急いで自分の屋敷へ引き返したが、そこにはりっぱな家がすでにできあがって村の人達が集まって落成式の準備をしているところであった。村の人たちは若者を大黒柱のそばに案内した。若者がよくよく見れば、それはジンピカレーであった。思いあたるところがある若者は、手にもったジンピカレーの枝を打ち振り打ち振り大きな声で落成式の祝いごとをとなえながら大黒柱のまわりを何回もまわり、村の人たちも唱和した。それ以来だれも若者を馬鹿にする者はいなくなった。小人の話を伝え聞いた村人たちは誰いうとなくジンピカレーにユピトゥンガナシ（寄人加那志）の名をつけ、柱立て（建築の初め）の儀式にはかならず大黒柱の先にユピトゥンガナシをかけるようになった。〔前栄田・他編　一九七四　一四一〜一四二〕

この説話では、大木の虚を住処とするらしい小人が、山から木材を運ぶなど家造りの手伝いをしたこと、およびそのことが家屋建築における柱立ての儀礼にユピトゥンガナシが登場する起源になっていることが語られているが、その小人とユイピトゥガナシとの関係については、十分には明らかではない。その点については、竹富島に伝わるユシトゥンガナシの説話が補足してくれるが、それをみる前に、上勢頭亨の報告に依拠して竹富島でのユシトゥンガナシが関わる儀礼からみておきたい。

ユシトゥンガナシの儀礼は落成式の時に行われる。ユシトゥンガナシとは、日の出前に取った東向きになっている福木の枝二本と茅三つかみを束にしたもので、儀式の前に申の方角の柱に縛りつけておく。儀礼の内容について上勢頭はつぎのように述べている。

長老が木の神（寄人加那志（ゆしとぅんがなし））のお供として出て来る。お供はユシトゥンガナシに向かってその家の幸福、健康などを祈り、ガナシより祝いの言葉を賜わる。そのうちにお供にガナシの魂が乗り移り、お供は祝詞を神の言葉として一般に披露する。それが終わると柱からガナシをはずし、これをかついで一歩ごとにお目出度い言葉を唱えて前進する。最後に神はニシヒラ、フウヒラ（北の桁、太平の桁）でこの家を永久に見守ることを約束する。お供は裏座の方へ行き、中桁にユシトゥンガナシを縛りつける。お供はもう一人のお供と白酒をくみかわして狂言を行ない、残りの白酒を棟木に二回かけて清め、ユシトゥンガナシの式を終わる。〔上勢頭　一九七六　一六九〜一七〇〕

なお、上勢頭の報告と琉球大学民俗研究クラブの報告との間に若干の齟齬のあることに注意しておきたい。すなわち、上勢頭によると、ユシトゥンガナシは最初申の方向の柱に縛られているが、琉球大学民俗研究クラブによると、大黒柱にくくりつけられているという〔琉球大学民俗研究クラブ編　一九六五　四五〕。

さて、次に揚げる説話は、このユシトゥンガナシの儀礼の由来を語る話になっている。

昔、ある村に真面目で正直な男がいた。家は貧しいながらも、心から親に孝行を尽くしていた。その男は、年は若いけれども立派な家を建てたいという希望を持ち、一人で山中に入り、柱、桁、垂木等の材木を山奥で伐り倒した。自分一人では材木を持ち出すことはできないので、伐り倒した材木に自分の手印を入れ、人夫を頼んでその材木を運ぶまでは、山の神と結人加那志（ユシトゥンガナシ）で私の材木を見守って下さいと、材木を山かずらで結び印し、一時家に帰って来た。翌日朝早く起きて庭先に出たところ、山奥にあったはずの材木が自分の手形のままに門前にあるのであった。それは不思議なことであった。この材木がわが家の庭先まで届けられたのは神のおかげ、結人加那志のおかげだと大変感謝し、この男は立派な家屋を建てて、結人加那志を新築家屋にお招きした。それから以後、竹富島では、新築落成の時には結人加那志の儀式がとり行なわれるようになった。〔上勢頭一九七六　一四〕

この説話が祖納で伝えられる説話と同類のものであることは明らかであるが、祖納の事例ではそれほど明確でなかったユイピトゥガナシ（ユシトゥンガナシ）と家造りを手伝う小人との関係が、この説話からは窺うことができる。すなわち、この説話では、山から材木を運んでくれたものが小人であったという話にはなっていないものの、それがユシトゥンガナシ（および山の神）であったということが明瞭に語られている。ユイピトゥガナシが家造りの手助けをする存在であることは、網取のユピトゥキに関する次の説話によっても確認することができる。

昔ある人が山に入り材木を削り、肩に担いで山を降りてくると、肩が痛く疲れがでたので材木を降ろして休んだ。暫くして材木を担ごうとすると、いっこうに持ち上がらない。これまでの倍の重さにも感じられて仕方がなかった。途方にくれ、ふと道の側を見ると、そこにユピトゥキが枝ぶりもよく生い茂っていた。とっさの思いつきでその枝を切り、葉を落として肩敷きにし、材木を担いでみたところ、なんと、今まで重くて担げなかった木が軽々と担げるではないか。家まで無事材木を担ぎ出した男はそのユピトゥキの枝葉をナカパラに結びつけて感謝し、家造り終了の祝の時に上の言葉を謡いながら踊ったのだった。〔山田　一九八六　一四四〜一四五〕

この事例で、植物名として登場するユピトゥキが「ユイピトゥ木」の変化形であることは明らかであり、ユイピトゥ木が材木運びをする人間の手伝いをしていることに注目したい。

さらに、マツンガニと呼ばれる人物についての四箇に伝わる以下の説話も参考になる。マツンガニは、後に出世して八重山の頭職にまでなった士族の童名であるが、若い頃は人の畑のムイアッコン（収穫後の芋畑に残った芋の根から生える芋のこと）を採って食するほどの落ちぶれた生活をしていた。その彼が、百姓である畑の主に罵詈雑言を浴びせられたことを契機に奮起し家を建てることになるが、彼は、材木伐採のために一人で山に入る際に、心の支えとしてユイピトゥガナシ（竹の先に茅を束ねて人形にしたもの）を山に持って行ったという。四箇では、オモト山から材木を伐り出す時には、ユイピトゥガナシを山に持って行き作業をしている間は安置しておくという習俗があったが、それはこのマツンガニの故事に因むという。マツンガニの説話からも、家造りを手伝うユイピトゥガナシの性格を抽出することができる。

さて、祖納・竹富島・網取・四箇の説話を重ね合わせて見ると、人間が家造りを行う際に、材木を山から運び出すなどの家造りの手伝いをしてくれるある種の存在が観念されていて、それがユイピトゥガナシと呼ばれていることが判明する。さらに、このユイピトゥガナシは、実のところは家屋の材料となる樹木や茅の精霊に対する尊称であることが、以下に紹介する川平村の落成式の儀礼によって明らかになる。

『川平村の歴史』によると、川平村の落成式には、一・五メートル程の木に一握りの茅をしばりつけたものをユイピィトゥヌマイ（マイはカナシと同じく尊称）と称して、ユイピトゥヌマイが中柱に立てられた状態で、以下の「ユイピトゥかえし」の儀礼が始まる。二人が登場し、一人は新築なった家の主、一人はユイピトゥヌマイの役目で、二人は次のように睦ましく語り合う。

〈家の主〉：アーラヤーヌグシ、オイサナーラ（新家の御酒を上げましょう）
〈ユイピトゥヌマイ〉：ウー　トウラリンユウ（はい、戴きます）
〈家の主〉：ユイピトゥヌマイ　オイシヨウリ（結い人の前　おあがりください）
〈ユイピトゥヌマイ〉：バヌン　トウラリンユウ（私も戴きます）

これが済むとユイピトゥヌマイを中柱から取りはずし、午の方向に進んで次のような願い言葉を述べるという（括弧内の訳も引用）。

クリマデ（これまで）、ユイピトゥヌマイヤ（ユイピトゥヌマイは）、タバラリオーリフタスンガ（しばられておられましたが）、キュウヤ、パダギ、ウヤシタチギンド（今日は解いてあげますから）、ヤマヌカンヤヤマヘ

（山の神〈木〉は山へ）、ヌヌカンヤヌウヘ（野の神〈かや〉は野原へ）、オーリトウローリデリ（お戻りになって下さい）、クヌキネーナーヤ（そしてこの家庭には）ビーン、サビン、カカラシ、トゥランツクニ（心配事など一切ないように）、イイクト、ンカイシミ、トウローリ（良い事ばかり迎えさせて頂きますよう御願い申し上げます）

この願いが終わると、二人で御酒を飲み交わしながらユイピトゥヌマイを両手に持って拝みつつ、子の方位に行き二人で新築落成の歌を謡い、最後にユイピトゥヌマイを天井に安置する〔川平村の歴史編纂委員会編一九七六　二五〇〜二五一〕。

とても興味深い内容である。これまで縛られていたユイピトゥヌマイを解放しますので、山の神は山へ、野の神は野原へお戻りなってください、と唱えるというのである。報告者がかっこで補足して注意しているとおり、ここでいう「山の神」は樹木霊、「野の神」は茅の精霊のことだと判断していいだろう。すなわち、家造りの手伝いをするユイピトゥガナシとは、家屋の材料となる、換言すれば人間に家屋の材料を提供してくれた樹木霊（や茅の霊）に他ならないということになる。この点は、竹富島の説話で、山から材木を運んでくれたのが山の神とユシトゥンガナシとされていたこと、竹富島の儀礼に関して上勢頭が「長老が木の神（ユシトゥンガナシ）のお供として」と記し、ユシトゥンガナシを木の神と解説していること、さらには祖納の説話で、家造りを手伝う小人（ユシトゥンガナシ）が木の虚を住処にしているらしかったこと等と関連付けて理解することができる。結局のところ、八重山各地の建築儀礼に登場するユイピトゥガナシは、木の精および茅の精を表象するものであるという重要な事実が導き出されたことになる。

以下ではそれを踏まえたうえで、八重山各地におけるユイピトゥガナシの儀礼の意味について検討していくことにする。

四　ユイピトゥガナシ儀礼の意味

先にみた川平の落成式の儀礼の要点は、「ユイピトゥかえし」という言葉が示しているように、家屋の材料となった樹木や茅の精霊に家屋からの退去を願う点にあったが、以下において、川平部落以外の地域にも類例が存在することに注意を向けていきたい。最初に取り上げるのは、山田武男が報告する西表島網取の事例である。

(1) 解放されるユイピトゥガナシ

新築祝いに入る前にまず家の骨組み全体を支えているナカパラ（中柱・大黒柱）に大工の棟梁が誠意をこめて祈願する。大黒柱に結びつけてあるユピトゥキ（和名ヤンバルアワブキ）の枝葉が結びを解かればずして飾られる。米をかんで醸したミシャグとお酒が供えられると、大工の棟梁は中柱のユピトゥキの枝葉をほどき「ユピトゥンユーリ、バーヌンユーリ、シットゥイシットゥイ」と謡いながら踊る。〔山田　一九八六　一四三〜一四四〕。

ここに出てくるユピトゥキは、先述したとおり「ユイピトゥ木」が変化したものであるが、山田は、「ユピトゥンユーリ」のユーリは任務が解かれるという意味だと指摘しており、ユピトゥの任務が解かれるということは、ユピトゥ（樹木の精霊）が家屋から解放されるという観念と関係しているものと理解される。なお、「バーヌン　ユーリ」は、ユピトゥと同様に自分たち大工も今日で責任が解かれたという意味だという〔山田　一九八六　一四三〜一四四〕。

次に、西表島古見のユイピトゥユルシという用語に注意を向けてみよう。古見の落成式では、まずツカサが中柱に向かって祈願をする。その後に三名の人物が登場し、一人はユイピトゥユルシと呼ばれる竹に藁を縛ったもの、一人は花米、一人はオミキを持ち、三人が座敷内で体をゆらしながら歌を歌う。それが済むと、ユイピトゥユルシを中柱に縛るという。

この事例では、中柱に縛られたユイピトゥユルシが最終的にどう処理されるかは確認できなかったが（話者は、家主が後で片付けるのではないかと曖昧に答えていた）、川平や網取の事例を参照すると、ユイピトゥユルシのユルシは「許し」で、ユイピトゥを解き放すという意味があった可能性が考えられる。さらに、二〇一四年八月七日付けの『八重山毎日新聞』によれば、宮良部落でも落成式の儀礼に関してユイピトゥユルスという言葉が使われていることも看過できない事実である。

以上みてきたように、落成式の儀礼には、家屋の材料となった樹木の精霊を家屋から解放することを示す事例が複数存在することが確認できた。ところがその一方では、以下でみていくように、樹木の精霊が家に留まることを示す事例も存在するという興味深い事実がある。

（2）家の神化するユイピトゥガナシ

最初に、石垣島で長年にわたって大工あるいは棟梁として家造りに関わってきた石垣英和の「伝統家造りのロマンを訪ねて―マジィドゥシナゴーヤーの移築に寄せて―」に記されるところの、昭和三〇年代中頃まで行われていたという石垣島の落成式の内容に注意を向けたい。注目に値するのは、以下で述べるユイピトゥンカイ（ユイピトゥ迎え）と称された儀礼の内容である。

ユイピトゥガナシと呼ばれる、一・二メートルほどの杖状の木（アディクまたはダシカ）の先に毛筆のように茅を束ねたものが準備される。二人の男性が、一人はユイピトゥガナシを、他の一人は神酒を持って登場し、神酒を持つ人物がユイピトゥガナシに神酒を注ぎながら以下の口上（字石垣の場合）を述べるという。便宜上、いくつかの節に分け、番号を付したものを以下に揚げる。かっこ内の訳も引用文献によるものである。

①ユイピトゥガナシ、ツカサナーラ、シィサリ、ウートドー

（ユイピトゥ様をお迎えして、慎んで申し上げます）

②ユイピトゥガナシーユ、ナマナルンルケン、ナカバーラナンガ、フンサマリ、クチサ、シメーオーラセーソンガ

（ユイピトゥ様を今まで中柱に縛っておき、不自由させてまいりましたが）

③キューヌ、カイピュールナンガ、ナンツア、クガニヤーバ、フキアギダツケーンヤ

（今日の佳き日に、立派な家を葺きあげましたので）

④ユイピトゥガナシーユ、ナマヌ、カイドゥキナンガ、ナカバラーカラ、フドゥギオーラシリ、クヌヤーヌ、ニーヌファーヌカン

写真11　落成式で中柱に飾られたユイピトゥガナシ（竹富島）
（「NPOたきどぅん」提供）

ヌウリカイ、チカサバ、ウチチキ、オーリトーリリ

（ユイピトゥ様を今の佳い時刻に中柱から解いて、この家の北の方の神座にご案内致しますので、ゆるりとお座りいただき）

⑤クヌヤーヌ、ヤーダイショーハジメ、ユミファーヌキンコウソクサイ、イドゥバカリーツケートーリリ、イラバ、スクイシートーリリ、ナンツァ、クガニヤーバ、ムトーシーリ、イツカマール、トゥカマール、ヨイグトゥタンガー、アラシメートーッテヌニガイユ、シサリユー

（この家の主人始め家族の健康息災、そして外出の時も良い事に出会うように、家に帰ってもお守り下さいまして、たとえようもない立派なこの家を基に繁盛させて戴き、五日毎、十日毎に佳い事ばかりあるようにお願い申し上げます）

以下は、その後に行われるユイピトゥガナシと男との掛け合いの様子である。

⑥ユイピトゥガナシ、アーラヤーヌグシュ、オイサナーラ

（ユイピトゥ様、新築の祝いのお酒をお注ぎします）

⑦ウー、トーラリンユ、ワヌン、トーラルナーラ

（はい戴きます。貴方も戴いて下さい）

⑧ウー、バヌン、トーラリンユ

（はい私も戴きます）

⑨アーラヤーヌヨイ、ヨイ、カーラヤーヌヨイ、ヨイ、ユイピトゥンビーリ、バヌンビーリ

（新築の祝いだ、瓦家の祝いだ、ユイピトゥも酔う程飲んで下さい、私も酔いますから）

⑩シットゥイ、シットゥイと繰り返しハヤシながら終わり、ユイピトゥガナシは北の方位にあたる母屋桁に安置して祝宴に移る。〔石垣（英）一九九三　三七〜三九〕

とても興味深い資料である。中柱に縛られていたユイピトゥガナシ（樹木の精霊）は中柱からは解放されるが、川平の事例のように山野に戻ることはなく、この家の北の方の「神座」に鎮座して、この家の守護神になるというのである。「神座」と訳されているのはカンヌウリであるが、私が直接石垣英和氏と面談して話を聞いた際にはカンノーラと発音していた。宮城信勇の『石垣方言辞典』でも「カンノーラ」という語が立項されていて、「家の骨組みで、棟木を支える横桁。ユイピトゥガナシ（家造りの結いの人に擬して作った物）は家屋新築儀礼の一連の行事がすむと、これに結わえつけるという。」（宮城　二〇〇三　二六五）という説明がみえる。石垣氏の私への説明では、ユイピトゥガナシは二番裏座の二段目のムヤ桁に納めるという話だったので、このムヤ桁がカンノーラということになるだろう。石垣氏が「神座」と訳しているように、カンノーラの「カン」は、「神」を意味する言葉と捉えていいと思うが、ノーラについては現時点では不明とせざるを得ない。いずれにしても、石垣氏の報告は、樹木霊が家の守護神になることを明確に示している点で限りなく重要な位置を占めることになる。

大浜部落の事例にも注意を向けてみよう。大浜の落成式では、昼の内に中柱にユシトゥンガナシ（五尺ほどの棒を茅で包んだもの）を立てておく。儀礼の場面では、二人がユシトゥンガナシの立つ中柱の根元に御酒を供え、立派な家ができたことの感謝をする。その後で「ユシトゥンガナシをほどいてあげますから」と述べ、二人でユシトゥンガナシと酒を持ち、「ユシトゥンガナシも飲んで下さい、私も飲みます」という意味の歌をうたい、最後に「ユシトゥンガナシ、これから先、北の方天上〔天井―引用者〕におり賜わり、此の家幸福生り繁昌を見守って下さい」と願って、ユシトゥンガナシを天井の桁に上げるという〔大浜老人クラブ長寿会編　一九七六　七三〕。

この大浜の例でも、ユシトゥンガナシはいったん解放されるのだが、山（野）に帰ることはなく、そのまま家にとどまって家の守り神に転化することが示唆されている。

次に、竹富島の事例に再度指目したい。先にみた上勢頭亨の報告する竹富島のユシトゥンガナシの説話では、「この材木がわが家の庭先まで届けられたのは神のおかげ、結人加那志のおかげだと大変感謝し、この男は立派な家屋を建てて、結人加那志を新築家屋にお招きした」とされていた。また、同じく上勢頭が、竹富島のユシトゥンガナシの儀礼の説明の中で、「最後に神〔ユシトゥンガナシ—引用者〕はニシヒラ、フウヒラ（北の桁、太平の桁）でこの家を永久に見守ることを約束する」とも述べていた。家に迎えられたユシトゥンガナシは、その場所は中柱ではないものの、その家に永久に滞在するいわゆる家の神になるというのである。この脈絡で、琉球大学民俗研究クラブの竹富島の報告の中に、「福木の葉とススキを大黒柱にくくりつけるが、これはユットンガナシと呼ばれる家の神の象徴である。」〔琉球大学民俗研究クラブ　一九六五　四五〕という記述があることも看過できない。

次に揚げるのは黒島の事例である。黒島では、葺上げ式の日に家の中柱にユイピトゥガナシと称する神をまつり、大工の棟梁と家造りを手伝った人々の代表責任者が中柱を囲んで、神に酒を献じ、神に謝意を表するヤータカビ（家崇び）の祝詞をあげ、三三回の礼拝をするという〔前栄田・他編　一九七四　三九五〕。ここではユイピトゥガナシが具体的な物によって表象されているかは不明であるが、「中柱にユイピトゥガナシと称する神をまつり」と記されている点に注意したい。

さらに、ユイピトゥンカイ（ユイピトゥ迎え）という石垣島での儀礼名に関連して、宮城文の『八重山生活誌』の落成式についての記述の中にも「ユイピトゥチカイシ」という用語が登場することに注目したい。チカイシも、ンカイと同じく「迎える」あるいは「招待する」という意味の言葉である。

宮城によると、ユイピトゥチカイシは以下のように行われる。ユイピトゥは、一メートルほどの棒の先に一束の茅を縄で縛ったもので、まえもって準備し家の後ろに置いておく。一座の客の中から男二人を選び、一人（甲）はユイピトゥを持ち、一人（乙）は酒びんを持って登場し、以下の言葉のやりとりをして酌を交わす。訳文も宮城による。

乙「アーラヤーヌヨイヌグシ　オイサナーラ（新築祝酒を上げます）」

甲「ウー　トーラリルンユー（はい頂きます）。ワヌン　オイショーラナーラ（あなたも上がって下さい）」

乙「バヌン　トーラリルンユー（私も頂きます）」

それが済むと、次の歌を繰り返し歌いながらユイピトゥを持って勇ましく踊る。

「アーラヤーヌヨイヨイ（新築の祝だ祝だ）、カーラヤーヌヨイヨイ（瓦家の祝だ祝だ）、ユイピトゥンビーリ、バヌンビーリ、シットゥイ・シットゥイ（ユイピトゥも酔うまで召し上がれ。私も酔うまで飲みます）」

この踊りが終わると、ユイピトゥは再びもとのところへおくという（宮城　一九七二　四三五〜四三六）。四箇では、木を伐り出す際に山にユイピトゥガナシを持って行く習俗のあったことについては先述したが（このユイピトゥガナシは山から家に持ち帰られ、落成式に使用される）、宮城のいうユイピトゥチカイシは、用語の意味から推して山からユイピトゥガナシを迎えるという観念を表現しているものと思われる。

ところで、宮城の報告には、物としてのユイピトゥガナシを中柱に縛るという記述は見られないが、ユイピトゥチカイシの儀礼の前に行われる「ナカバラー（中柱）の願い」の供物についての説明には「線香　ウーピカイの香（招神）三本」という記述が見えることにも注意したい（宮城　一九七二　四三四）。「招神のための線香」というのであるから、神迎えが意図されていることになり、かつこの場合は中柱に対する願いであることからすれば、神は中柱に迎えられていることになるだろう。

以上みてきたように、ユイピトゥガナシの説話や儀礼を検討すると、家屋の材料となった樹木などの精霊が家屋から解放されることを示す事例がある一方で、それとは逆に樹木の精霊を家の神として家屋内に留めおくことを示唆する事例の両方が存在していることがわかる。このことを踏まえたうえで、以下では樹木霊と家の神の関係についてさらに考察を進めていくことにする。

五 樹木霊の両義的性格と力の馴化

(1) 樹木霊の両義的性格

ここでの議論は、樹木霊(ユイピトゥガナシ)の両義的性格に着目することから始めたい。沖縄本島地域における樹木霊および樹木霊が妖怪化したキジムナーの両義的性格については別稿(赤嶺 一九九四)ですでに見たとおりである。八重山においても、家造りを手伝うユイピトゥガナシには、樹木霊のプラスの性格が反映されているとみなしていいだろう。一方、次に揚げる与那国の木の精の由来譚には、木の精のネガティブな性格がよく示されている。

(1) ひとり者で先輩のガダヌヒヤには、美しい妻を持つ友人があり、隣同士で仲良く暮らしていた。三月の節句に、ガダヌヒヤは隣人を海岸に誘い、うまく酒に酔わせて相撲をいどんだ。後輩の隣人は、負けることを予想して、機織り中に心が騒いで雨が降ったときは、それが私の涙と考えよと愛妻への伝言を頼んで、果し合いの相撲にのぞんだが、海岸に突き落されて死んでしまった。

(2) ガダヌヒヤはなにげなく戻り、隣人の妻にはたくみに言い逃れ、やがてその妻に親しげに近づいた。ある時、隣人の妻が機織り中に心が騒ぎ夏雨になった。たまたま居合わせたガダヌヒヤに、その悲しい気持ちを伝えたので、隣人の生前の伝言を知らせた。

（3）ガダヌヒヤが求婚すると、隣人の妻は快く承知し、二人は女の家で暮らそうということになる。妻は中柱と棟桁を変えてから結婚しようと、ガダヌヒヤを誘って、材木切りに深山に入った。

（4）妻は大木を選んで、ガダヌヒヤに抱えさせ、手の平と手の平とが重なり合ったとき、釘でそれを大木に打ちつけた。

（5）妻は、お前は木の精になって、クムテ（木の伐払い〔「木の代払い」の誤記か〕の供物）をもらって食べろと言いつけた。それで今も、家づくり墓づくりには、木の伐払いの行事がおこなわれている。

〔福田（晃）一九九二　三六六〜三六七〕

手の平に釘を打ちつけられて殺された男の死霊が木の精になったというのであり、この由来譚から怨霊性を帯びた荒ぶる木の精のイメージを抽出することができる。

石垣繁は、大木を切り出す時には、特別な呪文が唱えられることや別の木の枝を折ってきて「あなたはこの木の代理だぞ」といって挿したり、「木のパン」と称する呪文を唱えるなどの作法があり、この作法を守らずに伐木すると「キーニカンヌ　ユクカカリ（木の神の罰当たり）といって怪我をすると報告しているが〔石垣　二〇一七　四九〇〜四九二〕、これも木の精の負の側面に関わるものである。

（2）力のドメスティケーション

樹木霊の両義的性格という点を踏まえたうえで、東南アジアのタイ族のスピリットの起源譚に関して田邊繁治が行っている興味深い議論に注意を向けたい。以下に揚げるのがタイ族のスピリットの起源譚である。

そのむかし、タイ・ヤイ族の商人が、野の花とはじけ米（ポップライス）をいれた篭を天秤棒につりさげ、スピリットを売りにきた。商人は、森の小径にさしかかったところで、石につまづいてころび、篭の中の花とはじけ米をひっくりかえしてしまった。商人は森の中に飛び散った分をのぞいて、それらをひろい上げふたたび道を急ぎ、チェンマイの村むらで、祖霊の宿る聖なるものとして売り歩いた。森に散った花とはじけ米は、畏怖すべき森の霊となり、村びとに売ったものは彼らの幸福と平安を守護する祖霊となった。村びとたちはそれらをもちかえって毎年、祭祀をおこなった。〔田邊 一九八九 二五〕

田邊によると、ピーと呼ばれるタイ族のスピリットは一種の力の概念で、その本来の存在形態は、生成と破壊を同時におこない、畏怖と崇拝の感情を同時に人びとに起こさせる両義的なものであり、森に散った野の花とはじけ米がそれになったと語られる森のスピリットは、チェンマイの村びとにとって、今日でも畏怖と畏敬の念がいりまじった両義的な力の概念を代表するものだという。その一方で、貨幣によって購入されたスピリットは、始原におけるその両義性を失い、村びとにとって善意にみちた守護霊に転化するのであるが、そのことを田邊は、「力のドメスティケーション〔馴化〕」という概念で捉えている。

田邊のいう「力のドメスティケーション」にはどのようなメカニズムが作用しているのであろうか。田邊は、スピリットを売り歩くタイ・ヤイ族のついて次のように説明している。

タイ・ヤイ族は呪術的力のすぐれた体現者であり、とくに彼らの悪霊祓いの入れ墨は有名である。タイ族の農民は今日でも好んでタイ・ヤイ族の入れ墨師から入れ墨をほどこしてもらっている。定着的なタイ族農民にとってタイ・ヤイ族は、見知らぬ市場と市場をつなぐ仲介者であると同時に、超自然的な力の媒介者でもあった。〔田邊 一九八九 二六〕

「力のドメスティケーション」に関与しているタイ・ヤイ族が呪術的力の体現者であり、チェンマイの農民がその彼等から貨幣でもってスピリットを購入したことが「力のドメスティケーション」を可能ならしめていると理解することができそうである。

さて、田邊の議論を参照すれば、八重山において新築家屋に迎えられた樹木の精霊が家の守護神に転化していくことがあるとすれば、樹木霊が「その本来の荒あらしい始原の姿をうしなって、聖性のみが抽出され」〔田邊　一九八九　三〇〕るという「力のドメスティケーション」がなされる必要があるのではないか、ということに思い至ることができる。この問題を考える材料として、まずは与那国島の建築儀礼に目を向けることにしたい。

（3）ドゥントゥヒラとミーダイ――与那国――

与那国では、家屋の建築をはじめる前の段階で、ドゥントゥヒラと称する儀礼が行われる。ドゥントゥヒラは柱の名称であるが（ヒラは柱の意）、それが儀礼名にもなっている。どの柱がドゥントゥヒラであるかについては、二通りの説明を聞くことができる（図5参照）。ドゥントゥヒラの儀礼では、ドゥントゥヒラの立つ場所にドゥントゥヒラに予定している柱を立て、それに蔓が巻かれる。蔓を取る人間や場所は特に定まっていない。そして、ドゥントゥヒラの前に花米、オミキ、塩などの供物が並べられ、拝みを専門にする女性が柱に向かって祈願を行う。このドゥントゥヒラは、工事の邪魔にならない限り、そのまま立てておく。

ダーヌダイ（家の祝）と呼ばれる落成式でもドゥントゥヒラが関わってくる。落成式では、まずミンガイドゥ（一番裏座、図5参照）でドゥントゥヒラの前に供物を並べ、線香を焚いてドゥントゥヒラに対してドゥントゥタカビ（崇べ）と呼ぶ祈願を行う。それが済むと、ドゥントゥヒラの前（ミンガイドゥ）で、家主がお金を棟梁に渡すことで棟梁から家を買い取ることが表現され、その後家主は、新しい家の所有者であることを示すためにドゥントゥヒラに指で押印する。

つぎに、棟梁と世持（現在の公民館長）によって部屋の名付け儀礼が行われる。最初に名付けがなされるのはミンガイドゥである。藁はちまき、広袖の黒衣装（昔の正装という）、それに杖を持った世持が「クマーヌークイガ」（ここは何という部屋か）と問うと、棟梁が「ドゥントゥクイ」と答える。そして次々に場所（部屋）を移して名付けをしていく。なお、世持と棟梁にマーダイナ（まだかいな）と呼ばれる役目の人が加わり、答えようとする棟梁をせかせたりしてユーモアを演ずるという。

また、落成式後の三年目、七年目などに家屋の誕生日の儀礼が行われるが、その時にもドゥントゥヒラが祈願の対象になる。

さて、以上のことから、与那国島では、ドゥントゥヒラと呼ばれる柱が重要な意味をもつ柱であることが判明するが、そもそもドゥントゥヒラとはどういう意味の言葉であろうか。ヒラは柱で問題ないが、ドゥントゥの意味が問題である。結論から言うと、筆者は、ドゥントゥはユイピトゥが与那国的に変化したものだと考えている。周知のように、石垣方言のy音は与那国島ではd音に変わるという音韻

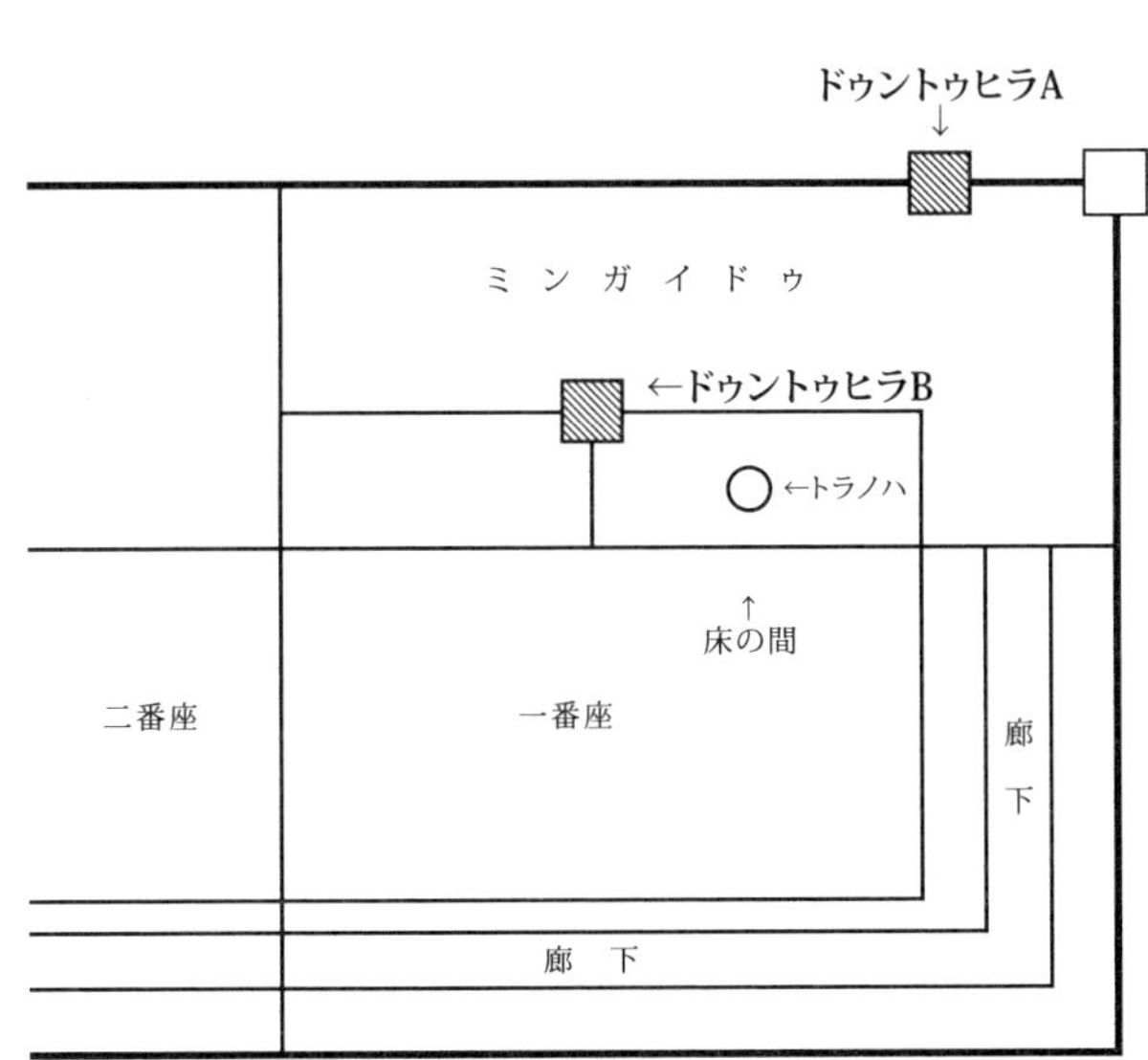

図5　与那国のドゥントゥヒラ

変化上の規則性がある。たとえば、歌謡のyuntaは与那国島ではduntaになり、家を意味するyaはdaになる。したがって、ドゥントゥは石垣方言的に言うとユントゥになるので、それがユイピトゥの変化形である可能性が考えられ、結局のところ、ドゥントゥヒラは「ユイピトゥ柱」だと仮定することが可能になる。

その仮定を踏まえたうえで次に、家主が棟梁から家屋を買い取る儀礼に注目したい。以下は、それに関する与那国在住の女性（M氏）からの私信である。

家にはもちろん神様がいらっしゃるけれど、新しく建てた家にはいらっしゃらない。それで、家ができたら、大工の棟梁が家を明けわたす儀式をやる。棟梁というのは、すごく権威がある人で、天のお使い役をする人。いうならば宇宙界のお使い役。ミーダイというこの儀式がすむまでは、家は家主のものではなく、天のものなの。家主は、木の神や石の神に、建築につかわせていただいた木の代や石の代をはらうの。それを払い終えて初めて家は自分のものになるわけよ。／これは、四、五年前の実話だけど、ある家で法事があって、お客さんがたくさん来たのね。家に泊まれない人数なので、近くの旅館を頼んだんだけど、この旅館が新築で、まだこの儀式〔ミーダイ〕がすませてなかったの。それで、泊めるわけにはいかない、といって断ったのよ。まだ神様の手からぬけていないから良くないわけ。与那国では、これをおかしいと思う人はいないわよ。むしろ、泊めて下さいという方がおかしいというか、馬鹿なのだという考えがあるわね。

家を買い取る儀礼（ミーダイ）についてのM氏の情報には大変興味深いものがあり、以下でその内容を検討してみよう。ミーダイが済むまでは新築家屋は「天のもの」だとされているが、「神様の手からぬけていない」という説明を参照すれば、「天」と「神」は同義だと理解していいだろう。そして、棟梁は天のお使いであり、そして同時に、棟梁が家主から受け取るお金は、建築材料になった木や石の代金で、木の神や石の神に対して支払われるものだということからすると、「天」と「木の神や石の神」は同一のものを意味していて、結局のところ、ミーダイにおける棟梁は、木や石の神の代理としての役割を担っていることになる。

そのことを踏まえたうえで、「家にはもちろん神様がいらっしゃるけれど、新しく建てた家にはいらっしゃらない」、ミーダイが済むまでは「神様の手からぬけていない」という文面に注意を向けたい。この文面からすると、ミーダイの儀式を行うことによって家屋の所有権が木や石の神から人間に移り（家主がドゥントゥヒラに押印することで表現）、それと同時にその家には神が宿ることになるという観念の存在を窺うことができるだろう。

それでは、新築家屋に新たに宿ることになる家の神とは、いかなる性格の神なのだろうか。M氏からの私信の内容からその点を直接的に読み取ることはできないが、タイ族のスピリットの起源譚も参照すると、両義的な性格を帯びる木や石の精霊が、棟梁を介して家主に購入されることによって馴化され、家の神に転化するのだと理解したい。ミーダイ儀礼がなされるまでの家は「神様の手からぬけていないから良くない」というのは、馴化されていない木や石の精霊は荒々しい状態にあるために危険である、という意味に解することができるだろう。

さて、次に問題になるのは家の神の所在であるが、建築の過程および落成式においてドゥントゥヒラが祈願の対象になっていることからして、木や石の精霊が転化した家の神はドゥントゥヒラに宿るものと考えていいだろう。家の誕生日にもドゥントゥヒラが祈願の対象になっているのは、そのことの証左となるはずである。

ところで、ミーダイ儀礼における棟梁の役割、すなわち、棟梁が木や石の精霊の代理をしていることの背景にある問題については、改めて注意を向ける必要がありそうである。棟梁が木や石の精霊の代理としての役割を担っていることは、棟梁は力のドメスティケーションを受ける以前の自然の側に属していることを意味するが、同時に棟梁は家主に家屋を売る主体でもある点は、タイ・ヤイ族の商人の役割と共通していることに注目したい。すなわち、タイ・ヤイ族の商人が呪術的力の体現者である点については注意を喚起しておいたが、その点は、棟梁に関してもあてはまる可能性があるからである。

石垣島の棟梁経験者によると、「セークヤ　ナナキム　アンドー（大工は七肝あるよ）」という表現があり、その表現には「だから依頼主は大工の機嫌をそこねないように注意しないといけない」という含意があるという。それに関連するものとして、『石垣市史各論編民俗（下）』に「家を新築する時、大工には、ナナキムン　トゥリリ　チィカナイ　オイシ（七肝も取って差し上げよ。きつくても、嫌でも、我慢して養ってあげよ）大工さんの機嫌をそこねると、新築する家に差し支えることがあるので、気を付け、ご馳走を差し上げよの意」という記述がある〔石垣市史編集委員会編　二〇〇七　五八二〕。この二つの資料は細かい点は同じではないが、大工が通常の人間と異なった資質を有していることを示唆している点は共通する。

大工の常人と異なる特異性についての八重山の資料は、管見の限り上記のものだけだが、奄美に関しては比較的多くの資料が報告されている。以下に揚げるのは、奄美大島の大工に関する島尾敏雄の報告である。

大工と鍛冶工は島ではことのほか大事にされるだけでなく、一種強力な呪力をもっている者としておそれ遠去けられた。彼らはおしなべて秘密な「イリグチ」（まじないのことば）を知っていて、彼らにイリグチされると死にいたることがあるのだと、島のなかの人たちは今でもなお信じたがっている。そのため一般に島の人々は必要以上に大工の機嫌を損じないように気を配るふうに見うけられる。〔島尾一九七七　一五七〕

松尾恒一も奄美の大工の特異性に関する多くの事例を報告しているが、以下に揚げるのはそのなかの一つである。

大工はノロやユタ神よりある意味では怖かった。ノロ・ユタは人を呪い殺したりしないが、大工は怒らせたりすると恐ろしいことになる、と信じられていた。ケンムンと同じように恐れられている。〔松尾二〇〇六 一二〕

これらの資料は、沖縄・奄美の大工が、かつては呪術的領域と関わっていたことを窺わせるものであり、そのことと、与那国のミーダイ儀礼において棟梁が担っている役割とが通底している可能性があるだろう。(1)

（4）ユストゥバリャーとスパ ―波照間島―

次に、波照間島の事例に目を向けることにする。落成式に行われるユストゥバリャーとスパ儀礼に注目したい。

ユストゥバリャーは、落成式の日の昼に行われる儀礼である。カドゥの人(2)が前もってその家のパカ(3)から茅を切ってきて、それを二番座と台所の境に立つ柱に縛りつけておく。二人のカドゥの人が登場し、一人は茅を柱からはずし柱に寄りかかって根元を上の方に向けた茅を手でしごく所作をして、もう一人がその茅に酒をかける。その動作と平行して一座の者が二手に分かれてユストゥバリャーの歌を歌う。ユストゥバリャーの歌には、豊漁、豊作、子孫繁盛の願いが歌いこまれている。

次にスパ儀礼であるが、スパは、落成式の祝宴もたけなわの真夜中一二時過ぎに行われる儀礼である。家主は、他の人に声もかけずに、祝宴の途中からこっそり抜け出し、自分の家のパカから茅を伐って来る。この儀礼の脈略の中で、切ってくる茅のことを特にスパと称し、それが儀礼名にもなっている。ユストゥバリャーでも茅が使用されるが、その茅のことはスパとは呼ばない。夜中行われるのは、スパを伐って来る途中に悪い人に会わないですむからだという。スパを持った家主が家に戻ると、ソーズと称して、全員が静粛にし物音ひとつ立ててもいけないとされる。(4) そのソーズのなかで家主は、竈の近くの柱、中柱、四隅の柱、庭に出した臼の順にスパを縛り付けていく。

さて、ユストゥバリャーとスパ儀礼の意味について検討したい。まずはスパ儀礼であるが、住谷一彦とクライナーはこのスパ儀礼について、「スパツリンには仕事に参加している人は皆夜一一時頃集まって来て、御馳走は出るけれども、その後は皆静かにして、火を消してから主人が四本の角柱に茅を縛り付けて置く行事がその中心になっている。それがすむと、皆はまたにぎやかになる」と報告し、そして「この行事を人間のマブイ付けの儀礼などと比較するとき、スパツリンは新しくできた家に一種の霊、神(ウヤン)を呼びよせることのようにも考えられる」と述べている〔住谷・クライナー　一九七七　二七五〕。この説は、スパ儀礼を人間のマブイ付けと関連づけている点は興味深い論点だと思うが、「神を呼びよせる」という見解には賛成しかねる。波照間島でスパが神迎えのために使用されている例が他の儀礼でもあるのか不明であり、また、たとえそれが神迎えであったとしても、どこからやって来る神なのか、またどういう性格の神であるのかも不明と言わざるを得ない。

波照間島では、スパ（茅を束ねたもの）は、ある物に対する占有を表示する機能がある点に注意を向けたい。たとえば、野外で拾った薪を積んでそれをしばらくの間放置しておく場合、薪の上にスパをかけることによってそれが自分の所有物であることを示すことができる。また、木の枝にスパをかけると、その木を自分が占有していることを他の人々に主張していることになる。さらに、茅は、他人の畑であっても、手をのばして鎌が届く範囲であれば伐っていいことになっているが、屋根を葺く予定などがある場合には、あちこちの畑にスパをかけることによって茅を確保したという。

スパのこの性格を踏まえると、落成式のときのスパ儀礼は、家主が新築なった家屋の占有を表現するためのものである可能性を想定できる。その場合、所有権のあいまいな野外の薪や茅などとは異なり、所有権のはっきりしている家屋に関して、周囲の人々に対して世俗的な意味での占有を表現することの必要性は考えにくい。したがって、家主による占有の表明は、周囲の人間に対してではなく、家屋の材料となった木や茅の本来の主である精霊たちに対してであると解釈すべきだろう。そうするとスパ儀礼は、与那国における家主が棟梁（精霊たち）から家屋を買い取った後にドゥントゥヒラ（ユイピトゥ柱）に押印する儀礼と同一のものということになる。

さらに与那国との比較で考察を進めると、与那国でユイピトゥ柱に押印する直前に見られた木の精霊の両義的性格の負の部分を馴化するための儀礼は波照間にはないのだろうか、という論点に気づくことができる。筆者は、以下で述べるとおり、スパ儀礼に先だって行われるユストバリャーがそれにあたる可能性を想定したい。

まずは、ユストゥバリャーの語義であるが、「バリャー」が柱を意味する「バラ」の変化形であることは、柱に茅が縛られることとも整合するので問題ないだろう。問題はユストゥであるが、これまで八重山各地のユイピトゥガナシの事例をみてきた我々としては、「ユストゥ」は「ユイピトゥ」の変化形である可能性に思い至ることができる。そうだとすれば、ユストバリャーは「ユイピトゥ柱」であり、ユストゥバリャー儀礼の主役は、柱に縛られる茅によって表象されるユイピトゥ（木や茅の精霊）ということになるだろう。

さて、注目したいのは、その茅に酒をかけるという行為である。酒をかける行為はユイピトゥに強制的に酒を飲ませていると解釈することが可能であり、強制的に酒を飲ませて酔わせることによって、精霊たちの負の部分の馴化が図られているのではないか、と想定したい。換言すると、自然のもつ荒々しい力が酒を介して馴化され、結果として家の神に転化されるという理解の仕方である。

これまでみてきたように、ユイピトゥガナシに酒を飲ませて「ユイピトゥガナシも酔いなさい」と声を掛ける儀礼は、石垣、大浜などの事例も含めて少なからず見られたことを想起したい。石垣英和と宮城文は、「ユイピトゥンビーリ、バヌンビーリ」を「ユイピトゥも酔うまで召し上がれ。私も酔うまで飲みます」と訳していたが、波照間の事例を踏まえると、「ビーリ」は正確に言えば「酔え」という命令形であることに注意を向ける必要がありそうである。荒々しいものを鎮める「力の馴化」の手段として、「酒で酔わせる」ことが選択されている可能性があるからである。

(5) ミーシキ—白保—

次に、石垣市白保の事例を取り上げることにする。白保では、落成式後の三ヵ月ころにミーシキ（三ヵ月）と呼ばれる儀礼が行われるが、その際に中柱に「ブトゥの茎」（文脈からして山蔓）を縛りつけて、ツカサがつぎのような唱詞を唱えるという。大意も引用した文献による。

オオヤマ、タカヤマニ、アルンケン、オオカツラ、タカカツラドゥ、アッタシガ、ヒトゥニンゲーヌ、ティゴーカリガラ、カンヌプキ、ウィーヌプキ（略）。ナンジャダマ、クガニダマ、マブリダマヤリキ、クシイエヌ、マブリクマバ、イエヌマブリケーシャ、アラシマタボリッチ、ムトゥブヤー、ナンジャヤー、クガニヤーヌ、ウンキジューサ、アラシマタボリ。

（大意）

青い山、高い山にあった時は、青いかずらとして高く（木に）かぶさっていたが、（ひとたび）人の手にされてからは、カンの茎、ウィの茎であります。銀のタマ、黄金のタマ、守りのタマとして（木、ひいては家屋を）守り、この家屋にマブリをこめますので、この家をよく守って下さって、この立派な家の運気も強くあらせて下さい。〔琉球大学社会人類学研究室編　一九七七　三四四〕

唱詞の中で、この儀礼が新築された家屋にマブリ（家の神）を籠めるものであることが明言されていることに注目したい。祈願の対象になっているのが中柱であることからして、家の神は中柱に宿ることになる。さらに、中柱に縛られた「ブトゥの茎」が、山にある時は単なる自然の葛に過ぎないが、「人の手にされて」以降は「カンヌプキ、ウィーヌプキ」になると述べている点も看過できない。「人の手にされる」というのは、おそらく自然の領域から人間の管轄に移行したことを意味し、その結果「神のフキ」になったと表現しているのだと思われる。「神のフキ」は実体としては中柱に縛られた山葛のようであるが、八重山の他の地域の事例を考慮すると、他の地域で中柱に飾られるユイピトゥガナシと同じである可能性が高い。そうだとすれば、この唱詞は、樹木や茅など自然のものが本来有している両義的力が、「人の手にされる」ことによって家の神（マブリ）に転化することを表明している可能性が高い。但し、白保の事例では、与那国のミーダイや波照間のユストゥバリャーに該当するような「力の馴化」の具体的な中味ついては不明と言わざるを得ない。なお、ミーシキが落成から三ヵ月後に行われるのは、マブリに転化するためには三ヵ月の期間が必要であることを示しているものと思われる[5]。

ところで、「神のフキ」という用語の意味については、喜舎場永珣が紹介するところの石垣市平得で伝承されている「新本ヌフチィ」という歌謡がヒントを与えてくれる。「新本ヌフチィ」の歌詞には、はじめて掘り抜き井戸を掘った時の様子や、掘る場所は神によって指定され、夜は神が掘り、昼は七人の兄弟が掘ったという内容が含まれる。神による場所の指定に係わる部分は、「新本ヌ　トゥンディ（新本家の門口に）　船屋ギシャ　カクウチィニ（船屋義舎の囲内に）　神ヌフキバ　ユイオウリ（神の目印をば結い立てられた）　主ヌスババ　ムスビョウリ（主神が目標をば結んで立てられた）」となっており、白保の唱詞にも見えた「神のフキ」が登場している〔喜舎場　一九七〇　四二三〜四二四〕。

「神のフキ」について喜舎場は、「神の目印の意。神が選定して慈（ママ）を掘ったら甘水が生まれるとの目標に立てられた「フキ」で、普通はススキを二、三本束ねて、その先端を結んで立てた。これをフキと称している。古えはこのフキの立っている所からは何も取らない一般規定で、禁止の目標にもなっていた。」と解説している〔喜舎場　一九七〇　四三二〕。フキには「神の目印」と占有の意味があることになるが、「神の目印」とは神の依代と同義であると解しておきたい。そして白保の「神のフキ」は神の依代に係わるものであり、中柱に縛られた山蔓は、山にあるときは単なる山蔓でしかなかったが、ミーシキ儀礼において中柱に縛られることによって「神のフキ」となる、換言すると、山蔓が中柱に縛られることによって中柱に神が宿ったことを表示していると思われる。

フキが占有を意味することに関しては、「神のフキ」の対語が「主のスバ」であることに注意を向けておきたい。スバは波照間島のスパに該当するが、波照間島のスパは、先述のとおり占有を示す機能があったことを参照すると、「神のフキ」と「主のスバ（スパ）」には依代と占有という二つの意味があることになる。占有する主体が神であると見なせば、それは同時に神の依代あるいはその目印にもなるという意味で、両者の間に関連性を見出すことは可能である。さらに、先に引用した竹富島のユシトゥンガナシの説話の中に、「人夫を頼んでその材木を運ぶまでは、山の神と結人加那志で私の材木を見守って下さいと、材木を山かずらで結び印し、一時家に帰って来た。」というのがあったことに注意を向けたい。この場合の山かずらは占

有の意味もあるが、占有する主体が「山の神と結人加那志」であるために、同時に神の依代の意味もあることになるだろう。(6)

六　木の精が家の神になる

八重山諸島では、床の間に「家の神」を表象する香炉が置かれるのが一般的で、それをザーフンズンと呼ぶ宮良部落についての報告では、「ピヌカンとザーフンズンがそろって一世帯という条件とみなし、それを「プトゥキブル」と呼んでいる。プトゥキブルの一つであるザーフンズンは家の主要な守りであるとし、新築したときの落成式に拝んだ香炉を床の間に置き、ザーフンズンとする。」とされている〔琉球大学民俗研究クラブ編　一九七七　五二〕。香炉の呼称は、フンズン（フンジン）系以外に、ヤカミ（家神、西表島祖納）、ザトゥク（座床、平得・新川）、ブザシケー・カンザシケー（大座敷・神座敷、波照間）、ヤーカザシ（西表島祖納・船浦）、トラノハ（寅の方、与那国）など、バリエーションに富んでいることも沖縄の他地域とは異なる重要な特徴である。(7) 床の間の香炉によって表象される「家の神」の実体については、従来の研究では論究されることがほとんどなかったという状況にある。

この問題を考えるにあたっては、既に注意を喚起したとおり、そもそも近年まで庶民の民家の主流であった「中柱構造（穴屋形式）の家」には床の間がなかったという鶴藤鹿忠の指摘を想起すべきである。八重山では、床の間の香炉によって表象される「家の神」が家祭祀において必要不可欠のものとして機能しているために、床の間（およびそこにある香炉）は「昔からある」と考えている人がほとんどだが、鶴藤は戦後になってまでも床の間のない民家が存在していたことを具体的な事例でもって示している（図4参照）。したがって、床の間のない時代において、現在床の間の香炉によって表象されている「家の神」がどのような祭祀形態をとっていたのかを問うことは、重要な課題ということになる。

中柱信仰の存在から中柱に神が宿るという観念があったことが想定できたが、その点を踏まえて結論を先にいうと、床の間で祀られる家の神は、床の間が設置される以前の段階では、中柱に宿る神だったというのが筆者の考えである。その根拠について、以下で述べていきたい。

西表島祖納では床の間にヤーカザシと呼ばれる家の神が祀られているが（写真12）、興味深いことに、「ヤーカザシはユカドゥガミ［四角の神］とかナカバラヌカミ［中柱の神］とも称せられる」という報告がある〔琉球大学民俗研究クラブ編　一九六九　五二〕。中柱の神と床の間のヤーカザシが同一であることを示す資料であり、看過することはできない。

また、中柱に家の神（マブリ）を籠める儀礼である白保のミーシキ（三ヵ月）についてはすでに見た

写真12　祖納のヤーカザシ

が、同じ報告書に、「この頃（ミーシキ）から、フンジン〔床の間で祀られる家の神〕に、ユイコウ（結香）一束、重箱、三合パナ、三合ビーを供える」という記述がある〔琉球大学社会人類学研究室　一九七七　三四四〕。文面の意味が必ずしも明瞭ではない部分もあるが、「落成後三カ月頃のミーシキ儀礼を済ませてからフンジンを拝み始める」という意味である可能性が考えられる。念のために白保在住の人に確認してみたら、ミーシキ儀礼との関係は不明ながら、その人も落成式から三カ月ほどしてから「フンジンを立てた」と説明していた。すなわち、フンジンに表象される家の神は、白保の場合落成式においてではなくミーシキ儀礼を契機に生まれることが示唆されていることになる。先に検討したように、ミーシキは中柱に家の神を籠める儀礼であることを踏まえると、中柱に宿る神とフンジンに表象される神は同一だということになる。

さらに筆者の聞き取り調査において、新川では「ザトゥクは紫微鑾駕（棟）とひとつ、両方ともヤータイショウ（家大将）である。中柱もヤータイショウである。ザトゥクは男の神で中柱の神とひとつ」という説明を聞いたが、中柱の神とザトゥクの同一性を直接的に表現している点で、貴重な資料といえる。平得でも「ザトゥクはヤータイショウである、中柱と家のタイショウ（戸主）のウンキ（運勢）は同じである」という説明を聞いたが、先述したように、平得では、毎年一回八月の家屋と家族の健康願いである「中柱の願い」は、戸主の生まれ年の干支の日に行うというのも関係がありそうである。

「ザトゥクが男の神である」という説明に関連して、白保では、火の神は主婦の、床の間のフンジンは男の世帯主の管轄だとされていること〔琉球大学社会人類学研究会編　一九七七　七〇〕、また、実際に旧暦一月と八月にフンジンが拝みの対象になるヨーガーという家族の健康願いをするのは、戸主である男性の役割だとされている点〔琉球大学社会人類学研究会編　一九七七　二三二〕にも注意を向けておきたい。

与那国の事例も重要な位置を占めることになる。与那国では、床の間にある家の神の香炉のことをトラノハ（寅の方）と称している。床の間の位置が寅の方向にあることにちなむ名称であるが、先述したように、建築儀礼で重要な意味をもつドゥントゥヒラ（ユイピトゥ柱）も同じ方向にある（図5参照）。Aがドゥントゥヒラだとするある話者は、ドゥントゥヒラのことを「寅の二番目の柱」と表現しており、家の神としてのトラノハとドゥントゥヒラの関連が示唆されている。仮に廊下のない家屋において図のAがドゥントゥヒラだと想定すると、ドゥントゥヒラは完全に寅の方位に立つ柱ということになる。Bがドゥントゥヒラだとしても、トラノハの香炉はドゥントゥヒラに近接して位置することになり、その空間的配置からして、トラノハの香炉によって祭祀の対象になっているのはドゥントゥヒラである可能性が高いと思われる。(8)

　ところで、日本の古代の樹木信仰と建築儀礼についての松前健の見解は、八重山の問題を考えるにあたって参考になる。新殿造営の時の一種の室寿（むろほぎ）の祭である大殿祭というのがあり、『延喜式』の大殿祭の祝詞の中に「本末をば山の神に祭りて、中間を持出でて（略）斎柱（いみばしら）立てて」というのがあるが、それに関して松前は次のように述べている。

> 　この木の本末をつないで、この作法を行うとき、木の最も重要な部分である中の材は、宮殿の材に用いること、特に宮殿の最も重要な「斎柱（いみばしら）」に用いることである。「斎柱（いみばしら）」とは、単なる柱ではなく、その宮殿の家屋の神霊の宿りとして祭祀の対象となる神聖な柱のことである。〔松前　一九八八　二一五〕

　さらに、大殿祭では、忌部の官人が祝詞を読み、宮殿の各殿舎の四隅の柱に玉をかけてまわり、これに向かって散米と散酒をする儀礼があるが、その際の祭神が祝詞では「屋船久久遅命。（是木霊也）」と記述されていることに松前は注目し、樹木の霊である久久遅命（くくのちのみこと）がそのまま家屋の神になっていることを指摘している。そして結論として、以下のように述べている。

> 　最初の杣山に入って木の本末をついで山神をまつり、その中間の材を伐り出して忌柱を造ること自体、

樹木の霊を家屋の柱に移し、それを家の神とする儀礼であったことが判る。すなわち、樹木の霊は、その伐り出した材の中にも、こもっていると信じられたわけである。〔松前　一九八八　二一七〕

樹木の霊が家の神になるという点は、本論考における八重山の建築儀礼の分析と一致することになり、留意すべき点として注意を向けておきたい。なお、松前は、民家の大黒柱をめぐる習俗もその延長線上で理解できるとしている〔松前　一九八八　二一八〕。

結び

八重山の家の神の変遷について、次のような仮説を導き出すことができたと考える。八重山の床の間で祀られる家の神の正体は、両義的性格が馴化された木や茅の精霊である。この家の神は中柱に宿るものであったが、家屋の内部に床の間が設置されるようになったことを契機に床の間の香炉を通しても拝まれるようになった。その点については、与那国のトラノハの香炉とドゥントゥヒラの関係、白保のミーシキ儀礼におけるフンジンと中柱の関係などにその痕跡を窺うことができた。次の段階として、床の間の香炉と中柱の関係が忘失される一方で中柱に対する信仰は残存し、さらに、床の間の香炉で祀られる神は、実体不明の家の神として拝まれるという現在のような状況を迎えることになった。

本論考では、八重山の建築儀礼の分析を通して樹木霊が馴化されて家の神になるという仮説を提示したが、じつは日本本土の建築儀礼についての神野善治の議論が、筆者の仮説とほぼ同じ結論に達しているのは興味深い事実である。詳細については神野の論考に直接あたってもらうことにして、以下に神野の議論の結論部分を引用することにする。

筆者はこれまでに、家屋（とくに屋根棟）に祭られる呪物を通して、「家屋」に宿る神霊について検討してきた。その際、今日も残されている建築儀礼の由来を語る説話（大工の女人犠牲譚）をひとつの手がかりにした。建築のために犠牲となり「殺された女人」に象徴されるのが、家屋に鎮め祭られる神霊であり、かつそれは非常に祟りやすく、恐れられた強力な霊威を象徴することを指摘することができた。しかし、その段階にとどまっていたが、その後、この「殺された女人」に象徴されるものが建築に用いられた樹木の精霊（木霊）にかかわることに気付いたのである。上棟式の目的がこの精霊を鎮め、屋根棟に祭り込めることによって、家屋の守護神に転換する（祭り上げる）儀礼であると考えるようになった。〔神野　二〇〇〇　一二四〕

「非常に祟りやすい樹木の精霊を家屋の守護神に転換する（祭り上げる）」というのは、本論考の用語でいえば「非常に祟りやすい樹木の精霊を馴化して家の神にする」ことと同じであるのは明らかである。

視野をさらに広げると、東南アジアに居住するプータイ族、クメール族、クイ族などの民家においても、建築の過程で聖別される「魂の柱」などと呼ばれる柱に家の守護神が宿るという観念が存在することを岩田慶治が指摘している〔岩田　一九九五　一九六～一九七〕。本論考で採用した分析視点は、樹木霊についての観念が認められる他の地域の建築儀礼の分析においても有効だと思われ、それらとの比較検討を行う作業は今後に残された課題ということになる。

註

（1）筆者の調査によれば、家主が棟梁から家を購入する儀礼は宮古の多良間島にもあった。多良間島では、建築中の家に対して誰々の家であるとは言ってはいけないとされ、単に棟梁が家を建てているのだという風に言ったという。そして、ヤーフクヨーという屋根の葺き上げ祝いにヤーコーヨーズ（家を買う祝い）が行われ、口頭での入札により家主が高値で落札して棟梁から買い取ることが行われたという。

（2）儀礼の中で特定の役割を果たす人のことで、儀礼の行われる日の干支によって何年（干支）生まれがカドゥの人になるか定まる。神事では儀礼の日の干支から数えて奇数番の干支生まれの人、死者儀礼の場合には偶数番をカドゥの人として依頼するという。

（3）パカは本来空間的な区域を指す言葉のようである。ここでは、御嶽を中心にしたある一定範囲の区域を意味し、その御嶽に帰属している家は、たとえば正月の若水や床の間の生け花の水、床の間の香炉に入れる砂や床の間に飾る生け花などをそのパカからとることになる。ちなみに、各御嶽には必ず井戸があり、水はそれを利用する。

（4）ソーズという用語は、次のような場面でも使われる。かつてイナスピ（海遊び）という行事が年に三回あり、牛馬も含めて島の人間全員が浜に下りた。ソーズツミと称して、公民館役員の合図で全員が一定期間浜で寝る。その間一言も声を出してはいけなかった。ツカサによる御嶽での儀礼が終了するとソーズツミは解除となり、その後は潮干狩をしたり魚採りをしたりして楽しんだ。また、出産後の一週間はソーズと称して、産家の家族は船に乗ってはいけない、海水浴に行かない、産家では祝事は行わないなどの禁忌があった。また、体の弱い人も、一週間は産家を訪問しなかったという。

（5）宮古の伊良部島の佐良浜での聞き取り調査において、「新築した家は三年間は神のもので、ヤーヌカン（家の神）はまだ鎮座していない。三年祝いの時にヤーヌカンは来る。三年祝いの時に屋根の茅の一部あるいは棟瓦一枚を取り替える。また、棟に下げてあった米、塩、昆布も取り替える。三年祝いまでは、位牌を横にずらしておき、三年祝いのときにもとに戻す。ヤーヌカンは棟に宿る」という資料が得られているので、覚書として記しておく。また、「与世山親方宮古島規模帳」（一七六八）に「家致普請候時朔日祝並三年祝与てみき酒ふた抔殺村中相揃致呑喰候由無益之造作ニ候間可召留事」（平良市史編さん委員会　一九八一　六三〇）とあることについては先に触れたとおりである。

(6)八重山のフキやスバとの関連で、柳田國男が東北地方のホデについて述べている以下の文章に注意を向けたい。

建築の工芸が進んで、神の宮居が常設のものとなれば、祭の場所の固定するのは当然である。そうなると神木はますます大切な、かえることのできないものにはなるが、同時にまたこれが去年も同じ祭をした木であるということを、人にはもとより、神様に対しても標示しなければならぬという感じが強くなったはずである。だから常の日にも注縄を張って穢れを遠ざけるようにするほかに、いよいよ祭の日が近く潔斎が始まると、特に念入りにその木を目立つものとする必要が感じられたかと思う。そうしてホデというのが、その徽章を意味する日本語の一つであったこともほぼたしかである。今日残っているホデには信仰用以外、たとえば入会の薪山、草苅場またはくれ取場を占有して、採取の終るまで他人に手を付けさせぬようにするのに、棒を立ててその端に藁や茅を結び付ける。それを東北では今もホデといっている。

〔『文庫全集』一三　二八八〜二八九〕

柳田のいう東北地方のホデと八重山のフキやスバ(スパ)は、言葉そのものは違うが、物に対する占有を標示するとともに神の依代の印にもなるという点で、共通する機能を有していることがわかる。

(7)床の間には、家によっては家の神を表象する香炉以外に、ツカサや個人の信仰に関わる香炉などが置かれている場合もある。床の間に置かれている多様な香炉の事例の報告として、白保部落に関するものがある〔琉球大学社会人類学研究会編　一九七七　三一九〜三二四〕。

(8)与那国の事例に関してさらに検討する必要があると思うのは、他の地域では中柱に付与されている儀礼的意味が、与那国ではなぜ寅の方向に位置するドゥントゥヒラに付与されているのかという問題である。それに対する答えの可能性として筆者が想定するのは、与那国でも床の間設置以前は中柱が祈願の対象であったが、床の間の設置とともに床の間に家の神を表彰する香炉(トラノハ)が置かれたために、その香炉に近接するドゥントゥヒラが中柱に代わって意味のある柱になったということである。

（4）建築儀礼に見える樹木霊に対する対処の仕方

はじめに

前項において、八重山地域の建築儀礼の分析を通して樹木霊が馴化されて家の神になるという仮説を提示したが、本項では八重山地域以外の主に沖縄本島地域の建築儀礼にも目を向けることによって、建築儀礼に見える樹木霊に対する対処の仕方をめぐる問題について整理を試みることにしたい。なお、建築儀礼では、樹木と茅の精霊がセットになって登場する例があるが、以下の記述では文脈によっては茅の霊を省略することがあることを注記しておきたい。

一　家屋から払われる精霊

まずは、本部町具志堅で、茅葺き家屋の屋根を葺き終えた時に行われたというハヤバナヌキヌウガンについての報告に指目することから始めたい。

ファシーグチ［家の出入口］の庭で完成した家の正面に向いシナンペーク神（男神）が御願立てをするその前には酒、御馳走などが供えられ、左縄（左ない縄で茅で作る）に板切れ、木切れを結びつけた縄が置かれている。御願立てが済むと「ヤツサーヤー」の掛声と共に金槌や板切れで三回柱を叩く。すると端に待機していた数人の少年達が「ヒヤー、ヒヤーヒャー」と三回大声で囃しながら、木の精、茅の精を結び入れた意の左縄を取り、門より出て近くの広場に持ち去る。そしてその後からやってきた神人によってその広場で祈願が行われる。左縄を前にして酒、花米を供えて祈願が行われる。（明らかな誤字等は訂正した）〔琉球大学民俗研究クラブ編　一九六八　八四〜八五〕。

さらに、その祈願の際に以下のような唱え言がなされるという。

ハャーヌシーヤ、ハァヌトゥクルンカイ、ケーティトラシ（茅の精は茅の生えている山へお帰りください）

ヒーヌシーヤ、ヒーヌトゥクルンカイ、ケーティトラシ（木の精は木の生えている山へお帰りください）。〔琉球大学民俗研究クラブ編　一九六八　八四〜八五〕

この儀礼は、木や茅の精霊が人間によって家屋から払われ、さらに精霊たちの本来の所在地である山に戻ることが期待されていることをはっきりと示している。儀礼名となっているハヤバナヌキヌウガンのハヤバナは茅花で、茅の精のことを美称的に言い換えたものだと思われる。ヌキは抜く、ウガンは御願であるから、ハヤバナヌキヌウガンは、茅屋根を葺き終えた家屋から茅の精を抜くための儀礼という意味になる。払いの対象となる精霊は、キジムナー説話の存在からしても茅よりも木の精霊の方に重点がありそうであるが、儀礼名には木ではなく茅が採用されているのは、木（ヒーバナ）よりも茅（ハヤバナ）の方が語呂がいいためか、と推測しておきたい。

類似の事例として、筆者が今帰仁村の仲尾次部落での聞き取り調査で得た資料を紹介したい。仲尾次では、茅を葺き終えてから三日目の晩にハヤバナー（茅花）という儀礼が以下のように行われたという。家の四隅から茅を一、二本ずつ抜きとり、建築に使用した材木の切れ端を左縄の先にくくりつけ、それを庭においておく。大工の棟梁がトゥパシリと呼ばれる一番座の出入口で、酒、餅、豆腐などを供物として線香を立てて拝み、それが済むと中柱をハンマーで叩く。棟梁の「ユーチヌシンバイ（四つの隅柱）」というかけ声に、縄を引く役目の男（頭にハチマキを結ぶ）二、三名が「ヨイシー、ヨイシー」と答え、男たちは、棟梁の「ハイ」という合図でサッ、サッ、サッと囃しながら縄を家の近くにある溝まで引いていってそれを流す。男たちが帰る途中の辻で女性たちが酒をもって迎え、そこで歌・三線で踊ってから家に戻ってくるという。一九〇八年生まれの話者は、このハヤバナー儀礼は、家屋の材料として用いられた木のシー（精）と茅のシーを家屋から抜いて溝に流し去るために行うと語っていた。

新築家屋から木や茅の精を抜くための儀礼は、上記の事例以外にも、国頭村安田〔琉球大学民俗研究クラブ編　一九八六〕、伊計島〔玉木　一九九五　一六六〕、宮城島〔琉球大学民俗研究クラブ編　一九六八〕などに報告が載っており、大宜見村根路銘については筆者の調査で確認することができた。

大宜味村で家屋の落成式に謡われたウムイにも注意を向けてみよう。

（前略）

このとのちうち　　この殿内内の
まなかざの　　真中座の
なかげたに　　中桁に
よるや　　夜は
なりぶさげたてゝ　　鳴り呼ぶ〈鼓〉を提げ立てて
いちのやじく　　五のやじく
なゝのやじく　　七のやじく
うちそろうて　　打ち揃って

いちくち　五口
なゝくち　七口
あまんごと　アマン言を
よまびらば　誦みましたら
きいのせいん　木の精も
かねのセイン　金の精も
のがちたぼれ　抜がして下さい
（後略）

〔外間守善・玉城政美編　一九八〇　三七一〕

このウムイの内容から、神女の唱える言葉と鼓の呪力によって木の精（と金の精）が家屋から払われることが期待されていることがわかる。

つぎに、屋根葺き終了後などに、口に含んだ粥や重湯を家の四隅などに吹きかけて、唱え言を唱える儀礼に注意を向けたい。各地の唱え言は大同小異であるが、一九三七年刊行の『島尻郡誌』掲載の次の一例を揚げておく。なお左記のテキストは、外間・玉城〔一九八〇〕に再録されたもので、括弧内の訳は外間・玉城によるものである。

此の殿内の（この殿内の）
四つのしんばい（四つの隅柱）
八つの金ばい（八つの金柱）
植ゑてとゝねて（植えて留めて）
練てかためて（練って固めて）

ちいふうねー（チイヒウネー）
まあうふねー（マアウフネー）
遊ばちたなげ遊ばち（遊ばせてたなげ遊ばせて）
躍らちたなげ躍らち（踊らせてたなげ踊らせて）
西の海のくぢらわにさば（西の海の鯨ワニサバが）
すうどふちゆる（潮を吹く）
泡どふちゆる（泡を吹く）
鬼の外（鬼が外）
徳や内（徳は内）
なーうちやーう（ナーウチヤーウ）〔外間・玉城　一九八〇　一三九〕

下野敏見によれば、唱え事に鯨が登場するこの種の儀礼（下野の論考では「粥儀礼」）が分布しているのは、屋久島、トカラ列島、奄美諸島、沖縄本島地域で、宮古と八重山地域には見られないという特徴があるが〔下野　一九八三　一〇～一一〕、このことについては後段で再度注意を向けることにしたい。

さて、この儀礼は何を目的に行われているのだろうか。唱え言の「鯨ワイサバ」に注目すると、ワイはワニ（鰐）、サバは鮫の意とされるが、なぜこれらの動物が落成祝いに登場するのかが問題である。伊藤良吉氏のご教示（筆者あての私信による）によれば、奄美諸島の与論島では大工による唱詞の中に、「木の精、鯨鯖が怒るから早く出なさい」と木の精を激しく威嚇する言葉があったというから、目的は木の精の払いであることがわかる。この唱え言に注目する下野敏見も、「クジラ、ワイ、サバの語はいずれもおどしの語である」〔下野　一九八三　一二〕と述べている。奄美大島には「海ノ恐ロシ者や鯨鰐鯖（略）陸ノ恐ロシ者ヤ（略）

アヤクマダラク〔ハブ〕」という表現があるというのも参考になる〔金久　一九七八　二五七〕。

つぎに、口に含んだ粥や重湯を四隅に吹きかけることの意味について考えてみよう。この儀礼に指目する下野敏見は、以下のように述べている。

粥祭りの内容を分析すると、第一に、粥は柱の根元へ吹き掛ける例が多いのが注目される。これは第一義的には粥の持つ接着力を起用した呪術であろう。ヤマト文化圏北辺にあっては丁重に供える例もあるが、南島ではほとんどの例が、粥を口に含んで隅柱に吹き掛けるのであり、少々荒っぽい仕草を特徴とする。このことは、守護神のごとき神へ捧げる供え物ではなく、粥を食わせて早く追っ払いたい精霊への饗応であることを示すものである。〔下野　一九八三　一九〕

南島の粥儀礼が「追っ払いたい精霊への饗応」だという下野の解釈に筆者も同意するが、これまでみてきた関連資料を参照すれば、追い払われる精霊が木や茅の精霊であるのは間違いないだろう。座間味島と糸満市喜屋武では、同種の儀礼において口に含んで吹きかけるのが粥や重湯ではなく塩水だというのは〔琉球大学民俗研究クラブ編　一九六五　一三四、一六二〕、この儀礼が精霊の払いであることを如実に示していることになろう。

さらに、それに関連して、賀数基栄の報告する宜野湾市我如古の落成式の事例は参考になる。我如古では台所で準備された重湯が上座に運ばれると、老人たちが三線をひきながらマーウーチャーメーを歌うというが、マーウーチャーメーの最後の部分が「ニシヌウミヌグジラワイクッーチ（北の海の鯨をつって）、メークェーワラバ（米食へ童）、メークェーワラバ（米食へ童）、メークェーワラバ（米食へ童）」〔賀数　一九七八〕となっている点に注目したい（賀数はメークェーワラバの「メー」を「米」としているが、正確には「ご飯」とした方がいいだろう）。重湯を吹きかける部分は省略されていると思われるが、「メークェーワラバ（メーを食え）」

と命令形で呼びかけてられているワラバ（子供）は、下野の言う「粥を食わせて早く追っ払いたい精霊」と同一のものだと推測することができる。結局のところ、口に含んだ重湯を吹き掛ける行為は、「メークェーワラバ」という命令形の呼びかけに対応するものだということになる。

子供が木や茅の精霊と同一視されていることに関しては、つぎにみる上江洲均が報告する沖縄市知花の事例が補ってくれる。

夕方子供たちが、家の周囲を南東から北東へと時計の針とは逆な方向に七回まわる。そして「チャーマーユイ、メーメーカマビラ」（ご飯下さい）と唱える。大人が入口に待っていて、子供たちに塩をまく。そして次のことをとなえる。／「チーヤーマー、クマの殿内や、四チのシンバイ、八チのカナバイ、上ウテトドメテ、下ウテ固メテ、ウドイタナゲー躍ラチ、遊ビタナゲーアシバチ、北(ニシ)の海のクジラワイサバ、福や内、鬼や外」／この文句を一息で云わなければならない。庭には鍋に御飯を炊いておいてあるので、子供たちは門外へ持ち出して食べた。〔上江洲　一九八七　四〇～四一〕

この知花の事例で注目すべき点は、新築祝いの場に子供が実際に登場することであり、かつ、その子供が「チャーマーユイ、メーメーカマビラ」（ご飯下さい）と唱えてご飯を要求していることである。ご飯を要求する子供の儀礼上の役目は、木や茅の精霊であることは明らかであり、精霊の要求に応じてご飯が与えられ、そして、子供が門外に持ち出してご飯を食べているのは、精霊が家屋から門外へ退去することを表現しているものと思われる。同様の儀礼の脈絡で子供たちがご飯を屋敷の外で食べるのは、座間味島〔琉球大学民俗研究クラブ編　一九六五　一三四〕と宜野座村からの報告もある〔宜野座村史編集委員会編　一九八九　三四二〕。知花の事例で子供たちに塩がまかれるのは、子供たちが家屋から払われる木や茅の精霊だとすれば理解がしやすい。

この事例を参照すると、「メークェーワラバ」と唱え言に子供が登場する我如古においても、かつては知花と同じように実際に飯を食う子供が登場した可能性が考えられる。

つぎに、屋根が葺き終わったときに行われる儀礼についての糸満市からの報告に注意を向けたい。屋根を葺き終えると、イリチャコロコロあるいはイリチャヌウグワンと称してイリチャ〔上棟〕にあがったヤーフチャー〔家＝屋根を葺く人〕が、肉・豆腐を屋根の四隅の方に転がした。それを受ける子どもらが下に待ち受けた。〔糸満市史編集委員会編　一九九一　二一二〕

イリチャコロコロ〔甍コロコロ〕は、甍の方から肉や豆腐などが転がっていく様子を表現したものと推測されるが、筆者の出身地である南風原町喜屋武でもかつて同様な儀礼が行われており、喜屋武では屋根から豆腐を流すという意味で、「トーフナゲーラシー〔豆腐流し〕」と称していた。下野敏見によれば、棟上げのときに棟や屋根から餅や銭をまいて下にいる人が拾う儀礼は「南日本」に広く分布しているようであるが〔下野　一九八三　六〕、後述するように宮古と八重山地域にはそれが見られないか、元来はなかったとされる点は要注意である。

さて、屋根から転がして食物を与えることと食物を投げ与えることは同様の行為であり、そのことは、与えられる食物が守護神的なものに対して捧げられるものではないことを示しているはずである。結局のところ、下で待ち受け食物を拾って食する子供たちは、我如古や知花の事例を参照すれば、木や茅の精霊の役目を担っているものと推測することができる。この儀礼には、食物を与えることによって木や茅の聖霊をなだめる意図があったと思われるが、精霊が家屋から退去することは直接的には表現されていない。しかし、先に見た我如古や知花の儀礼で子供が担っていた役目を参照すれば、この儀礼も木や茅の精霊の家屋からの退去と関連していた可能性は高いと思われる。

二　樹木霊に対する対処の仕方の変遷

つぎに、八重山を含む沖縄全域における木や茅の精霊に対する対処の仕方について整理を行い、その変遷過程について検討することにしたい。

対処の仕方を大別すれば、木や茅の精霊を家屋に留め置くのと家屋から退去させるという二つの類型に分けることができる。後者に関しては、さらにいくつかの類型が区別できそうである。八重山には「ユイピトゥをゆるす」とか「ユイピトゥをとく」という表現があったが、それらの表現には、人間の側からの働きかけによってユイピトゥ（木や茅の聖霊）を解放することがまず行われ、それを受けるかたちでユイピトゥが自主的に家屋から退去するという観念を窺うことができる。一方では、「鯨・鰐・鮫」の文言が登場する唱え言には、精霊を威嚇して追放するという意向が窺われた。精霊の自主的退去と威嚇による追放の両者を二つの極にして、その間に、塩水で払う、神女の唱え言や鼓の呪力で払う、粥やご飯などを与えて退去を促す、退去の模様を儀礼的に表現する（ハヤバナヌキヌウガン）、などが位置することになるだろう。

木や茅の精霊を家屋に留め置くことに関しても、筆者が想定する力の馴化が認められるものと認められないものとが区別されることになる。家に留め置かれた樹木の精霊が家の神に転化するためには樹木霊の両義的性格に対する力の馴化がなされる必要があるはずであり、その理屈に従えば力の馴化を伴う与那国、波照間、白保の事例がより古形だということになるだろう。

樹木霊の両義的性格についての観念は沖縄本島地域にも八重山地域にも見られるが、その両義的性格を馴化することによって家の神に転化させるという儀礼は、管見の限り八重山地域のみに見られるものである。

しかし、沖縄本島と宮古地域においても、主として中柱と関わりのある家の神の観念が存在することに注目すれば、両地域においても、かつて樹木霊を家の神に転化させる儀礼があった可能性を想定すべきだと考える。

樹木霊を家屋から退去させる儀礼が沖縄本島地域に卓越して見られ、下野敏見が指摘するように樹木霊に対する威嚇と関わる「鯨・鰐・鮫」の文言を伴う儀礼が、宮古と八重山地域にはみられないこと、さらに、筆者の調査によれば、樹木霊の退去と関わる可能性がある棟上げや落成式のときに棟や屋根から食物などを投げ与える習俗が八重山には元来はなかったこと、また、宮古では現に行われていない〔赤嶺　二〇二二〕ことは、樹木霊を家屋から退去させる儀礼が比較的に新しいものであることを示唆しているように思われる。この文脈において、家屋からの樹木霊の退去を前提にすると、八重山で顕著に見られる中柱信仰について説明する根拠が失われる、という点にも注意を向ける必要があるだろう。

筆者が想定した力の馴化に関わる儀礼は、樹木霊の両義的性格という観念の存在を前提にしていたが、その儀礼内容にはとても複雑で奥深いものがあり、そこには非常に洗練された思考形態が働いていると思わざるを得ない。沖縄本島や八重山地域の一部で見られた樹木霊を家屋から退去させるという或る意味単純な思考形態は、そのような洗練された思考形態が失われた後に生じたと考えた方がよいように思われる。筆者は、沖縄本島地域で伝承されてきたキジムナー伝説の検討をとおして、キジムナーの両義的性格に注意を向ける必要があること、そしてそのキジムナーの両義的性格は、キジムナーの正体ともいうべき樹木霊に対する両義的観念が反映したものだと主張したことがあるが〔赤嶺　二〇一八　二六〜三九〕、近年、キジムナーや樹木霊のネガティブな性格が忘失され、さらに、キジムナーそのものが「絶滅化」しつつあるように見受けられるのは、八重山の建築儀礼に現れていた洗練された思考形態の消滅化とパラレルな関係にあると言えるのではないか。

参考文献

アウエハント・コリネリウス（中鉢良護訳）二〇〇四『HATERUMA―波照間：南琉球の島嶼文化における社会=宗教的諸相―』榕樹書林

青柳清孝・他編　一九八七『伝統と近代化―文化人類学調査実習報告書―』第六輯、国際基督教大学

赤坂憲雄　一九九四『柳田國男の読み方―もうひとつの民俗学は可能か―』筑摩書房

赤坂憲雄　一九九八「柳田國男と沖縄（11）」『沖縄タイムス』一九九八年八月三一日

赤嶺政信　一九八五「トゥハシリ考―沖縄の家の神についての一試論―」『歴史手帖』一三―一〇　名著出版

赤嶺政信　一九八六「トゥハシリをめぐる諸問題」『沖縄民俗研究』六

赤嶺政信　一九八九a「沖縄の家と民俗宗教」大橋薫・他編『戦後沖縄の社会変動と家族問題』アテネ書房

赤嶺政信　一九八九b「沖縄の霊魂観と他界観」渡邊欣雄編『祖先祭祀』凱風社

赤嶺政信　一九九一a「沖縄の祖霊信仰―その若干の問題点―」『沖縄文化研究』一七

赤嶺政信　一九九一b「久高島の宗教生活における祖霊（死霊）観念」仲松弥秀先生傘寿記念論文集刊行委員会編『神・村・人―琉球弧論叢―』第一書房

赤嶺政信　一九九二「八重山諸島の建築儀礼―中柱信仰とユイピトゥガナシをめぐって―」『沖縄文化』七六

赤嶺政信　一九九三「人生儀礼」高宮廣衛・他編『沖縄県風土記』旺文社

赤嶺政信　一九九四「キジムナーをめぐる若干の問題」『史料編集室紀要』一九　沖縄県立図書館史料編集室

赤嶺政信　一九九六「沖縄の祖霊信仰―祖先は神になるか―」梅原猛・他編『霊魂をめぐる日本の深層』角川書店（赤嶺一九九八b所収）

赤嶺政信　一九九七a「沖縄における祖先祭祀の成立」『宗教研究』七一―一

赤嶺政信　一九九七b「ノロとユタ」『講座日本の民俗学7神と霊魂の民俗』雄山閣
赤嶺政信　一九九八a「歴史のなかの沖縄―イザイホウ再考―」宮田登編『現代民俗学の視点第3巻民俗の思想』朝倉書店
赤嶺政信　一九九八b『シマの見る夢―おきなわ民俗学散歩―』ボーダーインク
赤嶺政信　一九九九「沖縄の家・屋敷と村の空間」国立歴史民俗博物館編『村が語る沖縄の歴史』新人物往来社
赤嶺政信　二〇〇〇a「建築儀礼にみる人間と自然の交渉―沖縄・八重山諸島の事例から―」松井健編『自然観の人類学』榕樹書林
赤嶺政信　二〇〇〇b「多良間の民俗・二題」『沖縄県多良間島における伝統的システムの実態と変容に関する総合的研究』琉球大学法文学部
赤嶺政信　二〇〇一「家のフォークロア―沖縄・宮古の場合―」筑波大学民俗学研究室編『心意と信仰の民俗』吉川弘文館
赤嶺政信　二〇〇四「王権にまなざされた島―沖縄・久高島―」赤坂憲雄編『現代民俗誌の地平2権力』朝倉書店
赤嶺政信　二〇〇五「久高島の「逃走婚」とイザイホウ」『がじゅまる通信』四三　榕樹書林
赤嶺政信　二〇〇八a「柳田国男の民俗学と沖縄」『沖縄民俗研究』二五
赤嶺政信　二〇〇八b「沖縄の祭祀とシャーマニズムについての覚書―宮古の事例を中心に―」『国立歴史民俗博物館研究報告』一四二
赤嶺政信　二〇〇九「久高島の〈名付け〉考」『日本東洋文化論集』一五　琉球大学法文学部
赤嶺政信　二〇一〇a「民俗学の方法論についての覚書―民俗と政治権力をめぐって―」『日本東洋文化論集』一六　琉球大学法文学部
赤嶺政信　二〇一〇b「古琉球の盆行事をめぐって」沖縄県教育庁文化財課史料編集班編『沖縄県史各論編第三巻古琉球』沖縄県教育委員会
赤嶺政信　二〇一二「南島から柳田國男を読む―祖霊信仰論に焦点を当てて―」『日本民俗学』二七一
赤嶺政信　二〇一三「戦後沖縄における郷土研究の動向」ヨーゼフ クライナー編『日本民族学の戦前と戦後―岡正雄と

日本民族学の草分け―』東京堂出版
赤嶺政信　二〇一四『歴史のなかの久高島―家・門中と祭祀世界―』慶友社
赤嶺政信　二〇一七「沖縄県における民俗研究の歩み」『日本民俗学』二八九
赤嶺政信　二〇一八『キジムナー考―木の精が家の神になる―』榕樹書林
赤嶺政信　二〇一八「「をなり神の島」の男性神役」『琉球アジア文化論集』四　琉球大学法文学部
赤嶺政信　二〇一九「琉球大学における民俗学教育の歩み」『琉球アジア文化論集』五　琉球大学人文社会学部
赤嶺政信　二〇二〇a「三月三日考」沖縄県教育庁文化財課史料編集班編『沖縄県史各論編第九巻民俗』沖縄県教育委員会
赤嶺政信　二〇二〇b「婚姻」沖縄県教育庁文化財課史料編集班編『沖縄県史各論編第九巻民俗』沖縄県教育委員会
赤嶺政信　二〇二〇c「屋敷と門」沖縄県教育庁文化財課史料編集班編『沖縄県史各論編第九巻民俗』沖縄県教育委員会
赤嶺政信　二〇二二「宮古の建築儀礼をめぐって」『ニコライ・A・ネフスキー生誕一三〇年・来島一〇〇年記念文集子ぬ方星』二〇二二ネフスキー記念文集編纂委員会
赤嶺政信　二〇二二「食物から見た沖縄の葬儀」『琉球アジア文化論集』八　琉球大学人文社会学部
赤嶺政信　二〇二三「沖縄の講についての覚書」『沖縄民俗研究』三七
粟国村誌編纂委員会編　一九八四『粟国村誌』粟国村
安富祖一博　一九八三『村の記録』自家版
網野善彦・塚本学・坪井洋文・宮田登編　一九八四『列島の文化史』一　日本エディタースクール出版部
安良城盛昭　一九八〇『新・沖縄史論』沖縄タイムス社
飯島吉晴　一九八四「骨こぶり習俗」『日本民俗学』一五四
伊江村史編集委員会編　一九八〇『伊江村史（上）』伊江村役場
池宮正治　一九七六（一九六九）「ミセセルについて―その神託・託宣ということ―」『琉球文学論』沖縄タイムス社
池宮正治　一九八九「冠船芸能の変遷」『新琉球史・近世編（上）』琉球新報社
池谷望子・内田晶子・高瀬恭子訳注　二〇〇五『朝鮮王朝実録琉球史料集成』榕樹書林

石垣英和　一九九三「伝統家造りのロマンを訪ねて―マジィドゥシナゴーヤーの移築に寄せて―」『石垣市立八重山博物館紀要』一一
石垣繁　二〇一七『八重山諸島の稲作儀礼と民俗』南山舎
石垣博孝　一九八一「宮良村のイタチィキィバラ」『八重山博物館紀要』一
石垣市総務部市史編集室編　一九九二『石垣市史叢書2与世山親方八重山島規模帳』石垣市役所
石垣市史編集委員会編　二〇〇七『石垣市史各論編民俗（下）』石垣市
板橋春夫　二〇〇二「葬儀と食物―赤飯から饅頭へ―」国立歴史民俗博物館編『葬儀と墓の現在―民俗の変容―』吉川弘文館
伊藤幹治　二〇〇二『柳田國男と文化ナショナリズム』岩波書店
伊藤良吉　一九七八「沖縄・与那国島比川の神観念」『フォクロア』三六～三八
伊藤良吉　一九八一「与那国島比川の他界伝承をめぐって」『まつり』三七
糸数兼治　一九八六「蔡温と朱子学―近世琉球におけるその思想史上の位置づけ―」島尻勝太郎・嘉手納宗徳・渡口眞清先生古希記念論集刊行委員会編『球陽論争』ひるぎ社
糸満市史編集委員会編　一九九一『糸満市史資料編12民俗資料』糸満市役所
糸満市史編集委員会編　二〇一一『糸満市史資料編13村落資料―旧兼城村編―』糸満市役所
糸満市史編集委員会編　二〇一三『糸満市史資料編13村落資料―旧高嶺村編―』糸満市役所
伊波普猷　一九七三（一九二七）「をなり神」『をなり神の島1』平凡社
伊波普猷　一九七三（一九二七）「南島古代の葬制」『をなり神の島1』平凡社
伊波普猷　一九七三（一九三〇）「ヤガマヤとモーアシビ」『をなり神の島1』平凡社
伊波普猷　一九七四（一九三六）「君真物の来訪」『伊波普猷全集』五　平凡社
伊波普猷　一九七五（一九一八）「古琉球における女子の地位」『伊波普猷全集』七　平凡社
伊波普猷　一九七五〔一九二六〕「琉球古今記」『伊波普猷全集』七　平凡社
伊波普猷　一九七五（一九三四）「古琉球の「ひき制度」について―琉球文化の爛熟期に関する一考察―」『伊波普猷全

集』九　平凡社

伊波普猷　一九七六（一九一三）「ユタの歴史的研究」『伊波普猷全集』九　平凡社

伊波普猷　一九七六（一九二二）「田島先生の旧稿『琉球語研究資料』を出版するにあたつて」『伊波普猷全集』一〇　平凡社

伊従勉　一九八七「沖縄久米島の稲祭祀祭場の仮設性について」『人文学報』六三

伊従勉　二〇〇五『琉球祭祀空間の研究―カミとヒトの環境学―』中央公論美術出版

岩田慶治　一九九五『岩田慶治著作集（二）草木虫魚のたましい』講談社

岩本通弥　一九九八「重出立証法」野村純一・三浦佑之・宮田登・吉川祐子編『柳田國男事典』勉誠出版

岩本通弥　二〇〇六「戦後民俗学の認識論的変質と基層文化論―柳田葬制論の解釈を事例として―」『国立歴史民俗博物館研究報告』一三二

岩本通弥　二〇〇八「可視化される習俗―民力涵養運動期における「国民儀礼」の創出―」『国立歴史民俗博物館研究報告』一四一

上江洲敏夫　一九八四「四本堂家礼と沖縄民俗―葬礼・喪礼について―」『民俗学研究所紀要』八

上江洲均　一九八二『沖縄の暮らしと民具』慶友社

上江洲均　一九八六『伊平屋島民俗散歩』ひるぎ社

上江洲均　一九八七『南島の民俗文化―生活・祭り・技術の風景―』ひるぎ社

上江洲均　二〇〇五「『沖縄民俗学会』への歩み」『沖縄民俗研究』二三

上勢頭亨　一九七六『竹富島誌―民話・民俗篇―』法政大学出版局

上野和男　一九九六「波照間島の祖先祭祀と農耕儀礼―ムシャーマ行事を中心とする盆行事の考察―」『国立歴史民俗博物館研究報告』六六

上原孝三　一九八三「西原のユークイ素描」『沖縄文化』六〇

牛島巌　一九七一「琉球宮古諸島の祭祀構造研究の問題点」馬淵東一・小川徹編『沖縄文化論叢3民俗編Ⅱ』平凡社

内田順子　一九九九「神歌と憑依―宮古島狩俣の神歌を対象に―」『日本文学』五

ウプシ大神島生活誌編集委員会編　二〇一七『ウプシ大神島生活誌』大神自治会

エリアーデ・ミルチャ　一九八五（一九六八）『聖なる空間と時間（エリアーデ著作集三）』せりか書房

大川恵良　一九七四『伊良部郷土誌』自家版

大胡欽一　一九七三（一九六六）「北部沖縄の祖霊観と祭祀」大胡欽一・宮良高弘編『現代のエスプリ（沖縄の伝統文化）』七二　至文堂

大塚民俗学会編　一九七二『日本民俗事典』弘文堂

大藤時彦　一九六五「日本民俗学における沖縄研究史」東京都立大学南西諸島研究委員会編『沖縄の社会と宗教』平凡社

大浜老人クラブ長寿会編　一九七六『大浜村民俗誌』

大本憲夫　一九八二「沖縄宮古群島の祭祀体系」『民俗学研究所紀要』六

大本憲夫　一九八三「祭祀集団と神役・巫者—宮古群島の場合—」『南西諸島における民間巫者（ユタ・カンカカリヤー等）の機能的類型と民俗変容の調査研究』筑波大学歴史・人類学系

大本憲夫　一九九一「沖縄の御嶽信仰」植松明石編『環中国海の民俗と文化第二巻神々の祭祀』凱風社

小川徹　一九七七「王国末期農村における家祭祀体系の形成—我部祖河文書の紹介と民俗史的考察（一）—」『沖縄文化研究』四

沖縄県沖縄史料編集所編　一九八一『沖縄県史料前近代1首里王府仕置』沖縄県教育委員会

沖縄県立図書館史料編集室編　一九八九『沖縄県史料前近代6首里王府仕置2』沖縄県教育委員会

沖縄県教育庁文化財課史料編集班編　二〇一八『沖縄の民俗資料（上）・（下）』沖縄県教育委員会

沖縄国際大学文学部社会学科　一九九一『みんぞく5—伊良部町佐良浜調査報告書—』

沖縄古語大辞典編集委員会編　一九九五『沖縄古語大辞典』角川書店

奥野彦六郎　一九七七『南島村内法』至言社

奥野彦六郎　一九七八『沖縄婚姻史』国書刊行会

小田亮　二〇一一「出来事としての『先祖の話』—「祖霊」の発明をめぐって—」『民俗学研究所紀要』三五

小野重朗　一九七四「アラシツ・シバサシ小論」『沖縄文化研究』一
小野重朗　一九八一『民俗神の系譜―南九州を中心に―』法政大学出版局
小野重朗　一九八二『奄美民俗文化の研究』法政大学出版局
小野重朗　一九八四「正月と盆」『日本民俗文化大系九―暦と祭事―』小学館
小野正敏　一九九七「村が語る八重山の中世」『大航海』一四　新書館
折口信夫　一九七五（一九二四）「最古日本の女性生活の根底」『折口信夫全集』二　中央公論社
折口信夫　一九七五（一九二七）「盆踊りの話」『折口信夫全集』二　中央公論社
折口信夫　一九七六（一九二一）「沖縄採訪手帖」『折口信夫全集』一六　中央公論社
折口信夫　一九七六（一九二三）「沖縄採訪記」（『折口信夫全集』一六　中央公論社
折口信夫　一九七六（一九二四）「沖縄に存する我が古代信仰の残存」『折口信夫全集』一六　中央公論社
賀数基栄　一九七八「遺稿・我如古部落民俗調査報告」『沖縄民俗研究』一
笠原政治　一九七四「琉球八重山の伝統的家屋―その方位と平面形式にかんする覚書―」『民族学研究』三九―二
笠原政治　一九七五「琉球的系譜観とその変質過程―八重山島嶼社会における親族体系の理解のために―」『社』Ⅶ―一・二・三
加藤正春　一九八三「祖先崇拝」沖縄大百科事典刊行事務局編『沖縄大百科事典（中）』沖縄タイムス社
金久正　一九七八『奄美に生きる日本古代文化』至言社
川平村の歴史編纂委員会編　一九七六『川平村の歴史』川平公民館
鎌田久子　一九六五ａ「宮古島の祭祀組織」東京都立大学南西諸島研究委員会編『沖縄の社会と宗教』平凡社
鎌田久子　一九六五ｂ「日本巫女史の一節」『成城大学文芸学部・短期大学部創立十周年記念論文集』成城大学
鎌田久子　一九七六「守護神について」九学会連合沖縄調査委員会編『沖縄―自然・文化・社会―』弘文堂
鎌田久子・他　二〇〇二「フォーラム・回顧と展望―民俗学会創設のころ①―」『日本民俗学』二二九
神野善治　二〇〇〇『木霊論―家・船・橋の民俗―』白水社
喜舎場永珣　一九七〇『八重山古謡（上）』沖縄タイムス社

喜舎場永珣　一九七七（一九六二）「柳田翁と南島」『八重山民俗誌（下）』沖縄タイムス社
喜舎場朝賢（名嘉正八郎・我部政男校訂）一九八〇『東汀随筆』至言社
北中城村史編纂委員会編　一九九六『北中城村史第二巻民俗編』北中城村役場
宜野座村史編集委員会編　一九八九『宜野座村誌第三巻資料編三民俗・自然・考古』宜野座村役場
球陽研究会編　一九七四『球陽（読み下し編）』角川書店
金城朝永　一九七四（一九五〇）「沖縄研究史―沖縄研究の人と業績―」『金城朝永全集（下）』沖縄タイムス社
儀間園子　一九八五「明治三〇年代の風俗改良運動について」『史海』二
金武町誌編纂委員会編　一九七三『金武町誌』金武町役場
久万田晋　二〇〇七「琉球芸能における諸概念の形成過程―八重山芸能の「第三回郷土舞踊と民謡の会」への出演をめぐって―」『沖縄芸術の科学』一九
クライナー ヨーゼフ　一九七七（一九七四）「沖縄学に思う―浦添城址の碑より―」住谷一彦・クライナー ヨーゼフ『南西諸島の神観念』未来社
倉塚曄子　一九七九『巫女の文化』平凡社
小寺融吉　一九二八「八重山の舞踊の印象」『民俗芸術』一―六
酒井卯作　一九八七『琉球列島における死霊祭祀の構造』第一書房
酒井卯作編　二〇〇九『柳田国男南島旅行見聞記』森話社
栄喜久元　一九六四『奄美大島与論島の民俗』私家版
桜井徳太郎　一九六二『講集団成立過程の研究』吉川弘文館
櫻井徳太郎　一九七七（一九七四・一九七五）「柳田國男の祖先観」『霊魂観の系譜』筑摩書房
佐敷町史編集委員会編　一九八四『佐敷町史二民俗』佐敷町役場
島尾敏雄　一九七七『名瀬だより』農山村漁村文化協会
島袋源一郎　一九三七年「琉球列島に於ける民家の構造と其の配置」伊波普猷還暦記念論文集編纂委員会編『南島論叢』沖縄日報社

島村恭則　一九九三「民間巫者の神話的世界と村落祭祀体系の改変―宮古島狩俣の事例―」『日本民俗学』一九四
下野敏見　一九八三「建築儀礼の特色と問題点」『日本民俗学』一五〇
下野敏見　一九八九『ヤマト・琉球民俗の比較研究』法政大学出版局
下野敏見　二〇〇五『奄美、吐噶喇の伝統文化―祭りとノロ、生活―』南方新社
新里幸昭　一九八三「トゥクルフン」沖縄大百科事典刊行事務局『沖縄大百科事典（上）』沖縄タイムス社
新城敏男　二〇一四（一九七三）「八重山への仏教の伝播と信仰」『首里王府と八重山』岩田書院
新谷尚紀　一九九七『ケガレからカミへ』岩田書院
新谷尚紀　二〇〇五『柳田民俗学の継承と発展―その視点と方法―』吉川弘文館
新谷尚紀　二〇一一『民俗学とは何か―柳田・折口・渋沢に学び直す―』吉川弘文館
関沢まゆみ　二〇一三「戦後民俗学の認識論批判」と比較研究法の可能性―盆行事の地域差とその意味の解読への試み―」『国立歴史民俗博物館研究報告』一七八
関沢まゆみ編　二〇一七『民俗学が読み解く葬儀と墓の変化』朝倉書店
関根康正　二〇〇四「言語と行為の間で」『日本民俗学』二三八
関根康正　二〇〇七「なぜ現代社会でケガレ観念を問うか―現代社会における伝統文化の再文脈化―」関根康正・新谷尚紀編『排除する社会受容する社会―現代ケガレ論―』吉川弘文館
住谷一彦・ヨゼフ クライナー　一九七七「パティローマ」『南西諸島の神観念』未来社
高谷重夫　一九四二「吉と凶の問題」『民間伝承』八―一
高良倉吉　一九八二『御教条の世界―古典で考える沖縄歴史―』ひるぎ社
高良倉吉　一九八三「ヒキ（引）」沖縄大百科事典刊行事務局編『沖縄大百科事典（下）』沖縄タイムス社
高良倉吉　一九八七『琉球王国の構造』吉川弘文館
高良倉吉　一九九六「琉球史研究からみた沖縄・琉球民俗研究」『民族学研究』六一―三
滝口直子　九九一『宮古島シャーマンの世界―シャーマニズムと民間心理療法―』名著出版
田里修　一九八三「模合」沖縄大百科辞典刊行事務局編『沖縄大百科事典（下）』沖縄タイムス社

田邊繁治　一九八九「スピリットの交易」梅棹忠夫編『異文化の光と影』パンリサーチ出版局
谷正人　一九九八「「海南小記」の旅」柳田國男研究会編『柳田國男伝』三一書房
谷川健一・伊藤幹治・後藤総一郎・宮田登編　一九七四『柳田國男研究』七、白鯨社
玉木順彦　一九九五「沖縄におけるハーリー・船漕ぎ儀礼の地域的分布」白鳥芳郎・秋山一編『沖縄船漕ぎ祭祀の民族学的研究』勉誠社
玉木順彦　一九九六『近世先島の生活習俗』ひるぎ社
多良間村史編纂委員会編　一九七三『村誌たらま島』多良間村
多良間村史編集委員会編　一九九三『多良間村史第四巻資料編三民俗』多良間村
知名定寛　一九九四『沖縄宗教史の研究』神戸女子大学東西文化研究所叢書第一〇冊　榕樹社
知名定寛　二〇〇八『琉球仏教史の研究』榕樹書林
知念村教育委員会編　一九八五『知念村の年中行事』知念村教育委員会
千葉徳爾　一九七八『民俗学のこころ』弘文堂
塚本学　一九九〇「歴史と民俗との共同の学の課題」『国立歴史民俗博物館研究報告』二七
鶴藤鹿忠　一九七二『琉球地方の民家』明玄書房
渡口真清　一九五七（九月十五日〜十七日）「布の御願考―儀間真常と二人の機織女―上・中・下」『琉球新報』
豊見山和行　二〇〇四『琉球王国の外交と王権』吉川弘文館
豊見山和行　二〇一一「近世琉球の士と民（百姓）」大橋幸泰・深谷克己編『〈江戸〉の人と身分六身分論をひろげる』吉川弘文館
鳥越憲三郎　一九六五『琉球宗教史の研究』角川書店
仲田ひとみ　一九八八「安和の年中祭祀」『名護博物館紀要あじまぁ』四
仲原善忠　一九七一（一九五九）「太陽崇拝と火の神」大藤時彦・小川徹編『沖縄文化論叢二民俗編Ⅰ』平凡社
仲原善秀（上江洲均編）一九九〇『久米島の歴史と民俗』第一書房
仲松弥秀　一九七五『神と村』伝統と現代社

那覇市企画部市史編集室編　一九七九『那覇市史資料編第二巻中の七那覇の民俗』那覇市役所
那覇市企画部文化振興課編　一九八九『那覇市史資料編第一巻一〇琉球資料（上）』那覇市役所
那覇市企画部文化振興課編　一九九一『那覇市史資料編第一巻一一琉球資料（下）』那覇市役所
波平恵美子　一九八四『ケガレの構造』青土社
野口武徳　一九七二『池間島民俗誌』未来社
野田裕康編　一九四〇『南島第一輯』台北・南島発行所
昇曙夢　一九七一（一九四九）「奄美諸島年中行事」大藤時彦・小川徹編『沖縄文化論叢二民俗編Ⅰ』平凡社
並木宏衛　一九八四「シマの組織とソールイガナシ」古典と民俗学の会編『沖縄県久高島の民俗』白帝社
南島談話会編　一九三一『南島談話』一（『旅と伝説』四六　三元社）
南風原町史編集委員会編　二〇〇三『南風原町史第六巻民俗資料編南風原シマの民俗』南風原町役場
萩原左一　二〇〇九「肉食の民俗誌」古家信平・小熊誠・萩原左一『日本の民俗12南島のくらし』吉川弘文館
原田禹雄訳注　二〇〇一『陳侃使琉球録』改訂新版　榕樹書林
原田禹雄訳注　一九九九『徐葆光中山伝信録』榕樹書林
原田禹雄訳注　二〇〇〇『郭汝霖重編使琉球録』榕樹書林
原田禹雄訳注　二〇〇一『夏子陽使琉球録』榕樹書林
比嘉春潮　一九六九『沖縄の歳月』中央公論社
比嘉春潮　一九七一（一九四七）「首里の門中と祭祀」馬淵東一・小川徹編『沖縄文化論叢　三民俗編Ⅱ』平凡社
比嘉政夫　一九八三「根人ニーッチュ」沖縄大百科事典刊行事務局編『沖縄大百科事（下）』沖縄タイムス社
比嘉政夫　一九八三「講」沖縄大百科辞典刊行事務局編『沖縄大百科事典（中）』沖縄タイムス社
比嘉康雄　一九九三『神々の原郷久高島（下）』第一書房
比嘉康雄・谷川健一　一九七九『神々の島』平凡社
平良市史編さん委員会編　一九八一『平良市史第3巻資料編1』平良市役所
福田晃　一九九二「木の精由来譚の位相」『南島説話の研究』法政大学出版局

福田アジオ　一九七九「沖縄本島村落における近隣組織」（福田一九八二所収）
福田アジオ　一九八二『日本村落の民俗的構造』弘文堂
福田アジオ　一九八四『日本民俗学方法序説』弘文堂
福田アジオ　一九八八「政治と民俗―民俗学の反省―」桜井徳太郎編『日本民俗の伝統と創造』弘文堂
福田アジオ　一九八九「解説」『柳田國男全集（文庫版）1』筑摩書房
福田アジオ　一九九二『柳田国男の民俗学』吉川弘文館
藤井隆至　一九九五『柳田國男経世済民の学』名古屋大学出版会
平敷令治　一九七九「神仏の信仰」那覇市企画部市史編集室編『那覇市史資料編第二巻中の七那覇の民俗』那覇市企画部
　市史編集室
平敷令治　一九八九（一九七五）「民族学・民俗学」沖縄県教育委員会編『沖縄県史5文化1』国書刊行会
平敷令治　一九九五『沖縄の祖先祭祀』第一書房
法政大学沖縄文化研究所久高島調査委員会編　一九八五『沖縄久高島調査報告書』法政大学沖縄文化研究所
法政大学沖縄文化研究所編　一九八六『嘉徳堂規模帳（沖縄研究資料7）』法政大学沖縄文化研究所
外間守善・新里幸昭編　一九七八『南島歌謡大成Ⅲ宮古篇』角川書店
外間守善・玉城政美編　一九八〇『南島歌謡大成Ⅰ沖縄編（上）』角川書店
外間守善・波照間永吉編　一九九七『定本琉球国由来記』角川書店
星勳　一九八二『西表島の民俗』友古堂書店
真栄田義見・三隅治雄・源武雄編　一九七四『沖縄文化史辞典』東京堂出版
真下厚　二〇〇三『声の神話―奄美・沖縄の島じまから―』瑞木書房
町健次郎　二〇〇四「サニの民俗」『南島研究』四五
松井健　一九八九『琉球のニュー・エスノグラフィー』人文書院
松崎憲三編　一九九八『近代庶民生活の展開―くにの政策と民俗―』三一書房
松尾恒一　二〇〇六「奄美の大工・船大工の祭儀と呪文―建築・造船儀礼をめぐって―」『自然と文化そしてことば』一

葫蘆舎
松前健　一九七八「木の神話伝承と古俗」『古代信仰と神話文学―その民俗論理―』弘文堂
松山光秀　二〇〇四『徳之島の民俗1―シマのこころ―』未来社
馬淵東一　一九七一「解説」馬淵東一・小川徹編『沖縄文化論叢3民俗編Ⅱ』平凡社
馬淵東一　一九七四（一九六五）「波照間その他の氏子組織」『馬淵東一著作集』一　社会思想社
馬淵東一　一九七四（一九六八）「琉球世界観の再構成を目指して」『馬淵東一著作集』三　社会思想社
馬淵東一　一九七四（一九六九）「柳田先生と戦後の沖縄研究」『馬淵東一著作集』三　社会思想社
宮岡真央子　一九九六「神々の籤引き―宮古池間島の童名に関する一試論―」『沖縄民俗研究』一六
源武雄　一九七二『日本の民俗47沖縄』第一法規
源武雄　一九七四「婚姻」『沖縄県史第22巻各論編10民俗1』沖縄県
源武雄　一九八三「馬手間」沖縄大百科事典刊行事務局編『沖縄大百科事典（上）』沖縄タイムス社
源武雄　一九八三「ヤガマヤー」沖縄大百科事典刊行事務局編『沖縄大百科事典（下）』沖縄タイムス社
宮城栄昌　一九六七『沖縄女性史』沖縄タイムス社
宮城栄昌　一九七九『沖縄のノロの研究』吉川弘文館
宮城信勇　二〇〇三『石垣方言辞典』沖縄タイムス社
宮城文　一九七二『八重山生活誌』沖縄タイムス社
宮田登　一九七一「宗教史における沖縄研究」『歴史学研究』三七八
宮田登　一九八三『女の霊力と家の神』人文書院
宮田登　一九九九『冠婚葬祭』岩波書店
宮平誌編集委員会編　一九八六『字宮平誌』
宮本袈裟雄　二〇〇六「総説―現代社会と民俗学研究―」『日本民俗学』二四七
宮本袈裟雄　一九九九「講」福田アジオ・他編『日本民俗大辞典（上）』吉川弘文館
宮良高弘　一九七九「沖縄の民俗研究史」瀬川清子・植松明石編『日本民俗学のエッセンス』ぺりかん社

村井紀　二〇〇四『新版南島イデオロギーの発生―柳田國男と植民地主義―』岩波書店
室井康成　二〇〇七「同情と内省の同時代史へ―柳田國男の政治をめぐる「民俗」への眼差し―」柳田國男研究会編『柳田國男・同時代史としての「民俗学」』岩田書院
本永清　一九八三「ウマヌファーヌカン」沖縄大百科事典刊行事務局『沖縄大百科事典（上）』沖縄タイムス社
屋嘉比収　一九九九「古日本の鏡としての琉球―柳田國男と沖縄研究の枠組み―」『南島文化』二一
柳田國男　一九六一「伊波普猷君のこと」『伊波普猷選集（中）』沖縄タイムス社
柳田國男　一九七〇（一九四七）「学者の後―伊波普猷君追悼会講演―」『定本柳田國男集』三〇　筑摩書房
柳田國男（長浜功編集解説）一九八三『柳田國男文化論集』新泉社
柳田國男　一九八九（一九二一）「南の島の清水」『文庫全集』一　筑摩書房
柳田國男　一九八九（一九二八）「「島の歴史と芸術」」『文庫全集』一　筑摩書房
柳田國男　一九八九『故郷七十年』神戸新聞総合出版センター
柳田國男　一九八九（一九四〇）「海上文化」『文庫全集』二　筑摩書房
柳田國男　一九八九（一九五〇）「海神宮考」『文庫全集』一　筑摩書房
柳田國男　一九八九（一九五〇）「宝貝のこと」『文庫全集』一　筑摩書房
柳田國男　一九八九（一九五五）「根の国の話」『文庫全集』一　筑摩書房
柳田國男　一九八九（一九六〇）「鼠の浄土」『文庫全集』一　筑摩書房
柳田國男　一九九〇（一九一八）「神道私見」『文庫全集』一三　筑摩書房
柳田國男　一九九〇（一九二五）「妹の力」『文庫全集』一一　筑摩書房
柳田國男　一九九〇（一九二八）「雀をクラということ」『文庫全集』二四　筑摩書房
柳田國男　一九九〇（一九二九）「葬制の沿革について」『文庫全集』一二　筑摩書房
柳田國男　一九九〇（一九三四）「葬制沿革史料」『柳田國男文庫全集』一二　筑摩書房
柳田國男　一九九〇（一九三五）「郷土生活の研究法」『文庫全集』二八　筑摩書房
柳田國男　一九九〇（一九三六）「犬飼七夕譚」『文庫全集』一六　筑摩書房

柳田國男　一九九〇（一九三七）「玉依彦の問題」『文庫全集』一一　筑摩書房
柳田國男　一九九〇（一九四〇）「比較民俗学の問題」『文庫全集』二七　筑摩書房
柳田國男　一九九〇（一九四一）「日本の祭」『文庫全集』一三　筑摩書房
柳田國男　一九九〇（一九四四）「敬神と祈願」『文庫全集』一四　筑摩書房
柳田國男　一九九〇（一九四六）「先祖の話」『文庫全集』一三　筑摩書房
柳田國男　一九九八（一九三三）「生と死と食物―採集記録の前に―」『柳田國男全集』一〇　筑摩書房
柳田國男　一九九八（一九三四）「民間伝承論」『柳田國男全集』八　筑摩書房
柳田國男　一九九八（一九四〇）「米の力」『柳田國男全集』一〇　筑摩書房
柳田國男　二〇〇〇（一九一八）「幽霊思想の変遷」『柳田國男全集』二五　筑摩書房
柳田國男　二〇〇〇（一九二五）「啓明会と南島研究」『柳田國男全集』二六　筑摩書房
柳田國男　二〇〇〇（一九五三）「「南島研究の目途」」『柳田國男全集』三二　筑摩書房
柳田國男　二〇〇五（一九六〇）「童神論（六）」『柳田國男全集』三三　筑摩書房
柳田國男編　一九四七『沖縄文化叢説』中央公論社
柳田國男研究会編　一九九八『柳田國男伝』三一書房
矢野輝雄　一九八八『沖縄舞踊の歴史』築地書館
山田武男　一九八六『わが故郷アントゥリ』ひるぎ社
義江明子　一九九六『日本古代の祭祀と女性』吉川弘文館
義江明子　二〇〇四『古代女性史への招待―〈妹の力〉を越えて―』吉川弘文館
吉成直樹　二〇〇一「琉球列島における「女性の霊的優位」の文化史的位置」『沖縄文化研究』二七
琉球大学社会人類学研究会編　一九七七『白保』根元書房
琉球大学民俗研究クラブ編　一九六一『民俗』三
琉球大学民俗研究クラブ編　一九六三『沖縄民俗』七
琉球大学民俗研究クラブ編　一九六五『沖縄民俗』一〇

琉球大学民俗研究クラブ編　一九六六『沖縄民俗』一二
琉球大学民俗研究クラブ編　一九六七a『沖縄民俗』一三
琉球大学民俗研究クラブ編　一九六七b『沖縄民俗』一四
琉球大学民俗研究クラブ編　一九六八『沖縄民俗』一五
琉球大学民俗研究クラブ編　一九六九a『沖縄民俗』一六
琉球大学民俗研究クラブ編　一九六九b『沖縄民俗』一七
琉球大学民俗研究クラブ編　一九七〇『沖縄民俗』一八
琉球大学民俗研究クラブ編　一九七六『沖縄民俗』二二
琉球大学民俗研究クラブ編　一九七七『沖縄民俗』二三
琉球大学民俗研究クラブ編　一九八六『沖縄民俗』二四
琉球大学民俗研究クラブ編　一九八八『沖縄民俗』一（創刊号〜第五号）、第一書房
渡邉欣雄　一九八五『沖縄の社会組織と世界観』新泉社
Beillevaire Patrick　一九八六　Spatial Characterization of Human Temporality in the Ryukyus In J.HENDRY and J.WEBBER (ed.), Interpreting Japanese Society : Anthropological Approaches (Journal of Social Anthropology of Oxford)

あとがき

本書所収の論考は、序論を除いて、既発表の拙稿に、基本的な論旨は変えないように努めたうえで、いくらかの加筆と修正を行ったものである。基になった既発表の拙稿は、以下のとおりであるが、本書収録にあたり、タイトルを部分的に変更したものもある。

第一部
第1章　二〇一七「沖縄県における民俗研究の歩み」『日本民俗学』二八九
第2章　二〇〇八「柳田国男の民俗学と沖縄」『沖縄民俗研究』二五
第3章　二〇一二「南島から柳田國男を読む」『日本民俗学』二七一
第4章　二〇一〇「民俗学の方法論についての覚書」『日本東洋文化論集』一六

第二部
第1章　二〇一〇「古琉球の盆行事をめぐって」『沖縄県史各論編第三巻古琉球』
第2章　二〇二〇「三月三日考」『沖縄県史各論編第九巻民俗』
第3章　二〇一八「「をなり神の島」の男性神役」『琉球アジア文化論集』四

第4章　二〇〇八「沖縄の祭祀とシャーマニズムについての覚書」『国立歴史民俗博物館研究報告』一四二
第5章　二〇二三「沖縄の講についての覚書」『沖縄民俗研究』三七
第6章（1）二〇二〇「婚姻」『沖縄県史各論編第九巻民俗』
第7章（2）二〇〇五「久高島の「逃走婚」とイザイホウ」『がじゅまる通信』四三
第8章　二〇二二「食物から見た沖縄の葬儀」『琉球アジア文化論集』八
第9章　二〇二〇「屋敷と門」『沖縄県史各論編第九巻民俗』
（1）一九八五「トゥハシリ考」『歴史手帖』一三―一〇
（2）二〇〇一「家のフォークロア」『心意と信仰の民俗』
（3）一九九二「八重山諸島の建築儀礼」『沖縄文化』七六
二〇〇〇「建築儀礼にみる人間と自然の交渉」『自然観の人類学』
二〇一八『キジムナー考』第二部
（4）二〇一八『キジムナー考』第二部

第二部第9章（3）の「八重山の家の神と建築儀礼」は、既刊の拙著『キジムナー考』第二部「樹木の精霊と家の神」の内容と重なる部分が多いが、この論考は、本書第二部第9章の「沖縄の家の神をめぐって」を構成する柱の一つとして、かつまた、比較研究法の実践例としても欠かすことのできないものであるため、本書にも収録することにした。さらに、第二部第9章（4）の「建築儀礼に見える樹木霊に対する対処の仕方」も『キジムナー考』第二部の内容と一部重なっているが、本書の趣旨に適うようかなりの加筆を行ったうえで収録した。

従来、柳田國男および柳田民俗学に関する研究書は、それこそ枚挙に暇(いとま)がないほど刊行されてきているが、本書のように柳田民俗学と沖縄に関する問題に焦点を当てたものは、管見(かんけん)の限り皆無という状況にある。そういう状況下において、本書を刊行することの意義はそれなりにあるものと考えており、さらに、地元沖縄にある琉球大学において民俗学の講座の設立と教育に直接関わってきた者として、柳田民俗学と沖縄の関係をめぐる問題についての自身の見解を、著書の形で遺すことにはそれなりの意義があるのではないか、という思いもあった。

柳田民俗学と沖縄に関する本書での議論が、今後の沖縄民俗学に関わる議論の展開において、何らかのたたき台にでもなれば幸いである。第二部に収録した比較研究法の実践が、果たして有意義な成果を生み出しているか否かについては、読者の判断に委ねられることになるが、読者諸賢の忌憚(きたん)のないご批評をお願いしたい。

本書刊行にあたっては、編集の実務を担当していただいた国書サービスの割田剛雄氏にはひとかたならぬお世話になった。引用文の確認を含め、編集を進めていくなかで貴重なアドバイスを数多くいただいた。割田氏のおかげで、本書はより良いかたちで刊行できたものと確信しており、心からの感謝の気持ちを表したい。

最後に、二〇一八年の『キジムナー考』に続いて、今回も出版の機会を与えていただいた榕樹書林の武石和実氏に対しても心からの御礼を申し上げたい。琉球・沖縄関連の名著が並ぶ琉球弧叢書の一冊として本書を刊行できることは、私にとってとても喜ばしいことである。

二〇二四年八月　盆の頃

南風原町喜屋武の寓居にて

赤嶺政信

赤嶺　政信（あかみね　まさのぶ）

1954 年　沖縄県島尻郡南風原町字喜屋武に生まれる
筑波大学大学院修士課程地域研究科修了
琉球大学名誉教授　文学博士
専門は民俗学

〔主要著書・論文〕
『シマの見る夢―おきなわ民俗学散歩―』（ボーダーインク、1998）、『歴史のなかの久高島―家・門中と祭祀世界―』（慶友社、2014）、『キジムナー考―木の精が家の神になる―』（榕樹書林、2018）、「沖縄における祖先祭祀の成立」（『宗教研究』71―1、1997）、「沖縄の家・屋敷と村の空間」（国立歴史民俗博物館編『村が語る沖縄の歴史』新人物往来社、1999）、「奄美・沖縄の葬送文化―その伝統と変容―」（国立歴史民俗博物館編『葬儀と墓の現在―民俗の変容―』吉川弘文館、2002）

柳田國男の民俗学と沖縄　琉球弧叢書㊳

ISBN978-4-89805-255-6 C1339　2024 年 9 月 20 日　印刷
2024 年 9 月 25 日　発行

著　者　赤嶺　政信
発行者　武石　和実
発行所　㈲榕樹書林

〒901-2215　沖縄県宜野湾市真栄原 3-8-3 大光ビルⅢ-203
TEL 098-943-7991　FAX 098-943-7274
E-mail:gajumaru@chive.ocn.ne.jp
郵便振替 00170-1-362904

印刷・製本　㈲でいご印刷

装幀・杉本直子

1999年度東恩納寛惇賞受賞　ISBN978-4-947667-63-2 C3021

沖縄民俗文化論—祭祀・信仰・御嶽

湧上元雄著　戦後の沖縄民俗学黎明期の旗手による珠玉の一巻全集。
第１章　久高島・イザイホー　第２章　年中祭祀　第３章　民間信仰
第４章　御嶽祭祀と伝承　第５章　エッセイ他
菊判、上製、函入　584頁　定価16,500円（本体15,000円+税）

ISBN978-4-89805-104-9 C1039

HATERUMA

波照間：南琉球の島嶼文化における社会＝宗教的諸相

コルネリウス・アウエハント著／中鉢良護訳／静子・アウエハント、比嘉政夫監修
波照間島の社会と宗教に内在する構造原理とは何かを長期のフィールドワークと言語分析をもとに追求した他の追随を許さない本格的な島嶼民族誌。
A5、600頁　定価13,200円（本体12,000円+税）

琉球弧叢書㉑　ISBN978-4-89805-143-6 C1339

奄美沖縄の火葬と葬墓制—変容と持続

加藤正春著　近代以降に外部から持ち込まれた火葬という葬法が、旧来の伝統的葬法の中にとりいれられていく過程を明らかにする。
第32回金城朝永賞受賞　342頁　定価6,160円（本体5,600円+税）

琉球弧叢書㉒　ISBN978-4-89805-144-3 C1339

沖縄の親族・信仰・祭祀—社会人類学の視座から

比嘉政夫著　綿密なフィールドワークをもとに全アジア的視点から沖縄の親族構造を明らかにした遺稿論文集。　302頁　定価5,280円（本体4,800円+税）

琉球弧叢書㉕　ISBN978-4-89805-155-9 C1339

八重山 鳩間島民俗誌

大城公男著　そこに生れ育った者ならではの眼から、瑠璃色の八重山の海に浮かぶ星屑のような人口60人の小さな島に住む人々の生業、芸能、祭祀などを詳細に記録する。
2012年度日本地名研究所風土文化研究賞受賞　438頁　定価7,040円（本体6,400円+税）

琉球弧叢書㉙　ISBN978-4-89805-182-5 C1339

サンゴ礁域に生きる海人—琉球の海の生態民族学

秋道智彌著　サンゴ礁という特別な生態系の中で生きる人々の自然と生活との対話を豊富なデータをもとに描き出した海の民族学。
第44回(2016年度)伊波普猷賞受賞　376頁　定価7,040円（本体6,400円+税）

琉球弧叢書㉜　ISBN978-4-89805-204-4 C1339

八重山離島の葬送儀礼

古谷野洋子著　過疎に泣く八重山の島々の葬送儀礼の変容と課題を追う。
A5、364頁　定価6,380円（本体5,800円+税）

がじゅまるブックス⑬　ISBN978-4-89805-203-7 C1339

キジムナー考—木の精が家の神になる

赤嶺政信著　沖縄の妖怪として知られるキジムナーの本源を探り、木の精霊と建築儀礼との関係性を明らかにする。　A5、112頁　定価1,100円（本体1,000円+税）